생각해 봤어?

가지 않은 길

생각해 봤어?

생각해 봤어?
가지 않은 길

ⓒ 하종강 외, 2020

2020년 8월 28일 처음 펴냄

글쓴이 | 하종강, 하승수, 이재영, 배경내, 김도현, 강신준
기획·편집 | 이진주, 이경은, 설원민
출판자문위원 | 이상대, 박진환
디자인 | 이수정
제작 | 세종 PNP

펴낸이 | 김기언
펴낸곳 | 교육공동체 벗
이사장 | 심수환
사무국 | 최승훈, 이진주, 이경은, 설원민, 공현
출판등록 | 제2011-000022호(2011년 1월 14일)
주소 | (03971) 서울시 마포구 성미산로1길 30 2층
전화 | 02-332-0712
전송 | 0505-115-0712
홈페이지 | communebut.com
카페 | cafe.daum.net/communebut

ISBN 978-89-6880-140-2 03300

이 도서의 국립중앙도서관 출판예정도서목록(CIP)은 서지정보유통지원시스템
홈페이지(seoji.nl.go.kr)와 국가자료종합목록 구축시스템(kolis-net.nl.go.kr)에서
이용하실 수 있습니다. (CIP제어번호 : CIP2020035199)

생각해 봤어 ?

하종강 | 하승수 | 이재영 | 배경내 | 김도현 | 강신준

가지 않은 길

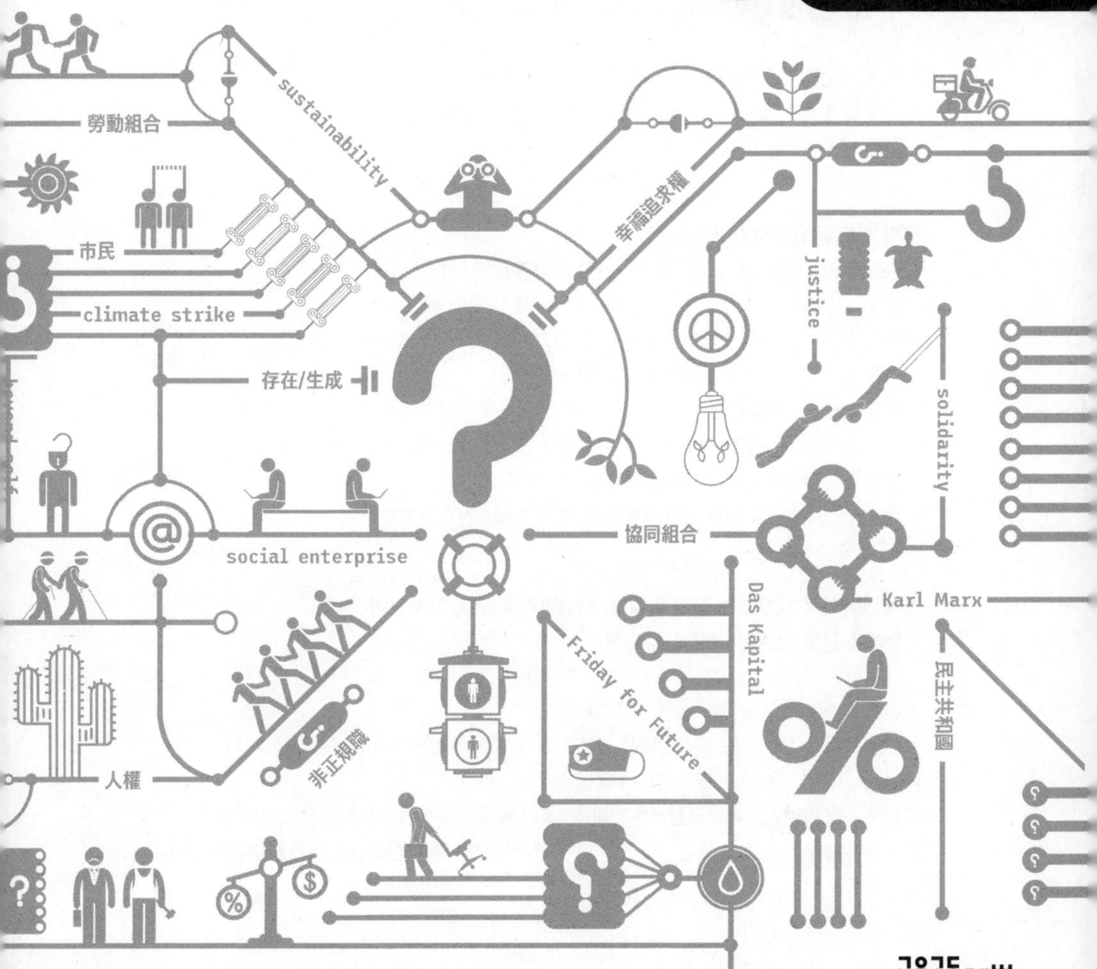

교육공동체벗

인문학, 인간을 인간답게 꾸며 주는 무늬

　요즈음, 인문학에 대한 관심이 예사롭지 않습니다. 대학 안에서는 '인문학의 위기'라는 비명 소리가 높아 가는데, 대학 밖에서의 인문학은 전례 없는 성황을 구가하고 있습니다. 물질문명과 생존 경쟁이 판을 치는 시대에 인간을 인간답게 곧추세우는 일만큼 절박한 과제란 있을 수 없고, 그래서 많은 사람들이 인문학으로부터 그에 대한 해답의 실마리를 찾아보려는 것으로 보입니다.

　사람에 따라 인문학에 대한 정의는 다양할 수 있지만, 그 출발은 아마도 인간다움을 성찰하는 학문이라는 데서 찾아야 할 것입니다. 인문人文이란 한자어는, 본디 인간을 인간답게 꾸며 주는 것이라는 뜻을 담고 있습니다. 문文이라는 한자의 어원은 '무늬'입니다. 그렇다면 인문이란, '인간의 무늬'란 뜻일 겁니다. 그게 뭘까요? 인간을 인간답게 만들어 주는 것은, 돈과 명예가 결코 아닐 것입니다. 삼봉三峰 정도전은 하늘을 아름답게 수놓아 주는 것은 해와 달과 별이고, 척박한 대지를 사람이 살아갈 수 있는 터전으로 만들어 주는 것은 산천과 초목이듯, 인간을 인간답게 만들어 주는 것은 시와 문, 그리고 예절과 음악이라고 했습니다. 도은陶隱 이숭인의 문집인《도은집》서문에 나오는 말입니다. 하늘과 땅과 인간을 하나로 연결 지어 사고하는 태도와 인간이라는 존재에 대한 경외는 오늘 우리들에게도 음미해야 할 함의가 큰 것이라 여겨집니다.

인문고전의 정신을 오늘-여기에 맞게 되살리려는 부산대 점필재연구소에서는 지난 2009년부터 '청소년인문고전독서교실'을 진행해 왔습니다. 교육공동체 벗에서 발간하는 〈청소년 인문 교실〉 시리즈는 그 과정에서 거둔 값진 성찰을 개진한 보고서입니다.

강연자들은 입시 위주로 치닫는 교육 현실을 어떤 식으로든 넘어서고자 하는 학생과 교사들에게 단비처럼 목마른 갈증을 덜어 주었고, 캄캄한 밤하늘의 빛나는 별자리처럼 가야 할 길을 안내해 주었습니다. 척박한 지방의 작은 도시 밀양까지 내려와 강연을 해 주고, 정연한 글로 다듬어 주는 수고를 아끼지 않은 강연자 선생님들께 깊이 감사드립니다.

독서교실을 진행하면서 참으로 잊을 수 없는 장면은 치열한 삶을 살아가는 인생 선배들의 강연을 들으면서 또 다른 삶의 방식에 대한 호기심과 경외심으로 반짝이던 청소년들의 눈빛입니다. 강의가 끝난 후 모둠별로 이루어지는 토론의 장도 또한 정말 뜨거웠습니다. 이런 강의와 토론의 장에는 밀양을 비롯한 부산·경남 지역의 중·고등학생뿐만 아니라 그 학생들을 인솔하는 교사들도 함께했습니다. 학교 교실에서는 가르치는 교사와 배우는 학생으로 구분되겠지만, 적어도 그 자리에서만큼은 함께 배우고 함께 고민하는 동학同學으로 같이하고자 했기 때문입니다. 가르치고 배우는 자가 구분되지 않는 자리, 이것이 바로 인문학을 소중하게 생각하면서 우리가 꿈꾸고 있는 궁극의 지점입니다. 인문학이 몇몇 연구자들만의 지적 유희로 떨어지지 않고 대중과의 드넓은 소통으로부터 갱신의 동력을 얻기 위해서라도 이런 활동은 절실했습니다. 가르치고 배우는 것과 함께 연구하고 가르치는 것도 본디 하나였던 것입니다.

다만 안타까운 것은, 자신과 세상을 반짝이는 눈빛으로 주시하던 고등학교 시절의 그들이 막상 대학에 진학하고서는 점차 무기력에 빠져들고 만다는 고백을 듣는 일입니다. 대학 진학이라는 실낱같은 희망으로 입시 지옥의 시간을 버텨 왔건만, 정작 대학은 그들의 고민과 희망을 함께 나눠 가질 준비가 전혀 되어 있지 않았던 것입니다. 선배든 동료든 발등에 불이 떨어진 취업에만 관심을 둘 뿐 삶의 진정을 함께 고민할 기회를 갖기란 거의 불가능합니다. 하지만 자신이 자기 삶의 주인이 되는 길을 찾아가 보려는 인문학적 고민은 결코 젊은 시절 한때의 호사가 아닙니다. 뿐만 아니라 독서교실과 같은 단발적인 강연과 토론만으로 해결할 수도 없습니다. 오히려 하루하루 살아가는 삶의 일상에서 끊임없이 되물어야 하는 평생의 화두와 같은 것입니다. 이것이 지난 우리의 고민과 분투를 책으로 엮어 내는 까닭입니다. 이것들이 보다 많은 사람들에게, 보다 오래도록 간직되는 계기가 되길 바랍니다.

끝으로 여기까지 오는 길을 함께하고 있는 부산·경남의 여러 선생님들과 학생들에게 깊이 감사드립니다. 아마도 우리 모두에겐 독서교실에서의 열띤 시간이 삶의 여정에서 가장 빛나는 순간으로 기억될 것입니다. 뒷날, 보다 뜻깊은 자리에서 함께할 수 있기를 간절히 기대합니다.

2012년 10월
청소년인문고전독서교실을 가꿔 온 모든 분들을 대신하여
정출헌 삼가 쓰다

이 책의 제목은 프로스트의 시 〈The Road Not Taken〉에서 따왔습니다. 원제를 우리말로 번역한 것을 보면 〈가지 않은 길〉, 〈가지 못한 길〉, 〈걸어 보지 못한 길〉 등 다양합니다. 그런데 '못/못하다'라는 능력 부정보다 '안/아니하다'라는 의지를 강조한 표현이 더 적절한 것 같습니다. 노랗게 단풍이 든 숲에 두 갈래 길이 나 있고, 그중 사람들이 덜 간 길을 선택한 시적 화자는 오랜 세월이 흐른 후 한숨을 쉬며 그 선택으로 인해 자신의 인생이 달라졌다고 말하기 때문입니다. 시적 화자의 선택을 강조할수록 그만큼 '가지 않은 길'에 대한 호기심과 기대가 더 커지기도 하고요.

제목이 의미하는 선택의 역설처럼, 이 책은 한국 사회가 걸어온 길에 대한 회고이기도 합니다. 안타깝지만 우리 사회는 단풍이 든 숲처럼 아름답고 평온하지도 않습니다. 더구나 지금 걷고 있는 이 길은 위태롭고 험난해 우리를 절망에 빠뜨리기도 합니다.

이 책의 저자들은 모두 기성세대입니다. 그러나 한국 사회가 걸어온 길과는 삶의 궤적이 다른 이들입니다. 어쩌면 우리가 가지 않은, 한국 사회가 가지 못한 그 길을 먼저 걷고 있는 이들일지도 모릅니다. 그들이 안내하는 긴 여정의 끝에는 어떤 세상이 존재하고 있을까요? 우리가 그리고 꿈꿔 온 세상이 거기 있을까요? 그들은 말합니다.

"여기, 길이 있습니다. 우리가 가지 않은 길."

경제학자 강신준은 다른 세상의 문을 열어 보입니다. 피로 사회, 수저 계급론, N포 세대 등 출구 없이 날로 강퍅해지는 한국 사회. 초등학생부터 성인들까지 무한 경쟁을 벌여야 하는 1 대 99, 승자 독식 사회에 이별을 고할 방법을 제시합니다. 바로 사회 변혁 운동의 성서인 마르크스의 《자본》입니다. 빨갱이 책, 공산주의 책이라는 잘못된 선입견이 있지만, 사실 《자본》은 경제 민주주의를 역설한 책입니다. 인류가 만들어 낸 이념 체계 중 가장 높은 수준이 민주주의라면 《자본》은 경제 민주주의를 완성하기 위해 나온 책이기 때문입니다.

노동학자 하종강은 노동자가 당당하고 행복하게 살아가는 사회를 만들어야 한다고 강조합니다. 그러고는 노동과 노동자, 노동조합과 노동운동에 대한 우리 사회의 왜곡된 고정 관념을 하나씩 깨뜨립니다. 다른 나라들처럼 노동법과 노동인권에 대해 가르치는 노동교육도 절실하다고 말합니다. 현장실습생과 비정규직 등 수많은 노동자들의 생명을 위협하는 한국 노동 현장, 그 안에서 벌어지는 사회적 타살을 예방할 수 있기 때문입니다. 그리고 무엇보다 노동자의 정당한 권리를 찾는 일은 사회 전체적으로 더 큰 이익을 가져다주기 때문입니다.

장애학자 김도현은 장애 문제는 우리 모두의 문제임을 환기시킵니다. 특정한 관계, 상황 속에서만 손상은 장애가 됩니다. 저상 버스를 보편화하고 계단처럼 경사로와 엘리베이터 설치를 의무화하면 '걸을 수 없음'이란 손상은 더 이상 장애가 되지 않습니다. 이처럼 비장애인 중심으로 돌아가는 사회는 알게 모르게 장애인에게 차별과 억압을 가해 왔습니다. 따라서 그는 장애 문제를 해결하기 위해서는, 장애인은 물론이고 비장애인과 비장애인 중심의 사회가 바뀌어야 한다고 역설합니다.

인권활동가 배경내는 아이리스 영의 사회적 약자들이 경험하는 억압의 다섯 가지 유형을 통해 우리 사회가 청소년들에게 강요한 '부정의'를 폭로합니다. 바로 권력 없음과 배제(주변화), 대상화, 착취, 폭력입니다. 이는 유소년기를 지나온 비청소년들에게도 익숙한 억압의 기제들입니다. 시대마다 차별과 불의에 맞서 변화를 쟁취하기 위해 행동하는 청소년들이 존재했습니다. 학생인권조례와 스쿨 미투, 기후 소송, 참정권 확대 등 청소년들의 투쟁은 현재 진행형입니다. 그는 비청소년들에게 "청소년의 목소리를 공부하라"며 경청을 요구합니다.

환경교육학자 이재영은 기후 위기와 환경 재난을 해결하기 위한 방법을 제안합니다. 바로 환경 문제를 초래한 산업 문명을 해체하고 생태 문명으로 전환하는 것입니다. 그러나 생태 문명은 누구도 가 보지 않은 길입니다. 다만 지금보다 훨씬 적은 양의 에너지와 자원을 소비하는 삶의 양식으로 전환해야 한다는 것만은 분명합니다. 따라서 그는 삶의 질에 대한 우리의 내적 기준과 외적 조건을 바꾸려는 노력이 필요하다고 강조합니다.

정치인 하승수는 행복한 사회의 조건을 제시합니다. 행복지수가 높고, 복지 제도가 잘 되어 있는 나라들의 공통점은 무엇일까요? 다양한 계층을 대변하는 여러 정당들이 국회를 구성하고 정책 대결을 통해 제도와 법률을 만드는 나라들이었습니다. 덴마크 등 행복 사회로 대표되는 국가들은 이미 100여 년 전부터 비례대표제를 통해 정당 득표율에 비례해 국회를 구성해 왔습니다. 승자 독식과 대량 사표死票를 양산하는 다수대표제를 채택해 선거제도 개혁을 요구받고 있는 한국의 정치 현실과는 다른 모습입니다. 그는 삶의 질을 높이고 행복한 사회를 만들기 위해서는 우선 정치가 바뀌어야 한다고 말합니다. 그리고 정치가 바뀌려면 무엇보다 유권자들의 표심이 제대로 반영될 수 있는 선거제도의 개혁이 필요하다고 역설합니다.

　정치와 경제, 노동, 복지, 인권, 환경 등 수많은 사회 문제들은 개별적인 사안이 아닙니다. 한 사회가 가지고 있는 복합적인 문제의 나열이라고 볼 수 있습니다. 이를 해결하기 위해서는 사회 구조적 모순을 종횡으로 분석하는 작업이 필요합니다.

　〈청소년 인문 교실〉 시리즈는 우리의 삶과 사회를 비판적 시각으로 바라보고 사회 문제를 함께 고민해 보기 위해 기획되었습니다. 먼저 인간다운 삶을 저해하는 요인이 무엇인지 성찰하고 그 원인을 살펴봤습니다《생각해 봤어? 인간답게 산다는 것》). 우리가 잊고 지낸, 잃어버린 삶의 모습과 그 원형을 복원하고 재조명해 보기도 했습니다(《생각해 봤어? 우리가 잃어버린 삶》). 이 책에서는 기존의 질서와 가치를 뛰어넘는 더 나은 사회, 행복한 삶을 영위하기 위해 대안을 찾아 나섭니다. 인류의 역사가 만들어 낸 지혜와 지식을 찾아보고, 우리보다 먼저 고민하고 실천한 사회들의 해법을 살펴봅니다. 그들이 많은 시행착오 끝에 찾아낸 해결 방안들 속에서 우리에게 필요한 힌트를 얻을 수 있기 때문입니다.

　세상을 바꾸기 위해서는 무엇보다 시민들의 의지가 중요합니다. 이 책의 저자들 또한 우리가 터한 현실에서 나와 세상을 바꾸기 위한 노력을 멈추지 않기를 요구합니다. 한 사회의 제도와 문화는 고정되어 있지 않습

니다. 변혁의 역량이 우리 모두에게 존재한다는 사실을 잊지 말았으면 합
니다.

삶은 선택의 연속이고, 선택은 기회가 되어야 합니다. 이때 사회의 역할
은 선택에 대한 책임을 개인에게 지우는 게 아니라, 안전망이 되어 주는
것입니다. 노동자와 장애인, 청소년 등 그 누구도 소외되지 않고 차별받
지 않는 사회, 기후 위기를 넘어 지속 가능한 사회를 만들기 위한 우리의
여정은 계속되어야 합니다.

여기, 길이 있습니다. 우리가 가지 않은 길.

2020년 8월
교육공동체 벗 편집부

다른 세상은 있다

더 좋은 사회를 꿈꾸게 하는 《자본》

강신준 동아대 맑스엥겔스연구소

경남 진해에서 태어나 대학에서 독문학을 공부한 후 경제학과에서 박사 학위를 받았습니다. 우연히 출판사를 운영하던 친구의 권유로 마르크스의 《자본》을 우리나라에 처음 번역하는 일을 맡았습니다. 그 인연으로 동아대학교에서 마르크스를 강의하는 교수가 되었습니다. 2020년 2월에 은퇴해 남은 여생을 우리나라 최초의 〈마르크스-엥겔스 전집〉 발간에 쏟고 있습니다.

마르크스를 만나다

저는 마르크스를 전공한 사람입니다. 처음부터 마르크스를 공부한 건 아니었어요. 대학 시절에 농촌운동에 관심이 많아서 농민운동에 도움을 줄 생각으로 농협중앙회에 취직을 했어요. 거기서 농민운동을 하는 가톨릭농민회와 전국농민회 분들과 인연을 맺었고요. 그런데 인생은 자기 뜻대로 되지 않고 우리가 알지 못하는 어떤 힘이 작용할 때가 있는 것 같아요. 당시 저는 서울 서대문구에 있는 농협중앙회 조사부에서 일했는데 어느 날 친구에게서 연락이 왔어요. 근처에 출판사를 차린 친구였는데 퇴근 후에 좀 들러 달라는 거예요. 저녁에 출판사를 찾아갔더니 그 친구가 보따리에 싼 원고 뭉치를 건네주면서 검토해 달라더군요. 집에 가서 열어 보니 당시에는 가지고만 있어도 잡혀가는 마르크스의《자본》번역 원고였어요. 이 사건 때문에 제 인생이 바뀌었습니다.

그때가 1987년이었는데,《자본》제1권은 다른 사람들이 번역한 것을 제가 교열했고, 이후 발행된 제2권과 제3권은 제가 직접 번역을 했습니다. 시대가 시대인지라 번역 작업을 하면서 '농협에서 쫓겨나지 않을까' 하는 걱정을 많이 했어요. 그 일로 인해 대학교수가 될 거란 생각은 전혀 못 했죠. 그런데 어쩌다 보니 제가 교수가 되어 여기에 서 있네요. 인생이라는 게 전혀 엉뚱한 방향으로 가기도 하는데, 운명으로 여길 수도 있지만 저는 자기 의지가 발현된 거라고 생각해요. 저도 평생 하고 싶었던 일을 하기 위해 노력했고, 그 결과가 현재의 제 모습이 된 거죠.

물론 어려움도 많았습니다. 제가 교수 생활을 25년 넘게 했는데 처음에는 왕따를 당하기도 했습니다. 점심 때 학교 교직원 식당에서 밥을 먹고 있으면 제 뒷자리에 앉아 밥을 먹던 교수들 가운데 저를 가리키며 "빨갱이"라고 손가락질하는 사람들도 있었어요. 그만큼 우리나라에서 마르크스를 전공한 사람들은 어려움을 참 많이 겪었습니다. 우리 사회가 지금도 《자본》을 빨갱이 책, 사회주의 공산주의 책이라는 선입견을 가지고 있는 것만 봐도 짐작할 수 있잖아요. 그런데 《자본》의 골자는 경제민주화입니다. 인류가 만들어 낸 이념 체계 중 가장 높은 수준이 민주주의라면, 경제에서도 민주주의가 중요하겠지요. 프랑스 혁명이 정치 민주주의를 완성했다면, 《자본》은 경제 민주주의를 완성하기 위해 나온 책입니다.

그래서 우리는 마르크스의 《자본》을 꼭 읽어 봐야 해요. 학교에서 배우는 교과 중에는 필수로 배워야 하는 것과 선택해서 배울 수 있는 교과가 있죠? 여러분, 《자본》은 선택 과목이 아니라 필수 과목입니다. 왜 그런지 그 이유를 지금부터 설명할게요.

　교수라는 직업이 좋은 점은 7년에 한 번씩 자기가 공부하고 싶은 걸 1년 동안 할 수 있는 연구년이 주어진다는 거예요. 저는 2008년에 독일로 연구년을 다녀왔습니다. 1987년에《자본》제1권이 나왔고, 1988년과 1989년에《자본》제2권과 제3권을 냈는데 번역이 틀린 데도 있고 문장도 매끄럽지 못해 늘 마음에 걸렸어요. 제1권을 내놓을 당시에 저는 박사 학위를 준비하는 대학원생이었으니 오죽했겠어요. 개정판 작업을 하고 싶었는데 바빠서 계속 미루다가 2008년에는 꼭 마무리를 지어야겠다고 마음먹었어요. 아무도 나를 찾지 않고 내가 아는 사람이 한 명도 없는, 번역 작업만 할 수 있는 마땅한 곳을 찾기 시작했어요. 그러다 보니 독일 베를린 한복판에 방을 구하게 되었습니다. 도심 한가운데에 위치한 아파트였고 앞에 버스 정류장까지 있어서 엄청 번잡스러울 것이라 생각했는데 기우였어요. 베를린에 도착한 첫날, 임대한 아파트에 들어가서 시계를 보니 오후 4시 정도 되었더군요. 짐 정리를 대충 하고 저녁 준비를 위해 아내와 장을 보러 나갔어요. 그때가 오후 5시 반 정도 되었을 겁니다. 그런데 희한한 일이 우리를 기다리고 있었어요. 독일에서 제일 큰 도시인 베를린, 그 도심 한복판에 나갔는데 사람이 거의 없더라고요. 정말 이상하지 않은가요? 베를린에서 어느 정도 살고 난 후에야 오후 5시가 넘으면 시내가 텅 비는 걸 자연스럽게 받아들이게 됐어요. 독일 회사들은 출퇴근 시간이 유연합니다. 일찍 출근하고 일찍 퇴근하는 걸 더 선호하는지, 직장에 따라 차이가 있지만 보통 아침 7~8시에 일과를 시작합니다. 대신 오후 4시에 퇴근하고 집에서 가족들과 함께 시간을 보내죠. 그러니 오후 5시

정도만 되면 길에 사람이 없는 겁니다.

2012년에 민주통합당의 대통령 후보 경선에서 손학규 씨가 '저녁이 있는 삶'을 공약으로 내걸어 화제가 되었어요. 요즘 직장을 선택할 때 중요하게 생각하는 워라밸work-life balance을 공론화한 거라서 당시에도 많은 공감을 받았고요. 조금씩 나아지고 있다지만, '저녁이 있는 삶'에 대한 목마름은 그때나 지금이나 여전한 것 같아요. 이는 청소년들도 마찬가지고 어쩌면 더 심할 수도 있을 것 같아요. 상대적이지만 여러분은 부산·경남에 사는 것을 행운으로 생각해도 됩니다. 여러분이 서울의 강남에서 태어났다면 지금보다 더 죽을 맛일 거예요. 강남은 비즈니스 중심지여서 외국인들도 많이 사는데 그들은 "한국 사람들은 정말 미쳤다"라고 말합니다. 전에 어느 외국인 기자가 새벽 2시에 강남 학원가를 찍은 사진이 언론에 공개된 적이 있습니다. 불이 켜진 창으로 학생들이 공부하는 모습이 담긴 사진이었어요. 더 충격적인 것은 그들이 초등학생들이라는 사실이었어요. 외국인들이 보기에는 정말 미쳐도 단단히 미친 사회의 모습이었을 거예요. 아동 학대처럼 보였을 테고요. 독일의 경우 모든 초등학생은 무조건 오후 8시면 잠자리에 들어야 해요. 제가 독일에 있는 동안 단 한 번도 예외를 보지 못했습니다.

한번은 제가 일 때문에 서초구 양재동에 갔다가 딸이 살고 있는 노원구에 가기 위해 택시를 잡았어요. 그때가 새벽 1시였는데, 길이 막혀서 양재역에서 강남을 빠져나가는 데만 1시간이 걸렸습니다. 그 한밤중에 도로와 거리에 사람들이 어찌나 많던지 교통 체증이 보통이 아니었어요.

한국에서 독일로 가는 비행기를 타면 프랑크푸르트에서 내리게 됩니다. 프랑크푸르트는 독일의 관문이자 최대의 상업 도시예요. 그런데도 오후 6시만 되면 거리에 사람이 없어요. 야근과 업무의 연장인 회식, 승진을 위한 외국어 공부, 취업을 위한 자격증 준비, 대입 시험공부 등으로 밤을 하얗게 불태우느라 자정이 넘도록 거리가 북적거리는 한국 사회와는 확연히 다릅니다. 우리는 왜 이렇게 살아갈까요? 어쩌다 '피로 사회'라는 오명을 얻을 만큼 일과 공부에 매몰된 사회가 되었을까요?

여러분도 부모님께 공부 열심히 하라는 말을 많이 듣지요? 공부 열심히 해서 좋은 대학 가라는 얘기, 귀에 못이 박히도록 들을 거예요. 스트레스야 받겠지만, 대부분 그 말을 당연하게 생각할 거예요. 그럼 공부를 열심히 해서 좋은 대학에 가면 끝일까요? 아니에요. 부모님 등 어른들이 하는 이야기에는 좋은 대학, 좋은 학과 그 다음의 목표까지 포함되어 있어요. 결국은 좋은 직장에 들어가라는 말이에요. 좋은 직장에 취업하기 위해서 내신 성적을 잘 받고, 수능 점수를 잘 받고, 좋은 대학의 좋은 학과에 들어가야 합니다. 잘 먹고 잘살기 위해서 말이죠. 그런데 좋은 대학에 가면 정말 좋은 직장에 취직할 수 있을까요?

여러분은 현대그룹 고故 정주영 회장을 아시나요? 한국에서 삼성그룹과 쌍벽을 이루는 현대그룹을 창업하고 일군 기업가입니다. 그분이 생전에 대학생들 앞에서 강연했을 때 이런 말을 했어요.

"어느 회사든지 학생의 학식보다도 성품을 볼 겁니다. 평소에 성실한 생각을 가지고 사는 학생은 다 취직이 될 것이라고 저는 보고 있습니다."

우리나라에서 가장 많은 일자리를 제공할 수 있는 힘을 갖고 있었던 분이 한 이야기예요. 좋은 대학에 간다고 해서, 좋은 성적을 거둔다고 해서 좋은 데 취직할 수 있는 게 아니라고, 무엇보다 품성이 중요하다고 이야기했습니다. 그런데, 좋은 품성이란 것은 무엇일까요? 정주영 회장이 말한 품성이 무엇인지 알고 있는 사람이 있나요? 정 회장이 말한 품성은 의외로 가까운 곳에서 찾을 수 있습니다.

대학에 입학하면 신입생들을 대상으로 취업 캠프 등 오리엔테이션을 진행합니다. 4년 동안 어떤 스펙을 준비해야 취직을 잘 할 수 있는지 안내하는 거예요. 그때 보통 대기업의 인사 담당 임원을 불러 기업에서 어떤 품성을 요구하는지에 대해 이야기를 듣습니다. 그들은 항상 똑같이 이야기합니다. "인간성이 좋아야 합니다. 성적 필요 없습니다." 한국의 대학 입학시험이 서울대에 맞춰져 있다면, 취업 시험은 삼성그룹에 맞춰져 있습니다. 삼성그룹은 입사 시험을 어떻게 보느냐면, GSAT^{Global Samsung Aptitude Test}라고 하는 직무적성검사를 보고 통과한 사람들은 다시 면접을 치러 최종 합격해야 취업에 성공하는 구조예요. 그러나 직무적성검사에 응시하려면 직무정합성평가라는 일종의 서류 전형을 먼저 통과해야 합니다. 이때 몇 가지 항목을 체크하고 에세이를 제출해야 하는데 여기서 입사 시험 응시 자격 여부가 결정됩니다. 그 항목 안에 학과 성적과 어학 시험 점수 등이 있었는데 문과 계열의 경우 지금은 다 없어졌습니다. 대신 '직무 에세이'라는 품성과 관련된 항목만은 여전히 존재합니다.

여러분, 삼성에서 원하는 품성이 뭘까요? 현대 정주영 회장이 말한 품성은 대체 뭘까요? 그걸 알 수 있는 방법이 하나 있습니다. 한국에서 취직이 가장 잘 되는 대학의 학과가 있어요. 물론 공부를 잘하면 법대나 의대를 가지만 학문적 성격을 볼 때 우리가 생각하는 일반적인 취업과 직접 관련이 있는 학과는 아닙니다. 삼성의 이건희 회장이 한 대학에 350억 원을 들여 건물을 지어 줬어요. 바로 고려대학교 경영학과입니다. 고려대학교 경영학과는 우리나라에서 재벌 회장과 사장, 이사 등 전문 경영인을 가장 많이 배출한 학과예요. 취업률을 확인해 보면 아실 테지만 국내 대학 중 단연 최고 수준입니다. 한창 잘나갈 때는 3학년 겨울 방학쯤에 대기업에 입사한 선배들이 와서 후배들을 스카우트했습니다. 그렇게 계약을 맺고 보통 4학년 1학기가 되면 해당 회사의 인턴으로 나갑니다.

그런데 2010년 3월 어느 날, 출근하느라 지하철에서 펼친 〈경향신문〉 1면에 고려대 경영대 3학년 학생의 자퇴서가 머리기사에 실려 있더군요. 바로 '김예슬 선언'입니다. 김예슬 씨는 2010년 3월 10일 아침에 고려대 교정에 '나는 오늘 대학을 그만둔다, 아니 거부한다'는 제목의 대자보를 붙이고 교문 앞에서 1인 시위를 했습니다. 그 대자보 안에는 시대의 양심을 찌르는 많은 메시지가 담겨 있었습니다. 그중에 제 가슴에 와닿았던 부분이 있었어요. "나이 스물이 되어서도 꿈을 꾸어 보는 것이 꿈이 되어 버린"이라는 내용입니다. 고려대 경영학과에 들어갈 정도면 수능은 거의 만점을 받았을 거고, 내신도 1등급을 유지해 왔을 겁니다. 아마 면접시험 도 따로 준비했을 거예요. 학교 성적 등 이른바 스펙 관리를 위해 얼마나 많은 노력을 했겠어요. 자기가 하고 싶은 것도 못 하고 놀고 싶고 쉬고 싶 어도 참고 공부했을 겁니다.

그런데 대학 3학년이 되어서 직장을 정하고 인생을 설계할 시점이 오 니까 비로소 깨닫게 된 거예요. 자기 인생을 돌아보니 '꿈을 꿔 본 적이 없다는 것'을 알게 된 겁니다. 그제야 아차 싶었던 거지요. 그리고 용기를 내어 동시대를 살고 있는 우리들에게 소신껏 이야기한 것입니다.

여러분은 취직을 뭐라고 생각하세요? 공채에 합격하고 기업 연수원에 들어가면 강사들이 이런 이야기를 들려줍니다. "취직이라는 것은 기업 에 영혼을 파는 거다." 혹시 신입 사원들이 지하철에서 목청을 높여서 물 건을 팔거나 역 광장에 나와서 미친 사람처럼 무언가를 홍보하는 모습 을 본 적 있나요? 한때 기업들이 연수 프로그램 중 하나로 신입 사원들을 테스트했던 방식입니다. 신입 사원들은 얼마나 황당하고 또 부끄러웠겠 어요. 하지만 직원은 개인의 인격이 아니라 삼성이나 현대라는 기업의 한 부속품이기 때문에 회사를 위해 몸을 바쳐야 합니다. 월급을 받기 위한 첫 번째 과정이 바로 자신의 영혼을 파는 것이죠. 이걸 극명하게 보여 주 는 것이 바로 대한항공 조현아 전 부사장의 항공기 회항 사건, 일명 '땅콩 회항' 사건[1]입니다.

지금 청년들에게 가장 인기 있는 직업은 공무원입니다. 왜 그럴까요? 웬만해선 절대 안 잘리기 때문이에요. 왜 안 잘리는 게 그렇게 중요할까요. 현재 대학 졸업자 10명 중 6명만 취업에 성공합니다. 4명 중 일부는 취업 재수를 하거나 포기하고 백수가 되거나 자영업을 합니다. 취업한 6명 중에서 2명은 비정규직인데 계약 기간은 대부분 1년 미만, 길어야 2년입니다. 그럼 정규직이 된 4명은 안정된 직장 생활을 할까요? 그들 가운데 3명은 5년 안에 직장을 옮깁니다. 더 높은 연봉과 복지를 위해서 옮기는 경우도 많겠지만 가장 큰 이유는 직장이 불안정하기 때문이에요. 그래서 안정적인 직장에 대한 수요가 점점 더 높아지고 있습니다. 교원 임용 시험이 '임용 고시'라고 불릴 정도로 합격하기 어려운 것도 교사라는 직업적 안정성이 매우 큰 요인으로 작용하기 때문이고요. 그런데 대한항공은 굉장히 안정된 직장입니다. 인턴으로 6개월 정도 근무하면 대부분 정규직으로 채용하는 굉장히 좋은 직장이었어요. 그런 직장에서 사무장으로 승진을 한 이가 당시 부사장이던 조현아 씨에게 영혼에 상처를 입는 치명적인 일을 당한 겁니다. 힘들게 취업을 해도 불안정한 게 오늘날 청년들의 삶이에요. 더구나 땅콩 회항 사건처럼 직장에서 굴욕적인 일을 당할 수도 있습니다. 우리는 이런 사회를 받아들이고 감내하며 살아

---

1) 2014년 12월 5일 대한항공 조현아 전 부사장이 이륙 준비 중이던 기내에서 땅콩 제공 서비스를 문제 삼으며 난동을 부린 데 이어, 비행기를 되돌려 수석 승무원을 내리게 한 사건.

야 할까요? 운명처럼 받아들여야 하는 것일까요?

다른 세상은 있다

다른 세상은 분명 있습니다. 다른 세상을 확인할 수 있는 단서, 우리에게 좀 더 좋은 세상을 만들 수 있는 가능성, 그걸 엿볼 수 있는 힌트가 있습니다. 그 힌트는 이명박 전 대통령이 제공했습니다. 바로 '747 공약'입니다.

2007년 대선 당시 이명박 대통령 후보는 '연평균 7% 성장과 10년 뒤 1인당 소득 4만 달러, 세계 7대 강국 진입'을 공약으로 내놓았습니다. 우리가 보통 선진국이라고 부르는 나라는 1인당 국민 소득이 대부분 4만 달러 이상입니다. 한국이 경제협력개발기구Organization for Economic Cooperation and Development, OECD에 가입돼 있어서 선진국이라고 생각할 수 있는데 실제로는 아닙니다. 선진국에는 두 가지 유형이 있는데, 하나는 북유럽 모델이고 또 하나는 앵글로아메리칸 모델입니다. 유럽에서 알프스 산맥 북동쪽에 위치한 독일의 라인 모델과 그 위쪽에 있는 노르웨이와 스웨덴 등의 노르딕/스칸디나비아 모델을 합쳐 북유럽 모델이라고 합니다. 미국과 영국을 중심으로 한 게 앵글로아메리칸 모델이고요.

세계은행World Bank, WB에서 발표한 2015년 1인당 국민 소득을 살펴보면 독일은 4만 1천 달러, 미국은 5만 7천 달러입니다. 2018년에는 독일

4만 8천 달러, 미국 6만 3천 달러로 비슷한 차이를 보이고 있습니다. 수치상으로 보면 미국 국민들의 소득이 훨씬 더 높은 것을 확인할 수 있습니다. 그러나 나라가 잘사는 것과 내가 잘사는 것은 엄연히 다릅니다. OECD에서 발표한 연간 노동 시간을 비교해 보면, 2015년에 독일 노동자는 1,371시간, 미국 노동자는 1,790시간을 일했습니다. 2018년에는 독일 1,305시간, 미국 1,786시간으로 모두 줄었지만 미국 노동자들의 노동 시간이 여전히 많습니다. 그런데 노동자들이 받는 시간당 평균 임금은 2018년 기준 독일 노동자들이 34.6유로(41달러), 미국 노동자들이 27.5달러였습니다. 미국의 1인당 국민 소득은 독일보다 훨씬 더 높습니다. 하지만 시간당 평균 임금과 연간 노동 시간을 곱해 보면 오히려 미국보다 독일 노동자의 임금 수준이 더 높다는 것을 확인할 수 있습니다. 1인당 국민 소득이 높다고 해서 노동자가 더 잘사는 건 아니라는 거죠.

이를 극명하게 뒷받침해 주는 자료가 있습니다. 2019년 기준 미국의 홈리스Homeless는 무려 56만 8천 명이나 됩니다. 우리나라로 치면 노숙자들인데 대부분 대도시에서 구걸하며 살고 있습니다. 미국 연방 정부는 매년 6조 원의 예산을 들여 노숙자 문제를 해결하려고 하지만 전혀 개선되지 않고 있어요. 반면 독일에는 구걸하는 사람이 없습니다. 거지가 될 수밖에 없는 조건으로 내몰린 사람들에게는 나라에서 집도 주고, 기준 임금의 약 60%를 매달 지원해 줍니다. 취직을 못 하면 실업 부조로 평생 먹여 살립니다. 이런 독일의 복지 제도는 어떻게 만들어진 걸까요? 바로 노동자의 힘, 노동조합의 힘이 강하기 때문입니다.

미국 노동자는 실직해 먹고살기 힘들어지면 거지가 되지만, 독일 노동자는 노동조합과 함께 싸웁니다. 노동자와 노동조합이 독일 사회에서 매우 강력한 세력을 형성하고 있기에 가능한 일입니다. 세계에서 가장 강한 노동조합도 가지고 있고요. 조합원이 무려 220만 명이나 되는 독일 금속노조Industriegewerkschaft Metall, IG Metall가 그중 하나입니다. IG Metall은 산업별 노동조합이라서 비정규직, 실업자, 은퇴자, 이주노동자, 학생까지 조합원으로 가입해 활동할 수 있습니다. 노동조합 자체가 하나의 기업이기도 해서 프랑크푸르트의 중심가에 자리 잡은 IG Metall 본부에는 100명이 넘는 박사급 노동자들이 일을 하고 있습니다. IG Metall에 다닌다고 하면 굉장히 좋은 직장에 다닌다고 인정받을 정도고요. 또한 독일 의회의 양대 정당 중 하나인 사회민주당은 '노동자의 권익 보호'를 핵심 정강으로 가지고 있습니다. 그래서 많은 노동조합은 공동결정제도라는 것을 통해 기업의 의사 결정에도 관여하고 있습니다.

반면 미국에 노숙자가 많은 이유는, 경제적 위기에 처한 이들의 목소리를 들어 줄 조직이 없기 때문입니다. 노동자 정당은 아예 없고, 민주당과 공화당은 모두 자본가 정당입니다. 1910~1930년대 사이에 노동당이 잠깐 있었지만, 민주당과 공화당이 합작해서 노동당을 말살시켜 버렸습니다. 물론 미국에도 노동조합이 있긴 한데, 좀 특이합니다. 미국의 노동조합은 정치적 목표를 가지고 있지 않습니다. 조합원들 사이에서는 선임순서에 따른 차별을 주장하고, 조합원과 비조합원 사이에도 공공연한 차별을 요구하는 조직입니다. 해고당해도 하소연을 할 데가 없으니 길에서 구걸할 수밖에 없는 거죠.

　구걸과 저항, 이렇게 운명이 나뉘는 겁니다. 미국과 독일 사회의 구성원들의 선택이 처음부터 그랬을까요. 자본주의 초기 두 나라의 노동자들은 모두 어려운 상황이었습니다. 특히 독일의 노동자들은 자본주의 초기 유럽 전역을 통틀어 가장 비참한 상황이었습니다. 자본주의를 이룩한 나라들은 대부분 시민 혁명을 통해 봉건 사회를 무너뜨리고 세워졌습니다. 기득권을 가지고 있던 봉건 귀족들을 처단하고 모든 시민들이 평등한 권리를 쟁취하기 위해 함께 싸웠습니다. 시민들 중에서 돈을 많이 가진 사람이 자본가가 되고, 돈을 갖지 못한 사람이 노동자가 되었어요. 비록 자본가의 힘에 짓눌려 노동자들이 고통받고 양극화가 진행됐지만, 모두 똑같은 시민이라는 평등 의식이 존재했습니다. 그런데 독일 노동자들의 상황은 달랐어요. 독일은 유럽에서 자본주의를 가장 늦게 받아들였기 때문이에요. 당시 독일을 통치하던 봉건 귀족들은 주변 나라들이 전부 자본주의 사회가 되자 스스로 자본가로 변신한 경우였어요. 그래서 독일 노동자들은 시민적 권리를 쟁취할 수 있는 기회를 갖지 못했습니다. 봉건 귀족들의 농노가 노동자로 이름만 바뀌었을 뿐 사실상 신분은 그대로였어요. 영주와 농노 사이의 관계가 자본가와 노동자로 바뀐 거예요. 여러분, 중세 시대의 농노가 영주와 대면할 일이 있었겠어요? 귀족을 만나기 위해 찾아가더라도 집 안에 들어가지도 못하고 불러 줄 때까지 밖에서 마냥 기다려야 했어요. 대화를 나눌 때도 귀족의 얼굴을 제대로 쳐다볼 수도 없었던 사람들이 바로 농노들이었습니다. 그런 그들이 노동자가 되

어 지금의 독일 사회를 만든 겁니다. 당시로서는 상상할 수 없는 일을 해
낸 거예요. 반면 미국은 어땠나요? 영국과의 독립 전쟁에서 승리한 미국
은 봉건 귀족이 없는 비교적 평등한 사회였습니다. 오히려 독일보다 노동
운동이 더 활발한 나라였습니다. 그런데 이 두 나라의 운명이 반대로 바
뀐 겁니다.

《자본》, 사회 변혁 운동의 성서

밤에 남산에 올라가서 서울 시내를 내려다보면 가장 많이 보이는 게
뭘까요? 바로 교회 십자가예요. 제가 우리나라 진보운동, 노동운동 지도
자들에게 이런 이야기를 했어요. 교회를 좀 보고 배우라고요. 외국에서
수입된 종교가 우리나라를 지배하고 있어요. 교회가 성공한 이유는 목숨
을 바쳐 헌신한 많은 순교자, 그리고 정치와 결합시킨 로마의 황제들 등
여러 가지가 있을 텐데, 저는 가장 큰 성공 요인으로 '성서'를 꼽고 싶습
니다. 성서가 없었다면 교회가 이렇게 번창할 수 있었을까요? 성서는 교
회 번창의 필수 요소였어요.

노동운동, 사회 변혁 운동에도 성서가 있습니다. 마르크스의《자본》은
19세기에 이미 '노동자 계급의 성서'로 불렸습니다. 성서 없이 기독교라
는 종교가 발전할 수 없었듯이《자본》없이 노동자들이 자신들의 처지를
개선할 수는 없었을 거예요. 앞에서 제가《자본》을 필수 과목이라고 이

야기한 것도 같은 맥락입니다. 2013년 6월, 우리나라 광주에서 열린 유네스코 회의에서는 《자본》을 보존해야 할 가치가 높은 '세계 기록 유산 Memory of the World'으로 지정했습니다. 새로운 천 년을 앞둔 1999년에 영국 공영 방송 〈BBC〉는 지난 천 년 동안 인류에게 가장 중요한 영향을 끼친 사람이 누구인지를 조사했는데, 마르크스가 1등을 차지했습니다. 모두 마르크스가 쓴 《자본》의 가치와 영향력이 인류와 역사에 지대한 영향을 끼쳤다는 것을 반영한 결과입니다.

마르크스는 《자본》에서 사회를 변혁하기 위해서 필요한 두 가지를 제시했습니다. 하나는 변혁의 주체(사람)이고, 다른 하나는 변혁의 객체(현실)입니다. 세상을 바꾸기 위해서는 변혁을 주도할 주체의 의지가 필요하고 동시에 세상이 움직이는 원리를 알아야 한다는 것입니다. 여러분, 세월호, 밀양 송전탑, 한진중공업, 쌍용자동차, 용산 참사 등의 사건들을 자세히 들여다보면 세상의 변화가 얼마나 어려운지를 우리는 알 수 있습니다. 그래서 우리는 흔히 '세상은 내 뜻대로 되는 게 아니야' 하고 체념합니다. 하지만 마르크스는 변혁의 의지와 세상의 변화를 일치시킬 수 있는 방법을 찾아냈습니다. 마르크스의 위대성은 바로 이 점에 있습니다. 《자본》이 성서인 까닭도 바로 거기에 있습니다.

누가 고양이 목에 방울을 달 것인가

세상을 바꾸려면 어떻게 해야 할까요? 우리가 살고 있는 피로 사회의 원인은 무엇이고, 어떻게 해결할 수 있을까요?

만약 쥐가 '불안해서 못 살겠다'고 생각한다면, 그 원인은 어디에 있을까요? 바로 고양이한테 있습니다. 고양이가 쥐를 잡아먹으니까요. 쥐들은 고민 끝에 고양이가 나타나면 알아챌 수 있도록 고양이 목에 방울을 달아야 한다는 답을 찾아냈습니다. 마르크스도 이와 비슷한 답을 찾아냈습니다.

경제 문제는 대개 복잡한 용어와 수식 때문에 접근하기도 쉽지 않고 깊숙이 은폐되어 있어서 원인을 찾아내기 힘듭니다. 하지만 우리가 쉽게 알아차릴 수 있는 사례도 있는데 택시 회사의 경우가 그러합니다. 택시 기사는 하루 2교대로 번갈아 12시간씩 근무합니다. 대개 오전 6시와 오후 6시경에 교대를 하죠. 2010년에 제가 조사한 바에 따르면 하루 수입은 평균적으로 18만 원 정도입니다. 택시를 반환할 때 자신이 사용한 연료를 채워야 하는데, 평균 6만 원 정도이고요. 그럼 12만 원가량이 남는데 매일 사납금으로 11만 원을 내야 합니다. 그렇게 하고 남은 1만 원이 택시 기사의 일당이 되는 겁니다. 우리나라 〈근로기준법〉은 하루 노동 시간을 8시간으로 정했는데, 택시 기사는 12시간 일을 하니 하루 반을 일한 셈입니다. 그래서 이틀 일하면 반드시 하루를 쉬게 되어 있습니다. 따라서 택시 기사들은 한 달 근무를 21일로 계산하는데 21일 동안 사납금으로 낸 돈을 합치면 230만 원, 집으로 가져가는 돈은 20만 원 정도 됩니다. 사납금을 모두 채운 택시 기사에게는 월급이라는 형태로 80만 원이 지급되고 회사는 150만 원을 가져갑니다. 결국 택시 기사의 임금은 근무하는 날 매일 가져간 돈 20만 원에 월급 80만 원을 합해서 100만 원가량 됩니다. 따라서 택시 기사는 한 달 동안 250만 원을 벌어서 그중 150만 원을 회사에 바치고 100만 원만 자신의 임금으로 가져가는 것입니다. 이것을 택시 기사의 하루 노동으로 환산하면 12시간의 노동 가운데 그가 임금으로 받아 가는 것은 5시간, 나머지 7시간은 회사가 가져가는 셈입니다. 2010년 기준으로 계산된 이 수치는 10여 년이 지난 지금도 큰 변화가 없습니다. 절대 액수는 조금씩 늘었지만, 그 비율은 그대로이기 때문입니다.

결국 노동자의 노동 시간은 임금으로 받아 가는 시간과 회사에 빼앗기는 시간으로 쪼개진다는 것을 알 수 있습니다. 이처럼 자본주의 사회의 노동자들은 자신을 위한 노동과 자본가를 위한 노동을 모두 담당합니다. 그래서 마르크스는 자본주의 사회에서는 노동자들이 자본가들에게 갖다 바치는 '타인을 위한 노동'을 해야 하기 때문에 두 배, 세 배로 더 일하게 된다고 설명합니다. 자본주의 사회의 노동 시간이 길어질 수밖에 없는 이유입니다.

과거 농민들은 농사를 지을 수 있는 계절에만 일을 했습니다. 낮에만 일을 하고 밤에는 일을 하지 않았습니다. 정확하게 말하자면 자연적인 조건 때문에 더 이상 일을 할 수 없었던 것이지요. 그래서 지구상에서 온대 지방에 해당하는 유럽과 아시아의 농민들은 1년에 평균 160일, 하루 10시간 넘게 일하는 경우가 없었습니다. 농사는 일을 하다 힘들면 쉴 수 있습니다. 오늘날 노동자들도 그렇게 쉴 수 있을까요? 불가능합니다. 컨베이어 벨트가 돌아가는 작업장에서는 내가 힘들다고 마음대로 쉴 수 없습니다. 이런 작업장에서는 보통 2시간 일하고 10분 쉬지만 그 사이에는 화장실도 갈 수 없습니다. 물론 도저히 일을 못 할 상황이 생기면 대기 중인 키퍼Keeper에게 잠시 일을 맡기고 가야 하는데, 그건 아주 예외적인 경우입니다.

옛날 농민들의 노동 시간을 단순하게 계산해 보면 1년에 1,600시간 정도 됩니다. 그런데 현재 지구상에서 제일 잘사는 OECD 37개국의 평균 노동 시간이 1,734시간(2018년 기준)입니다. 중세 농민들보다 일을 더 많이 하고 있죠. 더구나 우리나라는 OECD 회원국 중 멕시코와 노동 시간 1위를 두고 부끄러운 선두 다툼을 벌여 왔습니다. 지난 2019년의 경우 우리나라 노동자들의 연간 노동 시간은 1,957시간으로 전년 OECD 평균보다 무려 한 달 이상 더 일한 셈이었습니다. 이마저도 최근 몇 년 동안 노동 시간을 단축하기 위한 정부와 노동계의 노력으로 한 달 이상 줄어든 것입니다.

과거 농부들은 가을 추수가 끝난 후부터 봄에 파종할 때까지인 농한기에는 대부분 놀았습니다. 농사철에도 중간중간 단오나 백중 등 여러 명절이 있어서 축제도 많이 했습니다. 자본주의 사회가 되고 산업화로 인해 그런 축제와 휴식 기간이 다 없어져 버렸습니다. 바로 타인을 위한 노동

시간 때문입니다.

한국이 얼마나 잔인한 나라인지 보여 주는 사례가 있습니다. 2018년에 서울행정법원이 삼성전자서비스 수리 기사로 일하다 뇌출혈로 목숨을 잃은 노동자의 산업 재해를 인정하는 판결을 내렸습니다. 근로복지공단이 업무상 질병으로 인정하지 않아 사망한 지 5년 만에 산업 재해를 인정받은 것입니다. 법원은 업무로 인한 과로와 스트레스가 사망 원인과 상당인과관계가 있다고 판단했습니다. 한마디로 과로사라는 거였죠. 사망한 노동자가 얼마나 일을 많이 했나 봤더니 365일 중 추석과 설 딱 하루씩만 빼고 363일을 일했습니다. 더구나 일이 많이 몰릴 때는 일주일에 무려 80시간을 근무한 경우도 있었습니다. 우리나라 〈근로기준법〉은 주 40시간을 법정 근로 시간으로 정하고 있습니다. 그런데 고인의 노동 시간을 계산해 보았더니 무려 연간 3,800시간이었습니다. 기가 막힌 일이지요. 우리나라 노동자의 연간 평균 노동 시간이 2,247시간, OECD 평균은 1,770시간이었던 2013년 당시에 벌어진 일이라고 상상할 수 없을 만큼 충격적인 사건입니다. 이게 과로사한 그 노동자 한 사람에게만 국한된 일일까요? 고인의 직장 동료와 우리나라 전체 노동자들 역시 극한의 노동 조건 속에서 일을 하고 있다는 걸 통계로 보여 주고 있는 것입니다. 당시 우리나라 노동자들은 OECD 평균보다 연간 477시간, 약 60일가량 더 일을 하고 있었던 거예요. 더구나 이듬해인 2014년에는 줄어들지는 못할망정 2,285시간으로 오히려 더 늘어 연간 노동 시간 1위라는 불명예를 얻었습니다.

현재는 얼마나 달라졌을까요? 2020년 설 연휴에 경북의 집배원 한 분이 근무 중 뇌출혈로 쓰러져 사망했습니다. 2019년 5월에는 이틀 사이로 집배원 세 분이 사망하는 일이 벌어졌고요. 직접적 사망 원인은 다르지만 근본적 원인은 모두 과로와 스트레스였습니다. 2018년 우정사업본부가 발표한 집배원들의 연간 노동 시간은 2,745시간이었습니다. 당시 우리나라 평균(2,052시간)보다 87일, OECD 평균(1,734시간)보다 126일을 더 일한 셈입니다. 연간 노동 시간이 3,000시간이 넘는 집배원도 1,388명이나 됐습니다.

최근에도 코로나19로 인해 물량이 많아져 택배 기사 한 분이 근무 중 사망하는 일이 벌어졌습니다. 저도 밤 10시에 택배를 받은 경우가 왕왕 있습니다. 그 택배 기사 분은 언제 저녁을 먹고 퇴근은 몇 시에나 할 수 있을까요? 타인을 위한 노동 때문에 노동자들은 언제까지 이렇게 긴 시간 동안 일을 해야만 할까요?

마르크스는 이처럼 피로 사회의 원인이 타인을 위한 노동에 있다고 보았습니다. 그러면 이제 해답은 자명해집니다. 타인을 위한 노동을 없애면 되는 것이지요. 하지만 이것은 고양이 목에 방울을 달면 위험을 미리 알 수 있다는 답일 뿐입니다. 보다 중요한 것은 고양이 목에 방울을 어떻게 다느냐 하는 문제입니다.

마르크스는 이 문제에 대한 답도 알려 주었습니다. 먼저 그는 세상이 변화하는 원리를 알아야 한다고 말합니다. 그는 세상의 변화는 유기체의 성숙 과정과 같은 것이라고 말했습니다. 마치 아이가 태어나 걸음마를 배우고 말을 하기 시작하고 사춘기를 겪으면서 성장하는 것처럼 말이지요. 모든 삼라만상의 생명체가 그런 성숙의 과정을 거칩니다. 그래서 그는 고양이 목에 방울을 달기 위해서는 그것의 가능성을 조금씩 키워 나가야 한다고 말합니다. 아기가 갑자기 어른이 될 수 없듯이 변화도 단번에 기적처럼 이루어지는 것이 아닙니다. 높은 산에 바위를 굴려 올리듯이 조금씩 노력을 쌓아 가야 이루어질 수 있습니다.

치악산 전설에는 마르크스의 이런 생각을 이해할 수 있는 교훈이 담겨 있습니다. 치악산의 '치雉' 자는 꿩을 의미합니다. 옛날에 영남 지역의 한 선비가 한양으로 과거를 보러 가는 길에 치악산을 넘어가는데 숲속에서 갑자기 요란하게 푸드득거리는 소리가 나는 거예요. 소리가 나는 쪽으로 찾아가 보니 커다란 구렁이가 꿩의 둥지를 습격하여 꿩 새끼들을 잡아먹으려고 하는 참이었습니다. 선비는 급한 김에 자신의 봇짐을 던져 구렁이를 쫓으려 했습니다. 그런데 방해꾼을 만난 구렁이는 달아나기는커녕 오히려 방향을 돌려 선비를 공격했습니다. 선비는 어쩔 수 없이 구렁이와 싸우게 되었고 어렵게 구렁이를 돌로 때려 죽일 수 있었습니다. 선비는 다시 가던 길을 재촉했는데 구렁이와 싸우느라 지체한 탓인지 산을 넘지 못하고 깊은 산중에서 밤을 맞고 말았습니다. 주변을 돌아보다 천만다행으로 불빛을 하나 발견해서 찾아가 보니 상갓집이었습니다. 상갓집에는 남편의 상을 치르느라 소복을 입은 여인이 혼자 있었습니다. 선비는 자신의 사정을 설명하고 하룻밤 묵게 해 달라고 여인에게 간청했습니다. 여인의 허락을 받아 곁방에서 잠을 청한 선비는 한밤중에 갑갑한 느낌이 들어 잠에서 깨었습니다. 눈을 떠 보니 커다란 구렁이가 선비의 온몸을 칭칭 감고 있었습니다. 소복을 입은 여인은 실은 낮에 선비가 죽인 구렁이의 아내였던 것이지요. 아내 구렁이는 남편의 복수를 하겠다며 선비를 죽이려고 했습니다. 선비는 남편이 자신을 공격하는 바람에 어쩔 수 없이 죽이게 되었다고 통사정을 해 보았습니다. 그러자 구렁이가 이렇게 말했습니다. "산 위에 있는 상원사라는 절에 범종이 있는데, 그 종이 새벽이 되기 전까지 울리면 부처님께서 자비를 베풀어 주신 걸로 알고 남편을 죽인 죄를 용서해 주겠다." 그런데 말이 그렇지, 종이 어떻게 혼자서 울리겠습니까. 구렁이의 말에 선비는 날이 새면 꼼짝없이 죽었구나 하고 체념했는데, 새벽녘이 가까워질 무렵 갑자기 산 위에서 종이 울렸습니다. 선비와 구렁이는 깜짝 놀랐어요. 구렁이는 약속대로 선비를 풀어 주었고 선비는 참으로 괴이한 일이다 싶어 그 상원사라는 절을 찾아가 보았습니다. 그 절에 가 보았더니 정말로 커다란 범종이 있었고 그 종 밑에는 꿩 여러 마리가 머리가 깨져 죽어 있었습니다. 새끼를 살려 준 선비에게 보은을 하느라 종을 울리고 죽은 것이었지요.

여러분, 혹시 재야의 종 타종 행사를 본 적이 있나요? 당목이라고 하는 커다란 통나무로 종을 치잖아요. 그 정도로 큰 힘을 줘야 종을 울릴 수 있기 때문이에요. 그런데 조그만 꿩이 혼자서 그 큰 종을 울릴 수 있을까요? 불가능합니다. 하지만 여러 마리의 꿩이 잇따라 힘을 합쳐 부딪치면 가능합니다. 한 마리가 부딪쳐 조그만 소리를 만들어 내고 곧바로 또 한 마리가 부딪쳐서 다시 조그만 소리를 더하고 잇따라 다시 또 한 마리가 부딪쳐서 앞선 꿩들의 소리에 또 하나의 소리를 보태면 큰 소리를 낼 수 있는 것입니다. 변화는 그렇게 만들 수 있습니다. 고양이 목에 방울을 달 수 있는 방법은 바로 여기에 있습니다.

세상의 변화는 메시아나 한 사람의 영웅에 의해 갑자기 만들 수 있는 게 아닙니다. 많은 사람의 희생과 노력이 쌓여서 결과를 만들어 내는 것이죠. 먼저 누군가가 세상을 변화시키는 씨앗을 뿌립니다. 당장은 무모해 보이고 희망이 없어 보이지만 그 사람의 뒤를 이어 계속 여러 사람이 조그만 희망을 보태어 키워 나가면 결국 변화는 이루어지는 것입니다.

한편 마르크스는 사물의 변화가 유기체의 성숙 과정과 비슷하다고 이야기했습니다. 그의 변증법의 원리에는 또 하나의 교훈이 숨겨져 있습니다. 성숙 과정이라는 말의 의미가 바로 그것입니다. 사람의 성장 과정을 보면 그 의미를 짐작할 수 있습니다. 아기는 처음 엄마 몸에서 태어나 포대기에 싸여 있다가 조금씩 걸음마를 배워 나갑니다. 그러다가 학교를 들어가 몸과 머리가 모두 자라납니다. 여기에는 분명한 하나의 방향이 있습니다. 세상을 헤쳐 나갈 수 있는 능력이 점차 증가하는 방향이지요. 사회도 역시 마찬가지입니다. 자본주의는 봉건주의에서 태어났습니다. 그러나 자본주의는 봉건주의보다 못한 점이 많습니다. 무엇보다 봉건주의에서는 사람들의 인심이 좋았지요. 심청이가 동네 아주머니들의 동냥젖을 먹고 자란 것을 생각해 보세요. 오늘날 자본주의 사회에서 아기가 다른 사람의 젖을 얻어먹고 자라는 것을 상상이나 할 수 있나요? 그렇다면 사람들이 다시 봉건주의로 돌아가고 싶어 할까요? 아닙니다. 많은 단점에도 불구하고 자본주의는 봉건주의를 압도하는 장점을 가지고 있기 때문이에요. 그것은 바로 물질적 풍요입니다.

우리는 지금 자본주의 사회 속에서 역사상 가장 큰 물질적 풍요를 누리고 있습니다. 최근에 쿠바에 대한 여러 소개가 우리나라에도 알려지고 있습니다. 순박한 인심에 세계 최고 수준의 의료 혜택, 그리고 재즈 음악 등 쿠바는 우리에게 매우 신선한 호감을 불러일으키고 있습니다. 그래서 쿠바가 자본주의의 대안이라고까지 말하는 사람도 있습니다. 하지만 그런 주장은 봉건주의가 자본주의를 이길 수 없는 이유를 경시하고 있습니다. 바로 경제적 풍요라는 문제입니다. 쿠바는 자본주의 사회보다 제도적 장점을 많이 갖추고 있는 사회주의 국가지만 매우 가난한 나라입니다. 그래서 자본주의의 많은 모순을 안고 있는 미국에서도 정작 쿠바로 가려는 사람은 거의 없습니다. 반대로 쿠바에서 미국으로 가려는 사람들은 매우 많습니다. 그들은 바다에 빠져 죽는 위험을 무릅쓰고 작은 보트를 타고 미국으로 밀입국을 시도하고 있습니다. 물질적 풍요는 인간의 욕망을 결정짓는 가장 기본적인 요인이기 때문입니다. 결국 사회의 발전 방향은 보다 잘사는 사회입니다. 따라서 자본주의 이후의 사회도 자본주의보다 더 잘사는 사회일 것입니다. 그것이 변화의 방향입니다.

그런데 더 잘살려면 부가 늘어나야 하고, 그러려면 노동 시간이 길어져야 합니다. 부의 크기는 노동 시간에 의해 결정되기 때문이지요. 더구나 자본주의에서 노동자들은 타인을 위한 노동 때문에 이미 장시간 노동에 시달리고 있습니다. 상황이 이러한데 또 노동 시간을 늘려야 할까요? 안

심하세요, 그런 이야기는 아니니까요. 자본주의에서 노동자들은 이미 지나치게 많은 노동을 하고 있습니다. 반면 노동을 하지 않는 사람들도 있습니다. 바로 노동자들의 노동 시간을 빼앗아 가는 사람들입니다. 그래서 마르크는 이렇게 말합니다. "일하지 않는 사람에게 일을 시켜야 한다." "타인을 위한 노동을 중단해야 한다." 그래야만 비로소 세상을 바꿀 수 있다고 말이지요. 그럼 타인을 위한 노동은 어떻게 중단할 수 있을까요? 당장 사표 쓰고 노동을 그만둬야 할까요?

노예는 족쇄에 묶이면서 노예가 됩니다. 노예는 어떻게 해야 해방될 수 있을까요? 대개는 주인이 족쇄를 채웠으니 당연히 주인이 족쇄를 풀어 주어야 한다고 생각합니다. 자본주의 사회의 노동자도 역시 타인을 위한 노동이라는 족쇄에 묶여 있습니다. 그래서 우리는 노동자가 해방되기 위해서는 바로 이 족쇄를 채운 사람, 즉 자본가가 노동자의 족쇄를 풀어 주어야 한다고 생각합니다. 마르크스는 그렇게 생각하지 않았습니다. 마르크스는 그 족쇄를 노예 스스로가 풀어야 한다고 생각했습니다. 그래서 마르크스는 자신이 가장 존경하는 인물로 스파르타쿠스를 꼽았습니다. 로마 시대의 검투사이자 노예였던 스파르타쿠스는 주인이 채운 족쇄를 스스로 깨뜨린 사람이었기 때문입니다. 스파르타쿠스는 동료 노예들을 규합하여 로마에 반란을 일으켜 해방을 도모했습니다. 그런데 스스로 족쇄를 깨뜨리는 것은 결코 쉬운 일이 아닙니다. 그것이 얼마나 어려운 일인지를 한 가지 예를 들어 설명하겠습니다.

노동자가 족쇄를 깬다는 것

영화 〈마지막 황제〉를 아시나요? 청나라의 마지막 황제인 푸이의 일생을 그린 영화예요. 푸이는 신해혁명으로 청나라가 무너지자 자금성에 연금되어 지내다 일본의 앞잡이가 되어 만주국의 황제가 됩니다. 그러다 일본의 패망과 함께 전쟁 포로가 된 푸이는 모택동 정부의 수용소에 투옥됩니다. 여기서 특이한 일이 벌어집니다. 수용소에 함께 갇힌 사람들이 푸이의 이부자리를 봐 주고 신발 끈을 매 주는 거예요. 수용소 안에서도 여전히 황제 대우를 받는 겁니다. 이런 장면을 수용소 소장이 보고서는 푸이를 다른 방으로 옮기도록 조치합니다. 이게 뭘 뜻하느냐 하면, 황제라는 신분이 어떻게 만들어지는가를 보여 주는 장면입니다. 황제는 스스로 권능과 힘을 가진 존재가 아니에요. 신하들이 황제로 모시기 때문에 황제가 되는 것입니다. 소장은 황제를 인민으로 만드는 방법을 보여 줍니다. 그는 푸이가 옮긴 방의 수용자들에게 어느 누구도 푸이의 신발 끈을 매 주거나 칫솔을 준비해 주거나 이부자리를 정돈해 주지 말라고 합니다. 무엇이든 푸이 스스로 하게끔 한 것이지요. 푸이가 스스로 신발 끈을 매고, 스스로 이불을 개는 순간 황제는 인민이 되었습니다.

한진중공업과 쌍용자동차에서 많은 노동자들이 해고당했을 때를 한번 생각해 봅시다. 노동자들은 해고를 한 사람들이 자본가이므로 그들이 해고를 철회해야 한다고 생각했습니다. 그래서 자본가들을 상대로 해고 철회를 호소했습니다. 한진중공업에서는 한 여성 노동자가 크레인

위에서 1년 가까이 고공 농성을 했습니다. 전국 각지에서 그녀와 노동자들을 응원하기 위해 수많은 사람들이 희망버스를 타고 한진중공업 조선소가 있는 부산 영도로 몰려들었습니다. 쌍용자동차 노동자들은 국회에서, 덕수궁 앞에서 천막을 치고 해고를 철회할 수 있게 도와달라며 정치인들에게 요구했습니다. 그런데 이러한 행동으로 문제를 해결할 수 있을까요? 이후 한진중공업에서는 민주 노조가 해체되었고 쌍용자동차는 10년이 지난 지금까지 해고 노동자들의 복직이 진행 중입니다. 이 문제를 조금 다른 방식으로 생각할 수는 없었을까요? 마르크스가 얘기했던 방식처럼 말입니다.

한진중공업과 쌍용자동차는 모두 민주노총 산하의 금속노조에 가입되어 있습니다. 당시 금속노조의 조합원 수는 약 15만 명, 평균 임금은 연봉 3,500만 원 정도였습니다. 노동자들은 대부분 조금씩 저축을 하고 있을 테니, 이들 조합원들이 매월 월급의 10% 정도를 저축한다고 가정해 봅시다. 그들이 매월 30만 원을 함께 저축하면 한 달에 450억 원, 1년이면 5,400억 원을 모을 수 있습니다. 당시 한진중공업의 자본금은 2,300억 원, 쌍용자동차를 인수한 인도의 마힌드라그룹이 지불한 대금은 5,200억 원입니다. 한진중공업은 물론 쌍용자동차도 인수할 수 있는 큰돈을 단 1년 만에 동원할 수 있는 능력을 금속노조는 가지고 있는 것입니다. 그런데 금속노조는 이런 자신의 힘을 동원해서 문제를 해결할 생각을 하지 못했습니다. 족쇄를 주인이 풀어 주어야 한다고만 생각했던 것이지요. 족쇄를 스스로 깨뜨리는 것이 쉽지 않다는 것을 잘 보여 주는 사레라고 할 수 있습니다. 여러분, 스스로 족쇄를 깨뜨릴 수 있으려면 어떻게 해야 할까요?

어떻게 노동 시간을 줄일 것인가

가장 먼저 해야 할 것은 노동 시간을 줄이는 일입니다. 앞서 말했듯이 노동 시간이 길어진 이유는 타인을 위한 노동 때문입니다. 따라서 노동 시간을 줄이는 것은 곧 타인을 위한 노동을 줄여 나가는 첫걸음입니다. 그런데 노동 시간을 줄이면 더 가난해지는 것은 아닌지 사람들은 걱정합니다. 우리 주변의 정부 관료나 경제학자들이 일을 더 많이 해야 더 잘살게 된다고 떠들고 있기 때문입니다. 그런데 진실을 들여다보면 정반대라는 것을 금방 알 수 있습니다. 북유럽 노동자들은 연간 1,300~1,400시간 정도 일하지만 지구상에서 가장 잘삽니다. 반면 미국이나 일본 노동자는 1,700~1,800시간을 일하지만 오히려 북유럽보다 더 가난합니다. 우리나라의 경우는 지난해 무려 1,957시간 이상을 일했는데 이들 모든 나라보다 더 가난합니다. OECD 국가들의 노동 시간 통계를 보면 노동 시간과 노동자들의 생활 수준이 정확하게 반비례한다는 것을 확인할 수 있습니다. 일을 적게 하는 나라일수록 노동자들이 잘사는 것입니다. 마르크스의 해법이 옳은 까닭이 바로 여기에 있습니다.

독일의 자동차회사 폭스바겐 노동자들은 1주일에 약 29시간(정확하게는 28.8시간)을 일합니다. 하루 8시간을 기준으로 하면 1주일에 3일 반만 일을 하는 셈입니다. 폭스바겐 노동자는 6개월은 일주일에 4일 일하고 3일 쉬고, 나머지 6개월은 3일 일하고 4일 쉽니다. 노는 날과 일하는 날이 똑같은 겁니다. 부럽지 않으세요? 덴마크와 노르웨이 등 북유럽 국가들도 마찬가지예요. 주 4일제를 시행하고 있거나 그렇지 않은 기업들도 그에 준하는 노동 시간만 일을 하고 있습니다. 그들은 1년의 절반만 일하고 절반은 노는 거예요. 현재 이들 나라 노동조합의 최대 목표는 노동 시간을 노는 시간보다 더 적게 만드는 일입니다. 사람은 일하기 위해 사는 게 아니라 놀기 위해 산다고 믿는 거예요.

그래서 북유럽과 우리의 가장 큰 차이는 휴가 문화입니다. 우리는 1년에 휴가일이 대략 5일 정도예요. 앞뒤로 주말을 끼거나 연차를 더해서 열흘 정도 휴가를 가면 길게 가는 겁니다. 이건 그나마 복지 조건이 좋은 경우예요. 제가 농협 조사부에 다닐 때 휴가는 보통 2~3일 정도였습니다. 그런데 유럽 노동자의 휴가는 1년에 6주나 됩니다. 여름휴가는 보통 한 달이고요. 독일 인구가 8,000만 명 정도 되는데 한꺼번에 휴가를 가면 고속도로가 마비되기 때문에 휴가를 갈 날짜를 각 주별로 추첨합니다. 휴가철에 주요 공항과 고속도로 통행량을 분산시켜야 하기 때문이에요. 여러분, 부럽지 않으세요? 여러분이 사회에 나가 직장 생활을 하는데 회사에서 여름휴가를 한 달이나 준다면 얼마나 행복하겠어요.

그러나 북유럽을 제외한 세계 대부분의 노동자들은 이런 행복을 누리지 못하고 있습니다. 마르크스가 해답을 준 지 150년이나 되었다는 점을 생각하면 참 이상한 일이지요? 스스로 족쇄를 깨뜨리는 일이 그만큼 쉽지 않다는 것을 짐작할 수 있습니다. 이제 족쇄를 깨뜨리기 어렵게 만드는 원인을 한번 살펴보겠습니다.

첫 번째는 메시아를 기다리는 태도와 관련이 있습니다. 사람들은 대개 자신은 아무것도 하지 않은 채 메시아가 와서 구원해 주기를 원합니다. 하지만 메시아는 오지 않습니다. 이집트와 바빌론에서 그리고 로마 치하에서 유대인들은 목을 빼고 자신들을 구원해 줄 메시아를 기다렸지만, 결국 오지 않았습니다. 메시아는 자기 안에 있고, 자신의 문제는 자기 스스로 해결하는 방법 외에는 없기 때문입니다.

또 한 가지가 있습니다. 변화를 이루기 위해서는 오래 지속되는 조직이 필요합니다. 그리고 그 조직이 변화를 꾸준히 추진해 나가야 합니다. 치악산 상원사의 종을 울린 꿩들처럼 변화는 하루아침에 이루어지는 것이 아닙니다. 개인의 직장 생활은 길어야 30년을 넘기 어렵습니다. 특히 직장에서 결정권을 행사할 수 있는 지위에 앉아 있는 기간은 길어야 수년에 불과합니다. 아무리 길어도 10년을 넘기는 경우는 거의 없습니다. 그런데 사회적 변화는 하나를 이루는 데만 적어도 수십 년이 걸립니다. 핀란드의 교육 개혁이 10년 이상의 준비와 20년 이상의 실행을 통해서 달성된 것은 유명한 사례입니다.

독일에서 노동자들을 대표하는 사회민주당은 1863년에 창당되었습니다. 지난 2013년에 150주년을 맞이했을 만큼 유서 깊은 정당입니다. 이런 역사적인 조직이 있어야 지속적인 변화가 가능하다는 것을 알아야 합니다. 여러분들 중에 정당이든 노동조합이든 생활협동조합이든 가입해서 활동하는 사람이 많이 있었으면 좋겠어요. 여러분의 활동으로 조직이 오랫동안 유지되어 사회를 변화시킬 수 있었으면 합니다. 그렇지 않으면 변화는 절대 오지 않습니다. 노동자들이 행복한 세상은 오지 않아요.

마지막으로 한 가지를 더 지목한다면 바로 교육입니다. 사회 변화를 위해 앞 세대가 추진한 일이 다음 세대에 계승되어야 하고 그러기 위해서는 교육이 세대와 세대를 연결해 주는 역할을 수행해야 합니다. 우리는 교육을 통해 앞 세대가 추진한 일을 배우고 거기에 우리 세대의 과제를 추가해야 합니다.

독일의 노동자들은 오후 4시면 퇴근하는데, 저녁에 가족과 행복한 시간을 보내기도 하지만 교육을 받는 데 할애하기도 합니다. 독일의 노동자들의 교육 체계를 알려 주는 한 가지 예를 들어 볼게요. 독일은 1993년 프랑스와 함께 유럽연합의 창설에 주도적인 역할을 수행했습니다. 이들 두 나라는 서로 주도권 경쟁을 하느라 유럽연합의 공용어를 두 나라의 언어가 아닌 중립적인 제3의 언어인 영어로 결정했습니다. 제가 1991년 독일에 처음 방문했을 때 영어를 사용하는 사람이 거의 없었습니다. 교수들도 대부분 영어를 할 줄 몰랐습니다. 그런데 1998년에 독일 금속노조를 방문했더니 직원들 대부분이 영어로 저희를 안내했습니다. 그만큼 노동조합의 교육이 잘 이루어지고 있다는 것을 알 수 있었습니다. 반면 외국 관광객에 크게 의존하고 있는 이탈리아의 경우에는 1991년이나 1998년, 심지어 2009년에도 호텔의 일부 직원들을 제외하고는 영어를 잘하는 사람을 만나기 어려웠습니다. 교육이 잘 되지 않는 사회 체제 때문이에요.

여러분, 메시아는 오지 않습니다. 노동자 한 사람 한 사람이 스스로 메시아로 거듭나야 합니다. 그래야 더 좋은 세상의 문을 열 수 있습니다. 그 문을 여는 열쇠가 바로 《자본》입니다. 더 좋은 세상을 꿈꾸게 하는 성서, 모든 사람들이 다 읽어야 하는 필수 과목이 바로 《자본》입니다.

한 가지 덧붙이고 싶은 것이 있습니다. 유럽에서 보다 좋은 사회를 만들기 위한 성서로 인정받고 있는 〈마르크스-엥겔스 전집Marx-Engels Gesamtausgabe, MEGA〉 한국어판 출간 작업에 관심을 가져 주세요. 마르크스가 죽고 나서 그의 많은 원고들이 유실되고 말았습니다. 마르크스의 가족들이 사망하고, 그의 동료이자 조력자였던 엥겔스마저 사망하면서 마르크스의 원고들은 전 세계에 흩어져 버렸습니다. 그의 원고들이 모두 사장될 위기에 처했던 거예요. 이런 상황을 타개하기 위해 1920년대 러시아의 한 학자가 전 세계에 흩어져 있는 원고들의 소재를 파악하여 마르크스의 전집을 발간할 계획을 세웠습니다. 이후 이 작업은 갖가지 우여곡절을 겪으면서 현재 네덜란드에 본부를 두고 있는 국제 마르크스-엥겔스 재단의 주도하에 진행되고 있어요. 〈마르크스-엥겔스 전집〉은 전체 114권을 발간하는 것을 목표로 하고 있는데, 2019년까지 65권이 발간되었습니다. 앞으로도 매년 2~3권씩 더 발간될 예정입니다.

저는 2008년에 베를린에서 이 정본 전집 작업의 실무 간사를 처음 만났습니다. 그리고 한국의 마르크스 연구자로서 매우 부끄러움을 느꼈습니다. 우리나라에는 이 정본 전집이 단 한 권도 발간된 적이 없었기 때문입니다. 저는 개인적으로 돈도 없고 능력도 모자라지만 이 문제를 외면할 수 없었습니다. 결국 2010년 전초 작업으로 국제학술대회를 개최하고 2012년 지적소유권과 출판권 계약을 체결하여 현재 동아대학교 맑스엥겔스연구소에서 이 작업을 수행하고 있습니다. 하지만 걱정이 많습니다. 저는 이제 은퇴할 때가 되었는데, 우리나라에 〈마르크스-엥겔스 전집〉을 독일어로 읽고 학문적으로 해석할 수 있는 사람들이 얼마 남지 않아서 앞으로 이 작업이 이어질 수 있을지 우려되기 때문입니다.

재정적인 어려움도 있었는데 다행히 2018년에 정부로부터 5년간 지원을 받기로 해서 우선 17권을 발간하는 작업을 진행하고 있습니다. 하지만 그 이후의 전망에 대해서는 여전히 미지수입니다. 재정 지원이 계속될지, 작업을 이어받을 후속 연구자를 찾을 수 있을지가 지금으로서는 모두 알 수 없기 때문입니다. 그러니 여러분 가운데 누군가 이 작업에 관심을 가져 주었으면 합니다. 이 정본 전집이 모두 출판되려면 앞으로 수십 년이 더 소요될 수도 있을 것입니다. 그래서 여러분 세대가 이 작업을 이어받아야 합니다. 관심을 가지고 지켜봐 주시기 바랍니다.

마르크스와 엥겔스가 죽고 나서 이들의 사상에 관한 최고 이론가는 칼 카우츠키라는 사람이었습니다. 이 사람이 자신의 자서전에 남긴 말이 있습니다. 그는 "엥겔스를 만난 이후 나는 교화될 수 없는 마르크스주의자가 되었다"라고 고백합니다. '교화될 수 없다'는 말은 과연 무슨 뜻일까요? 그것은 마치 1층에서만 살던 사람이 2층과 3층으로 올라가서 지금까지 보지 못한 세상을 마주하게 된 것과 비슷하지 않을까요? 이후 그는 1층의 삶에는 아무런 감흥을 느끼지 못할 테고요. 마르크스를 안다는 것, 마르크스주의자가 된다는 것, 그리고 마르크스의 《자본》과 만난다는 것은 '교화될 수 없는' 새로운 세상으로 들어가는 것입니다. 여러분은 이미 판도라의 상자를 열었고 교화될 수 없는 세상으로 발을 디뎌 버린 거예요. 그리고 이 만남은 분명 여러분에게 행운이 될 것이라고 확신합니다.

? 사회를 바꾸기 위한 조직으로 사회적 기업과 협동조합이 만들어졌지만, 재정 문제 등 어려움이 많다고 들었습니다. 공유 경제 분야에 관심이 많아 사회적 기업에서 활동하고 있는 사람들을 만나고 인터뷰도 해 보았습니다. 그들의 전제는 "사회적 경제는 망했다"였습니다. 정부 차원에서도 지원을 많이 해 주고, 국제적으로도 확산되고 있지만 사실상 지속 가능하기 힘든 구조라고들 하는데 어떻게 생각하시는지요?

마르크스가 일러 준 방법이 구체적으로 어떤 것인지를 이해하기는 조금 어려울 수 있습니다. 우리 주변의 예로 살펴보도록 합시다. 사람이 살아가는 데는 필요한 것이 많습니다. 기본적으로 의식주가 해결되어야 하고, 교육과 의료도 필요하겠죠. 놀이 등 여가도 중요할 거예요. 그런 욕망을 채우는 방식이 개인적이고 사적으로 이루어지는 게 자본주의적 방식입니다. 교육이나 의료 서비스에 필요한 비용을 모두 내 돈으로 지불해야 합니다. 반대로 이를 개인이 아닌 모든 사람이 공유할 수 있도록 한 게 사회적 생산입니다.

예를 들면 한국에서 병원에 가면 의료보험에 가입되어 있더라도 일정 비용을 지불해야 합니다. 큰 병에 걸리면 검사비와 수술비, 입원비 등 병원비 부담이 큽니다. 반면 북유럽이나 독일 등은 의료비가 전액 무료고 교육도 마찬가지예요. 초등학교에서 대학까지 등록금이 전혀 없어요. 이처럼 사회가 책임을 지는 영역이 점점 커지는 것이 바로 마르크스가 일러 준 방법입니다.

소련과 동구권의 몰락은 공산주의가 실패한 사회 모델임을 증명한 것이라고 생각합니다. 대신 중국은 자본주의 시스템을 도입해 빠르게 변화하고 있습니다. 그런데도 마르크스의 이론이 더 좋은 사회를 만들 수 있는 열쇠일까요?

좋은 질문이에요. 마르크스의 사상에 대한 해소되지 않은 의문이 있습니다. 소련의 공산주의가 망한 게 가장 큰 역할을 했습니다. 소련이 망했기 때문에 역사적으로 실패한 이론이라는 편견이 만들어진 것입니다. 하지만 마르크스와 소련은 아무런 관련이 없어요. 마르크스는 노동자들이 스스로 족쇄를 깨뜨려야 된다고 했습니다. 그러려면, 노동자들이 철저하게 자주적이고 민주적인 권리를 행사할 수 있어야 해요. 마르크스는 이런 일련의 과정을 거쳐야 자본주의 이후 사회가 온다고 했습니다. 정치적으로 이런 민주주의를 가장 잘 실현하는 제도가 보통선거예요. 오늘날 우리가 '1인 1표'라고 알고 있는 선거제도지요. 러시아에서 혁명을 통해 소련을 건국한 사람들은 볼셰비키라고 불리던 마르크스주의자들이었고 그들은 당연히 마르크스의 해답을 소련에서 실현하려고 했습니다. 그런데 두 가지 장애 요인이 있었어요.

마르크스가 꿈꿨던 사회는 자본주의보다 경제적으로 더 풍요로운 사회였어요. 봉건제가 1층이라면, 2층은 자본주의 사회이고, 3층이 자본주의 이후 사회입니다. 러시아에서 혁명이 일어났을 때 러시아는 아직 1층에 머물러 있던 사회였어요. 2층을 거치지 않고 3층으로 올라갈 수는 없습니다. 그런데 볼셰비키는 2층을 거치지 않고 곧바로 1층에서 3층으로 올라가고자 했습니다. 이것이 첫 번째 문제였습니다. 1층의 삶과 사고방식에 머물러 있던 러시아의 대다수 사람들은 2층도 채 알지 못한 상태에서 3층으로 가자는 이들의 말을 전혀 이해하지 못했습니다. 오히려 다수는 그들에게 반대했지요. 볼셰비키는 러시아 국민들을 강제로 3층으로 끌고 가려고 했습니다. 그 결과 민주주의를 포기하고 독재와 폭력을 휘둘렀습니다.

두 번째 문제는 가난이었습니다. 경제적 풍요를 이루기 위해서는 철도 등 사회 간접 자본과 기간 산업, 생산 시설의 기계화가 반드시 필요합니다. 하지만 1층에 머물러 있던 러시아에는 그런 철도와 기계화된 공장 등 기간 산업과 시설 산업이 매우 부족했습니다. 그것이 갑자기 생겨날 리 없었지요. 가난이 발목을 잡은 겁니다. 결국 경제적 풍요에 있어서도 민주주의에 있어서도 소련은 마르크스의 해법과는 거리가 멀어져 버렸던 것입니다. 북한의 경우도 이와 비슷해요. 북한은 아직 1층을 채 벗어나지 못한 사회이고 따라서 마르크스의 이상과는 전혀 무관한 사회입니다.

우리는 모두 노동자일까?

- 구조적 관점으로 본 우리 사회와 노동

하종강 성공회대 노동아카데미 

1982년 노동 상담을 시작한 뒤 같은 분야에서 40년 가까운 세월 동안 활동하고 있습니다. 한울노동문제연구소 소장으로 23년 동안 일했고 성공회대학교 노동대학 제8대 학장을 거쳐 지금은 성공회대학교 노동아카데미 주임 교수로 있습니다. 1994년 제6회 전태일문학상을 받았고 《우리가 몰랐던 노동 이야기》, 《선생님, 노동이 뭐예요?》, 《그래도 희망은 노동운동》, 《아직 희망을 버릴 때가 아니다》, 《길에서 만난 사람들》, 《철들지 않는다는 것》, 《울지 말고 당당하게》 등의 책을 썼습니다.

사회 문제에 대한 구조적 관점

제가 새 학기마다 학생들에게 하는 이야기가 있습니다. "사회 전체를 구조적으로 들여다보자." 이 주제로 3시간에 걸쳐 이야기하고 본격적인 강의를 시작해요. 대부분의 학생들이 이러한 가치가 형성되지 않은 채 대학에 들어오거든요.

2001년 프로 야구 개막 경기 시구 행사는 상당히 감동적이었습니다. 양쪽 다리에 의족을 착용한 아홉 살 소년이 멋지게 시구를 했어요. 그 소년은 선천성 장애를 안고 태어나 네 살 때 미국으로 입양된 애덤 킹이었습니다. 언론은 '세상에서 가장 아름다운 시구'라는 제목으로 보도했고요. 그 무렵 우리나라에서는 한 어머니가 장애를 가진 딸을 살해하는 사건이 발생했어요. 며칠 뒤에 한 저명인사가 그 사건에 관한 글을 썼는데, '미국 사람들은 다른 나라 장애인도 데려다가 훌륭하게 키워 주는데, 한국 사람은 친자식을 장애인이라고 살해했으니 이렇게 부끄러운 일이 있을 수 있는가'라며 개탄하는 내용이었어요. 물론 그 글의 내용에 틀린

점은 없습니다. 그렇지만 우리가 먼저 생각해 봐야 할 중요한 문제가 있습니다. 절대 비호할 수 없는 일이지만, 얼마나 힘든 상황이었으면 부모가 자기 자식을 죽였을까요? 사건의 이면도 생각해 볼 필요가 있어요. 이렇듯 사회 문제를 볼 때에는 그 문제를 둘러싸고 있는 사회 전체의 구조 속에서 폭넓게 들여다볼 필요가 있습니다. 사회 문제를 이렇게 전체적으로 바라보는 시각을 '구조적 관점'이라고 합니다.

입시철이 되면 '소년·소녀 가장 서울대 들어가다' 이런 뉴스들을 가끔 볼 수 있어요. 얼마나 훌륭한 청소년들입니까. 그런데 이러한 기사를 볼 때, 우리는 다른 생각도 좀 해 볼 수 있어야 해요. 그렇게 되지 못한 소년·소녀 가장들이 훨씬 더 많이 있다는 거죠.

노력해서 성공하는 것은 당연히 좋은 일입니다. 그렇지만 그렇게 뛰어난 의지와 능력이 없는 평범한 소년·소녀 가장들이 어려운 가정에 태어났다는 이유만으로 계속 불행하게 살아야 한다면 그것은 결코 당연한 일이 아니에요. 그러니까 '열심히 공부해서 성공하라'고만 가르칠 것이 아니라 '불행한 가정에 태어난 평범한 사람도 인간답게 살 수 있는 사회를 만들어야 한다'는 것도 함께 가르칠 필요가 있어요. 그런데 우리 사회는 앞엣것만 주로 강조하지 뒤엣것은 잘 가르치지 않아요. 학교 선생님이나 부모님들에게 들었던 많은 교훈들, 공공시설에 붙어 있는 격언들, 저명인사들이 방송에 나와서 하는 강연들의 내용은 대부분 성실히 노력해서 성공하라는 것들이에요. 긍정적 사고방식과 불굴의 신념만을 강조합니다. 그 가르침의 내용들이 틀렸다는 것이 아니에요. 다만 사회 구조를 바람직하게 변화시키는 것에 관한 내용이 너무 부족하다는 거죠.

〈세상을 바꾸는 시간, 15분〉이라는 TV 프로그램이 있습니다. 저도 출연했는데 굉장히 좋은 프로그램이에요. (웃음) 저명인사들이 강사로 참여해 강연을 하는데, 프로그램 제목은 '세상을 바꾸는 시간'이지만 사실은 '개인을 바꾸는' 내용들이 훨씬 더 많습니다. 대부분 자기 계발하고 마인드 컨트롤하고 자아 성찰하고 가족 간에 잘 소통하고 사랑하자는 이야기들이에요. 물론 다 좋은 내용이에요. 그런데 정작 제목처럼 세상을 바꾸자는 이야기는 별로 없습니다. 세상이 바뀐다는 것은 지금 많은 권력과 재산을 갖고 있는 사람들, 곧 '기득권 세력'에게는 손해가 되는 일이거든요. 그런 주장을 하게 되면 우리 사회를 지배하고 있는 힘 있고 돈 많은 사람들로부터 미움을 사게 됩니다. 그래서 말하기가 어렵습니다. 조금 더 쉽게 설명하면 대중 강연에서 '삼성'이나 청와대가 싫어할 만한 내용을 말하는 사람은 거의 없습니다. 아름답고 좋은 이야기들만 하고 있어요. 그러다 보니까 열심히 공부하는 학생이나 성실한 직장인들도 개인적 성공을 추구할 뿐 사회 구조를 변화시키는 일에는 관심이 없는 경우가 많습니다. 문제는 한국 사회는 그런 사람들이 다른 나라보다 너무 많다는 거예요. 돈을 많이 벌고 출세하는 것이 나쁜 일은 아닙니다. 그러나 사회 구성원의 99%가 전부 그쪽으로만 시선을 고정한 채 살아가는 건 정상적이고 건강한 사회라고 볼 수 없어요. 이러한 현상을 식민지를 경험한 나라들의 공통점이라고 분석하는 학자도 있습니다.

지금 고등학교 한 반에 학생이 30명쯤 된다고 할 때, 그 30명 중에서 나중에 대기업이나 공기업에 정규직으로 취업할 수 있는 학생이 몇 명이나 될 것 같아요? 단 1명입니다. 나머지 29명은 여러분을 가르치는 정규직 선생님과 같은 삶을 살 수 없다는 거예요. 이게 한국 사회의 현실이에요. 10명이 취업을 하면 그중에 7명은 비정규직이에요. 이 말은 여러분들 중 70%는 비정규직이 된다는 이야기입니다. 고용 불안이 굉장히 심각해졌습니다. 그런데 이런 문제점들은 놓아둔 채 우리 사회는 여러분들에게 그 1명이 되어야 한다고 가르치고 있어요. 《아프니까 청춘이다》와 《천 번을 흔들려야 어른이 된다》 같은 베스트셀러들을 비판적으로 보는 시각은 그런 이유들 때문이에요. 청년들에게 '노~오~력'만을 강요하기 때문이지요. 인문학이란 건 그런 게 아니에요. 나머지 29명도 인간답게 살아갈 수 있는 세상을 만들어야 한다는 것이 인문학적 시각입니다.

지식인이란 어떤 사람일까?

1981년 여름에 교복을 입은 고등학생 2명이 저를 찾아왔습니다. 한국의 남학생들은 해방 이후에도 일본 육군 군복을 40년 넘게 입었어요. 여러분도 영화나 드라마에서 봤을 거예요. 시커멓고 옷깃의 단추를 꼭 채워야 하는 교복을요. 제가 중·고등학교 6년 동안 입었던 옷이에요. 여학생들도 마찬가지로 서양의 해군 군복을 교복으로 입었습니다. 그게 세일러복인데 지금도 교복으로 많이들 입고 있습니다. 그런 교복을 입은 남녀 고등학생 2명이 저를 찾아왔어요. 여러 고등학교의 연합 문예 동아리의 학생 대표들이었는데 지도 교사를 섭외하는 중이라면서요. 제가 잠시 동인으로 참여한 시 모임이 있었는데 거기 선배 교사가 절 추천했다더군요.

그런데 학생들은 제가 어떤 사람인지 모르잖아요. 질문을 몇 개 준비해 왔다면서 이렇게 말하더라고요. "질문에 성실하게 답을 해 주시면 저희가 잘 듣고 판단해 보겠습니다." 얼떨결에 문예 동아리 지도 교사 면접시험을 보게 된 거예요.

첫 번째 질문은 이거였어요. '순수 문학과 참여 문학의 해묵은 논쟁에 대해서 어떤 입장을 갖고 있습니까?' 문학적인 관심으로부터 출발한 학생들이었으니까 어쩌면 당연한 질문이었어요. 두 번째 질문은 종교적인 내용이었어요. '종교가 인간의 영혼을 하나씩 모두 구원하면 세상이 천국이 될 것이라는 개인구원론과 종교도 사회의 모순된 구조를 개선하는 일에 참여해야 하고 때로는 불의한 세력과 맞서 싸우기도 해야 한다는 사회구원론에 대해서 어떤 입장을 갖고 있습니까?' 이 두 질문에는 공통점이 있습니다. 하종강이란 사람은 역사와 사회에 대한 구조적인 관점이 있는가를 묻고 있는 거예요. 나름 성실하게 답을 했는지 일주일 후에 연락이 왔습니다. "합격하셨습니다." 이후 고등학생 10여 명하고 몇 달 동안 책과 씨름하며 살았어요.

제 인생을 돌이켜보면, 책에 푹 빠져 밤을 새며 읽은 건 손에 꼽을 정도예요. 고등학교 1·2학년 무렵 몇 번이 전부였어요. 3학년 때는 대학 입시 공부로 그럴 겨를이 없었어요. 그 학생들이 딱 그 시기였나 봐요. 얼마나 책을 많이 읽는지 진도를 따라가느라 이틀 밤을 샌 적도 있어요.

그 친구들과는 지금까지도 드문드문 만나곤 합니다. 그중에 여학생들에게 가장 인기가 많았던 남학생이 있었는데 신부님이 되었어요. 오토바이를 타고 다니며 청소년 사목을 하고 있죠. 쉼터를 설립해 가출한 청소년들과 같이 살면서요. 그 신부님의 설명에 따르면 "청소년들이 학교에서 배우지 못하는 것들을 함께 생활하면서 깨우치는 활동"이 청소년 사목이래요. 그중 하나가 미디어 제작이고요. 흔히 미디어를 사회를 바라보는 눈이라고들 하잖아요. 신부님은 자신이 청소년기에 가졌던 고민을 지금의 청소년들과 꾸준히 실천하면서 살고 있는 거예요.

신부님이 신학대학에서 공부하는 동안 다른 한 친구는 ○○전자 노동조합의 위원장이 되었어요. 파업을 주도했다는 이유로 결국 감옥에 가게 되었고요. 그 무렵에 굉장히 두터운 우편물이 제게 왔어요. 바로 그 신부님이 사제 서품을 받는 미사에 저를 초대하는 내용이었어요. 그날 집에 가는 길에 이 두 청년이 자꾸 떠오르고 이런 생각이 들더라고요. '나는 길에서 내려섰지만 그들은 지금 길에 올라섰구나.' 길 위에 올라선 그들을 위해 최소한 그 길을 막는 사람은 되지 말자고 다짐했어요.

세계적인 지성으로 추앙받는 사르트르라는 프랑스의 철학자가 있어요. 실존철학의 대가이고 노벨문학상 수상자로 선정됐지만 수상을 거부한 일화로도 유명한 분이에요. 자신이 스스로 만족할 수 없는 작품으로 상을 받을 수 없다는 것이 그가 노벨상 수상을 거부한 이유였습니다. 선뜻 이해가 안 되잖아요. 우리는 온 나라가 노벨상을 못 받아서 안달인데 말이죠.

한때 프랑스 지식인들 사이에서 '누가 과연 지식인인가?' 하는 논쟁이
붙었습니다. 대학을 졸업하면 지식인일까요? 박사 학위를 받으면 지식인
일까요? 그때 사르트르는 지식인을 이렇게 정의했습니다.

- 자신과 관계없는 문제에도 상관하는 사람
- 세계의 문제를 자신의 문제로 고민하는 사람
- 자신의 학문적 명성을 인간의 이름으로 사회와 기존 권력을 비판
  하기 위해 사용하는 사람

이 정의를 간단하게 정리하면 '지식인이란, 지식을 자신의 이익을 위해
서만 사용하지 않는 사람'이라는 거예요. 아무리 많이 배웠어도 출세와
자기 가족의 이익을 위해서만 사용하면 그 사람은 지식인이 아니라는 거
예요. 사르트르의 지식인에 대한 정의는 개인의 성공보다 사회적 역할을
더 중요시하는 가치관이라고 할 수 있어요. 한국 사회 곳곳에도 이런 지
식인들이 있습니다. 꼭 대학을 졸업해야만 지식인의 범주에 드는 건 아니
에요.

여러분, 〈똥파리〉라는 영화를 아시나요? 그 영화에 김꽃비라는 여배
우가 출연했습니다. 이 배우가 2011년 부산국제영화제 개막식에서 입은
옷이 당시 큰 화제가 되었어요. 드레스 위에 한진중공업 작업복을 입고
레드 카펫 위에 섰기 때문이에요. 영화제가 열리는 부산에 있는 한진중

공업 영도조선소는 그 무렵 460여 명에 달하는 노동자들을 해고했거든요. 당시 해고 노동자들은 조선소의 크레인을 점거해 몇 달째 고공 농성을 하고 있었어요. 영화제가 열리는 해운대와 얼마 떨어지지 않은 영도에서는 노동자들이 목숨을 걸고 생존권 투쟁을 하고 있었던 거죠. 김꽃비 씨는 전 세계에 중계되는 영화제를 통해 한진중공업 노동자들의 투쟁을 알린 거예요. 그날 김꽃비 씨는 김조광수, 여균동 감독과 함께 'I love CT85'라고 쓰인 검은 천을 레드 카펫 위에서 펼치기도 했어요. 'CT85'는 당시 한진중공업 노동자들이 고공 농성을 벌이고 있던 크레인이에요. 그 장면을 국내외 많은 언론들이 보도해 주었고요. 나중에 김조광수 감독을 만나 그때 이야기를 들었는데 내막은 이러했어요. 레드 카펫에서 여배우가 한진중공업 작업복을 입었으면 싶어서 많은 여배우들에게 부탁을 했대요. 물론 아무도 입으려고 하지 않았고요. 그런데 김꽃비 씨가 자신이 입겠다고 선뜻 나선 거예요. 정말 멋진 배우라는 생각이 들지 않나요?

2009년에 평택 쌍용자동차 공장에서도 노동자들의 파업이 있었어요. 회사의 대규모 구조 조정에 반대하며 노동자들이 공장을 점거하고 농성을 벌였어요. 당시 경찰이 강제 진압하는 과정에서 200여 명의 노동자들이 다쳤습니다. 그 소식을 듣고 평택 쌍용자동차 공장으로 달려간 의사들이 있었어요. 하지만 공장 출입구를 봉쇄한 경찰은 그들을 공장 안으로 들여보내 주지 않았어요. 부상자를 치료할 수 있게 해 달라고 요구하던 의사들은 오히려 경찰에 연행당했습니다. 제가 서울대학교 보건대학원에서 강의한 적이 있는데 당시 사진을 보여 줬어요. "여러분 동료 중에 이런 의사가 있는 거 아시나요? 꼭 그들처럼 살아야 한다는 것이 아니라 이런 의사들도 있다는 걸 알려드리고 싶다"라는 말을 덧붙이면서요.

이들처럼 사회 문제에 관심을 갖고 참여하는 사람들에게 '건방지다', '자기 할 일이나 잘 하라'며 비난하는 사람들이 있습니다. 제가 볼 땐 그들이야말로 사르트르가 정의한 지식인에 포함되는 사람들인데 말이죠. 자신의 지식이나 기술을 다른 사람들을 위해 기꺼이 나누잖아요. 보통 사람들과 달리 사회 문제를 개인의 차원이 아니라 사회 전체의 구조 속에서 바라볼 줄 알기 때문이에요. 자신의 삶이 사회 전체의 구조 속에서 어떤 역할을 담당하고 있고 어떤 영향을 미칠 수 있는지 고민하는 사람들이에요. 이런 시각과 태도는 정말 중요해요. 오늘 제 강의를 관통하는 가장 중요한 내용이기도 하고요. 그걸 한 문장으로 요약하면 이렇습니다. "사회 문제를 '구조적 관점'으로 보자!"

우리 역사 속의 '노동'

여러분은 신라 시대를 생각하면 가장 먼저 누가 떠오르나요? 대개는 김춘추와 김유신, 선덕여왕 등을 이야기합니다. 외국에서 한국 역사를 공부한 사람들은 어떨까요? 혹시 박노자 교수를 아시나요? 러시아 사람인데 귀화해 한국인이 되었어요. 현재는 노르웨이 오슬로대학의 한국학과 교수로 재직 중이에요. 박 교수는 신라를 생각하면 '대박사 박종일'이 떠오른다고 합니다. 혹시 '박종일'을 아는 사람이 있나요? 아마 대한민국 구성원 대부분이 모르는 사람일 겁니다. 그는 우리가 에밀레종으로 알고 있는 '성덕대왕신종'을 만든 8세기 후반의 주종 기술자예요. 이 종의 음향의 신비는 현대 과학으로도 설명할 수 없다고 하니 얼마나 대단한 사람입니까.

우리는 몰랐지만, 외국에서 한국 역사를 공부한 사람들은 대박사 박종일을 알고 있다고 해요. 역사교육이 우리와 다르기 때문이에요. 그들은 '신라' 하면 다음과 같은 내용을 떠올린다고 합니다. '신라는 당시 첨단 산업인 청동 주조 분야에서 가장 우수한 기술을 갖고 있는 나라였다. 최고의 경지에 이른 기술자에게는 '대박사'라는 호칭을 부여했다. 기술자를 존중하는 제도가 우수한 기술을 가능하게 했다.' 다른 나라에서는 우리 역사를 이렇게 가르치고 있습니다. 우리가 배운 역사와 어떤 차이가 있나요? 임금 등 지배 세력의 역사만 배우는 게 아니라 보통 사람들의 생활과 노동에 관한 역사도 자세히 공부하고 있다는 점입니다. 역사에 기록되지 않은 평범한 다수의 삶도 중요하게 여긴다는 것을 알 수 있어요.

사극을 보면 주인공은 주로 왕이나 사대부 같은 지배 계층들이죠. 영화나 드라마를 보면 대부분 그렇습니다. 물론 평민이나 천민이 주인공인 경우도 가끔 있지만 극소수예요. 조선 초기 전체 인구 중에서 양반은 얼마나 됐을까요? 학자마다 견해가 다르긴 한데, 대략 2% 정도였을 거라고 합니다. 한 마을에 100명이 살고 있으면 그중에 양반은 단 2명뿐이었습니다. 그렇다면 98%를 차지하고 있었던 양민과 천민, 노비 등은 실제로 어떤 삶을 살았을까요? 다른 나라들은 이러한 내용을 학교에서 가르치는데 우리는 가르치지 않고 있어요.

노동교육이 필요한 이유

2011년에 기아자동차 광주공장에서 현장실습을 하던 고등학생이 뇌출혈로 쓰러졌습니다. 뇌사 판정을 받았고 몇 년이 지나도록 여전히 의식이 돌아오지 않은 채 투병 중입니다. 당시 그 학생이 일주일에 몇 시간씩 일을 했는지 아세요? 무려 58시간씩 일을 했어요. 이마저도 회사에서 인정한 근로 시간이고 노동조합에서는 주당 68~72시간씩 일을 했다고 발표했습니다. 〈근로기준법〉상 노동 시간은 주당 40시간이에요. 한 달에 100시간 이상 초과 근무를 한 거예요. 고등학생인 현장실습생을 주야간 맞교대와 잔업, 특근까지 시킨 겁니다. 그러다 결국 뇌출혈로 쓰러진 거예요.

이런 일이 왜 벌어졌을까요? 가장 큰 문제는 법을 무시한 채 일을 시킨 회사일 거예요. 학교와 우리 사회도 그 책임으로부터 자유롭지 않아요. 노동법과 노동인권에 대해 전혀 교육하지 않기 때문이에요. 노동교육을 받지 않아 현장실습생은 자신을 방어할 능력이 없었어요. 서울시교육감

을 지낸 곽노현 교수는 "학교에서 노동교육을 해야 한다. 특히 특성화고
는 반드시 실시해야 한다"라고 했어요. 다른 나라들은 한참 전부터 학교
에서 노동교육을 하고 있습니다. 초등학교 때부터 정말 철저하게 시키고
있어요.

독일은 초등학교에서 1년 동안 대략 여섯 차례에 걸쳐 모의 단체 교섭[1]
수업을 진행합니다. 초등학생 때부터 노동자 역할도 해 보고 경영자 역
할도 해 보며 미래 사회생활에 대비합니다. 학업을 마친 후 노동자가 되
거나 경영자가 될 테니까요. 여러분은 어떤 역할을 해 보고 싶나요? 현실
은 대부분 노동자가 되는데 우리는 경영자 역할을 선호해요. 독일 초등
학생들은 노동조합 간부 역할을 해 보겠다고 신청하는 학생들이 경영자
역할을 신청하는 학생들보다 4~6배나 더 많다고 합니다. 대부분의 학생
들이 경영자보다 노동조합 간부 역할을 더 선호하는 거예요. 놀랍지 않
으세요? 대체 초등학교에서 어떤 노동교육을 하기에 이런 현상이 벌어질
까요? 독일 초등학교 노동 교과서의 단체 교섭 전략에 관한 내용을 한번
살펴볼까요.

- 동맹 형성
- 편지와 요구서 작성

---

1) 노동조합의 대표자와 사용자 사이에 노동 조건의 유지 및 개선에 관하여 이루어지는 교섭

- 서명 운동 전개

- 항의 문건 작성

- 플래카드와 벽보 제작

- 언론사 등 대중 매체와 인터뷰

- 연설문 작성

- 협약 체결

놀랍지 않나요? 우리 기준으로 봤을 때 초등학생들에게 과하다 싶을 정도로 가르치잖아요. 아마 한국에서 이런 내용을 가르치면 항의하는 학부모들로 인해 난리가 날 거예요. 학교에서 데모하는 기술을 가르친다고 말이죠. 그런데 독일은 왜 초등학생들에게 이런 내용을 가르칠까요? 사회 전체에 유익한 영향을 끼치기 때문이에요.

프랑스의 고등학교 1학년 사회(시민/법률) 과목은 전체 수업 시간의 1/3 정도가 '일터에서의 투쟁과 협상'이라는 단체 교섭의 전략과 전술에 관한 내용으로 채워져 있습니다. '아니, 무슨 고등학교에서 단체 교섭의 전략과 전술을 몇 달 동안 가르치는 거야?' 하는 생각이 들 거예요.

이유는 정말 단순해요. 독일이나 프랑스 같은 사회는 일찍이 이러한 지식을 공유하는 것이 개인은 물론 사회 발전에 더 유익하다는 것을 깨달았기 때문이에요. 실제로 우리나라처럼 노동교육을 하지 않는 나라는 거의 없습니다. 미국의 중학교 3학년 교과서에는 '노동운동사'라는 단원도 있습니다. 미국의 성공한 파업과 실패한 파업이 분석되어 있고,

부문별 노동조합이 어느 주에서 어떻게 시작되었는지 자세히 설명되어 있어요. 한국의 교과서에는 '노동운동사'라는 단어 자체가 없습니다. 이런 면에서 보면 우리나라는 노동이나 노동교육 분야가 굉장히 취약한 사회예요.

우리도 한때는 미국, 영국, 독일, 프랑스, 일본은 노동교육을 어떻게 하고 있는지 그 실태를 파악하기 위한 노력을 진행하기도 했어요. 한국노동교육원이라는 정부 산하 기관의 프로젝트였는데, 〈선진 5개국 학교노동교육의 실태〉(2003)라는 400쪽이 넘는 방대한 분량의 보고서를 만들었어요. 저도 대학원 수업에서 이 보고서를 최근까지도 강의 교재로 사용했습니다. 하지만 노무현 정부 이후 후속 연구가 이루어지지 않았어요. 정권이 바뀌고 정부의 노동교육에 대한 관심이 사라진 겁니다. 그 결과가 바로 노동법과 노동인권을 교육받지 못한 채 사회로 내몰린 현장실습생 등 수많은 노동자들의 생명을 위협하는 한국 노동 현장의 모습이잖아요.

제가 대학에서 낸 중간시험 문제인데, 여러분도 한번 생각해 보세요.

근대 산업 사회의 노동조합 활동이 구조적으로 정당한 이유를 자신만의 독창적 방식으로 자유롭게 설명하시오.

어렵고 막막하죠? 대학생들도 이런 문제를 싫어하고 어려워해요. 자유롭게 설명하라는 문제를 오히려 두려워합니다. 단답형 문제에 대한 해법만 주로 공부했기 때문이에요. 채점을 하는데 한 학생의 시험지에 글은 없고 그림 하나만 달랑 그려져 있는 거예요. 큰 나무 아래 작은 나무 한 그루가 그려져 있는 그림이었어요. 저는 그 학생에게 만점을 줬습니다.

숲을 보면 큰 나무도 있고 작은 나무도 있어요. 그런데 큰 나무의 마음이 아무리 착해도 작은 나무의 입장에서는 햇빛을 가리는 존재일 뿐이에요. 이런 현상을 사회과학에서는 '구조적 모순'이라고 합니다. 피고용인인 직장인이 임금 인상을 요구하는 등 노동조합 활동을 하는 것이 정당한 이유는, 현대 산업 사회의 이런 구조적 모순 때문이에요. 작은 나무가 자신의 키를 키우기 위한 노력이 정당한 것처럼 노동자가 행복한 삶을 추구할 권리로서 노동조합 활동을 하는 것도 구조적으로 정당하다는 입장을 그림으로 잘 설명한 거예요.

혹시 단체 교섭을 하는 장면을 본 사람 있나요? 방송이나 신문을 통해 한 번쯤은 접해 봤을 거예요. 노동자와 경영진 여럿이 테이블 양쪽으로 마주 보고 나란히 앉아 있는 모습을요. 그 장면을 보면 대부분 어느 쪽이 노동자 대표이고 어느 쪽이 경영진이지 알 수 있어요. 옷차림부터 달라서 확연히 구분돼요. 경영진들은 멀끔하게 정장을 차려입은 모습으로 앉아 있고 노동자들은 대부분 근무복 점퍼나 노동조합 조끼를 입고 있잖아요. 학력은 어느 쪽이 더 높겠어요? 경영진 쪽이 월등히 높을 겁니다. 그렇다고 해서 노동자들의 거칠고 투박한 주장이 경영진들의 세련된 주장보다 정당하지 않다고 볼 수는 없어요. 우선 색안경을 벗어야 해요. 지금부터 노동과 노동자, 노동조합에 대한 한국 사회의 잘못된 고정 관념을 하나씩 깨뜨려 보겠습니다.

노동자와 노동조합에 관한 잘못된 인식

한국 사회의 노동자와 노동조합에 대한 인식은 매우 부정적입니다. 심지어 수배 전단의 범죄자 인상착의를 '노동자풍'이라고 표기할 정도예요. 오래전부터 한국 사회는 노동자에게 이런 부정적인 이미지를 덧씌웠습니다. 여러분들 중에도 제가 오늘 '노동' 관련 이야기를 들려주는 것이 몹시 어색하고 불편한 사람이 있을 거예요. 그 이유는 바로 이런 사회에 태어나 살고 있기 때문입니다. 국어사전을 살펴봐도 알 수 있어요.

근로자 : 근로에 의한 소득으로 생활하는 사람.

노동자 : 노동력을 제공하고 얻은 임금으로 생활을 유지하는 사람. 법 형식상으로는 자본가와 대등한 입장에서 노동 계약을 맺으며, 경제적으로는 생산 수단을 일절 가지는 일 없이 자기의 노동력을 상품으로 삼는다.

노동자라는 단어의 설명 속에 부정적인 단어가 있나요? 전혀 없습니다. 현대 산업 사회의 피고용자 직장인, 자본주의 체제에서 임금 생활자를 표현하는 정확한 용어가 노동자예요. 실제로는 어떤가요? 근로자와 노동자는 어감의 차이가 존재해요. 근로자는 '근면하게 일하는 사람', 노동자는 약간 계급적 성격이 있어서 '자신의 권리를 주장하는 사람'이라는 느낌이 들잖아요. 그래서 자본이 지배하는 사회에서는 노동자가 배격당하는 거예요.

'근로'라는 단어는 삼국사기에도 나오고, 조선왕조실록에서도 198회나 나옵니다. '근로자'라는 단어 역시 조선왕조실록에 23회 등장해요. 중세 농경 사회의 노예·노비·농노 등은 모두 '근로자'로 표기했습니다. 그러다 근대 산업 사회 이후 기업과 고용 계약을 체결한 피고용자 직장인(임금 생활자) 계층이 형성되면서 모든 한자권 나라에서 이들을 주로 '노동자'로 표현하고 있습니다.

공부를 제대로 한 사람이나 의식이 있는 사람들은 노동자라는 단어를 사용합니다. 그래서 중앙 정부의 행정 기관의 이름도 '고용노동부'이고 그 전에도 '노동부'였잖아요. 전에 국회에서 한 국회의원이 노동부 장관을 '근로부 장관'이라고 부른 적이 있습니다. 그 노동부 장관이 "나는 근로부 장관이 아니고 '노동부 장관'입니다"라고 대답했어요. 그랬더니 그 국회의원이 "그런데 왜 '노동절'이 아니고 '근로자의 날'입니까?"라고 되물었어요. 웃지 못할 해프닝이지만 여러분이 생각하기에도 이상하지 않나요. 전 세계 모든 한자 사용권 나라들이 달력에 5월 1일을 '노동절'로 표기하는데, 대한민국 정부만 '근로자의 날'이라고 표기하고 있으니까요. '노동'이란 단어를 부정적으로 인식하기 때문이 아니고서는 설명할 수 없는 일이에요. 노동, 노동자, 노동조합 등에 대해 특별히 거부감을 느끼는 것은 올바른 정서가 아닙니다. 우리나라만 가지고 있는 굉장히 부정적인 정서, 일종의 레드 콤플렉스red complex 2)예요.

학생들에게 '학생회'라는 모임이 있는 것처럼, 노동자들에게는 '노동조합'이 있습니다. 학교에서 노동교육을 하는 다른 나라들의 노동자와 노동조합에 대한 인식은 어떨까요?

주한 프랑스 대사관의 다니엘 르 가르가송 부대사가 〈EBS〉의 공무원 노조 관련 프로그램 인터뷰에서 "내가 원한다면 노조에 가입할 수 있다. 직급의 제한은 없다"라고 했어요. 고위 공무원인 부대사도 자신을 국가에 고용된 노동자라고 인식하고 있는 거예요. 핀란드 교장협의회의 피터 존슨 회장도 한 인터뷰에서 이런 말을 했어요. "핀란드는 교원 노조와 교장협의회의 사이가 아주 좋다. 대부분의 교장들이 교원 노조에 가입되어 있다. 나도 그렇다." 프랑스 대사관의 부대사와 마찬가지로 핀란드의 교장 선생님들도 스스로를 노동자라고 생각하고 있는 거예요. 우리로서는 도저히 상상할 수 없는 일인데 어떤 점이 이런 차이를 만드는 걸까요? 어릴 때부터 노동과 노동조합에 대해 잘 가르친 나라와 전혀 가르치지 않는 나라의 차이인 거죠.

대부분의 선진국들에는 경찰 노동조합이 있어요. 이런 말을 들으면 우

---

2) 공산주의容共共産에 대한 과민한 반응. 또는 공산주의에 대한 일반인의 공포심을 이용하여 진보적인 인물이나 정책을 용공主義으로 모는 공세를 취하는 태도.

리는 어떤 걱정부터 하나요? '그럼 도둑은 누가 잡아?!' 소방관 노동조합도 있습니다. '그럼 불은 누가 꺼?!'라고 생각하셨나요? 여러분, 잘 생각해 보세요. 노동조합이 생겨서 근무 여건이 더 좋아지면 도둑도 더 잘 잡고 불도 더 잘 끄지 않을까요? 그래야 우수한 인재들이 경찰과 소방관에 지원하기도 하고요. 우리 사회는 이런 메커니즘에 대해 공부한 적이 없기 때문에 선뜻 이해하지 못하는 거예요. 국제노동기구International Labour Organization, ILO에서 2006년부터 한국 정부에 여러 차례 권고하고 있는 게 있어요. 바로 '소방공무원이 스스로 선택에 따라 노동조합을 결성하고 가입할 권리를 보장하라'는 것입니다. 심지어 군인 노동조합이 있는 나라도 있습니다. 이런 이야기를 들으면 가슴이 '철렁'하는 사람들도 있을 거예요. '그럼 나라는 누가 지키나?!' 하고 말이죠. 더구나 우리나라는 세계에서 단 하나뿐인 분단국가잖아요. 하지만 군인 노조가 생기면, 군 본연의 임무에 더 충실할 수 있어요. 국방이 더 튼튼해질 겁니다. 군납 비리와 성폭력, 의문사 등이 줄어들기 때문이에요. 비위를 저지르거나 함부로 말하고 행동하면 바로 군인 노동조합에서 항의하고 조치를 취할 테니까요. "우리는 분단국가 아닙니까. 남북한이 대립하고 있는 특별한 상황이잖아요!" 하고 되묻는 사람들이 있을 거예요. 그런데 전 세계에서 가장 모범적인 군인 노조가 바로 독일 군인 노조예요. 독일이야말로 대표적인 분단국가였어요. 프랑스 등 유럽의 여러 나라에 군인 노조가 있는데, 모두 세계 대전의 아픔을 두 번씩 겪은 나라들이에요. 전쟁의 고통과 무서움을 잘 아는 나라들이 군인 노조를 허용하는 데는 다 이유가 있는 거예요. 우리는 그걸 이해할 능력이 부족한 거고요.

프랑스에는 판사 노조, 변호사 노조도 있습니다. 판사와 변호사들도 스스로를 노동자로 인식하고 있는 거예요. 학력이나 지위가 높다고 해서 노동자가 아니라고 생각하는 것은 한국 사회에서만 볼 수 있는 매우 잘못된 인식이에요. 공부 좀 했다고, 직책이 높다고 노동자가 아닌 건 아니에요. 사회가 발전할수록 노동자에 포함되는 계층은 확장되고 선진국일수록 자신을 노동자라고 생각하는 사람이 많습니다.

오바마 전 미국 대통령의 2015년 9월 7일 노동절 연설 중에 이런 내용이 있습니다. "만약, 내 가족을 위해 안정적인 삶을 만들어 줄 수 있는 좋은 직장을 찾고 있다면, 나는 노조에 가입할 것입니다. 만약 나를 지지해 줄 누군가를 원한다면 나는 노조에 가입할 것입니다." 선진국들 중에서 노동조합을 가장 부정적으로 보는 나라가 미국이에요. 그런 미국의 대통령이 재임 기간에 노동조합에 가입하라고 얘기한 거예요. 만약 한국에서 대통령이 이렇게 말했다고 가정해 보세요. 당장 '빨갱이'라고 난리가 났을 겁니다. 고故 노무현 전 대통령도 '좌빨'이라고 몰아붙인 사회가 바로 한국 사회잖아요. 지금 문재인 대통령에게도 마찬가지고요. 이처럼 한국 사회는 노동조합을 바라보는 시각이 지나치게 부정적이에요.

노동자는 ○○이다.

여러분은 빈칸 안에 뭐라고 써넣을 건가요? 만약, 오늘 강의를 듣지 않았다면 여러분이 지금 떠올린 내용과 많이 달랐을 거예요. 어느 중학교 학생들은 저 빈칸에 '덜 배운 자, 힘들다, 득이 없다, 거지'라고 썼어요. 비단 그 중학생들만 그렇게 생각할까요? 아마 많은 한국 사람들이 가지고 있는 노동자에 대한 잘못된 인식일 겁니다. 전 세계에서 유독 한국만 이런 이상한 정서가 있어요.

타인의 고통에 무감각한 사회

아프리카 세렝게티 평원의 누 떼가 대이동을 하는 장면을 한 번쯤 봤을 거예요. 강을 건널 때 악어들에게 많이 희생당하는 장면도요. 그때 약한 누들을 건강한 누들이 보호하나요? 그렇지 않아요. 다리를 다쳤거나 늙고 병약한 개체는 악어나 사자 같은 포식자들의 밥이 되곤 해요. 그 틈에 무사히 강을 건너 살아남은 누들은 대부분 건강한 개체들이고, 그게 적자생존이잖아요.

학자들의 연구에 따르면, 인간이 만물의 영장이 될 수 있었던 중요한 이유 중 하나가 공동체의 약한 존재를 배려하는 유전자가 가장 강한 동물이었기 때문이라고 해요. 약자를 배려하는 게 그 한 사람만을 위한 게 아니라 공동체 모두에게 이익으로 돌아온다는 거죠.

원숭이를 대상으로 한 '정의감에 관한 실험'이 있습니다. 미국 에모리 대학의 메간 밴 월컨튼 교수와 조지아주립대학의 사라 브로스논 박사의 연구예요. 한 무리의 흰목꼬리감기원숭이들을 두 그룹으로 나눠서 불공평한 상황을 연출하고 반응을 관찰했어요. 작은 돌멩이를 원숭이들에게 주고 원숭이들이 사람에게 돌멩이를 건넬 때마다 보상을 주었어요. 한 그룹에는 오이 조각을 다른 한 그룹에는 원숭이들이 좋아하는 포도알을 제공하는 방식으로 실험을 했어요. 그러자 보상으로 오이 조각을 받은 원숭이들이 분노를 표출한 거예요. 원숭이들은 오이를 받은 뒤에 내팽개치거나 아예 받기를 거부했어요. 오이 조각이라도 먹는 것이 더 이익일 텐데 그것마저 포기한 거예요. 원숭이들은 손해를 감수하면서까지 불평등에 저항한 겁니다. 태어난 후 한 번도 학습을 경험하지 않은 원숭이를 대상으로 실험을 해도 같은 결과가 나타났어요. 이 실험을 진행한 학자들이 내린 결론은 무엇이었을까요? '불평등에 대한 저항은 사회·문화적 '학습'을 통해서가 아니라, 이미 진화 과정에서 발달한 본능일 가능성이 높다'는 거였어요. 인간이나 유인원 등 집단생활을 하는 개체들은 왜 불평등을 혐오하도록 진화했을까요? 그러한 행동이 공동체 구성원 전체에 유익한 결과를 가져오기 때문이에요. 제한된 먹이를 골고루 나누어 먹어야 건강한 새끼를 최대한 많이 낳을 수 있어요. 무리가 유지되고 번성할 수 있는 최적의 조건이 형성되는 거예요.

기부 문화가 가장 발달한 나라는 어디일까요? 지난 10년 동안 전 세계 국가들의 기부 참여 지수를 종합한 결과 미국이 58%로 가장 높았습니다.[3] 우리나라는 32%에 불과했어요. 경제 규모와 국민 소득에 비해 한참 못 미치는 수준이에요. 미국식 기부 문화의 한계와 문제점도 분명 있습니다. 그러나 그런 기부 문화조차 우리에게는 없는 거예요.

부자가 아니어도 좀 가난하게 살아도 자기보다 더 불행한 사람들을 위해 아무것도 하지 않고 살면 "인간의 기본이 안 되어 있다"고 따가운 시선으로 바라보는 정서가 있는 나라들이 많아요. 아무리 공부를 잘하고 외모도 훌륭하고 사회적으로 성공한 사람이어도 말이죠.

전에 국회 인사 청문회에서 벌어진 일이에요. 인사 청문회는 장관 등 고위 공직자를 임명하기 전에 후보자가 공직을 수행할 능력이 있는지 검증하는 자리예요. 그런데 후보자가 신고한 재산은 30억 원 정도였는데, 국회에서 파악한 재산은 61억 원으로 두 배나 많았어요. 한 국회의원이 "공무원으로 25년 재직하신 분으로서는 재산이 많다고 생각되지 않으십니까?"라고 물었더니, 후보자가 "저도 이번에 놀랐습니다"라고 대답했어요. 그 국회의원이 다시 묻습니다. "그렇게 번 수입 중에서 기부금을 내거나 불우 이웃 돕기 성금을 내거나 장학금 등으로 지출한 금액은 모두 얼마나 됩니까?" 그 후보자가 뭐라고 답했을까요? "저도 청문회를 준비하며 그 부분에 대해서는 매우 아쉬움을 느꼈습니다." 그 후보자는 다른 사람을 위해 기부금을 거의 내지 않고 살았던 거예요. 참 부끄러운 일인

---

3) 영국자선지원재단CAF이 2019년에 발표한 〈세계기부지수WGI〉 보고서에 따르면, 우리나라의 기부 참여 지수는 32%로 128개국 중 57위였다. 낯선 사람을 도운 지수 43%, 현금을 기부한 지수 34%, 자원봉사 지수 20%였다. 1위를 차지한 미국의 기부 참여 지수는 58%였다. 낯선 사람을 도운 지수 43%, 현금을 기부한 지수 61%, 자원봉사 지수 42%였다. 이 보고서는 한 해 동안의 데이터를 제시하는 대신 2009년부터 2018까지의 집계 수치를 제시했다.

데, 우리가 밖에 나가서 만나는 사람들 중에 절반 이상은 이렇게 살아가고 있어요. 한마디로 한국은 타인의 고통에 대한 관심이 굉장히 취약한 사회예요.

그런데 저도 마찬가지예요. 오래전에 강원도 삼척에 강의를 하러 갔을 때 있었던 일이에요. 강연장에 도착했더니 광부들이 맨바닥에 앉아서 기다리고 있더라고요. 제가 강의를 시작하면서 말했어요. "다섯 시간 반이나 걸렸네요." 삼척까지 먼 길을 왔다며 저 스스로 공치사를 한 거예요. 두 시간짜리 강의를 하려고 제가 다섯 시간 반이나 걸리는 곳에 왔고 끝나면 다시 다섯 시간 반이나 되는 거리를 돌아가야 한다고 말이죠. 그때 광부 한 분이 혼잣말처럼 "그래도 다 사람 사는 뎁니다" 하고 말하는 거예요. 그 순간 저는 '실수했구나' 하고 깨달았어요. 제가 사는 곳에서 다섯 시간 반 거리지만 그곳도 엄연히 사람들이 살아가는 곳이잖아요. 저는 거기에 딱 한 번 간 사람일 뿐이고요. 그게 그 사람들 앞에서 자랑할 거리는 아니잖아요. 한마디로 사려 깊지 못했고 배려할 줄 몰랐던 거예요. 제 부끄러운 경험처럼, 여러 통계나 지표를 비교해 보면 한국은 다른 나라들보다 타인의 고통에 공감하는 능력이 매우 부족한 사회라는 걸 부인하기 어려운 상황이에요.

비정규직 고용의 문제점

제가 앞서 설명한 한국 사회의 이기적 가치관이 어떤 노동 문제를 만들었을까요? 한국이 OECD 국가들 중에서 비정규직 비율이 가장 높은 나라인 것과 무관하지 않습니다. 비정규직은 비인간적인 요소가 많은 고용 계약임에도 기업들은 인건비 절약과 노무 관리가 쉽다는 이유로 비정규직을 계속 늘려 가고 있어요. 현재 약 1,000만 명가량의 임금 노동자가 비정규직이에요. 이 숫자는 우리나라 전체 임금 노동자의 절반이 넘는 숫자예요. 임금 노동자 두 사람 중 한 사람은 비정규직이라는 말입니다. 한때 비정규직의 천국이라고 불렸던 일본의 비정규직 비율이 약 40%였는데 이보다도 훨씬 더 높은 수치예요. 유럽의 경우는 스페인이 2015년에 30%를 넘어서 난리가 났었어요. 그런데 한국은 이미 그 전부터 50%를 넘어섰고 이는 다른 OECD 국가의 두 배나 되는 수치예요.

제가 처음 노동 문제를 공부한 30여 년 전에는 대부분이 정규직이었어요. 이건 사회가 발전하는 방향이 아닙니다. 갈수록 노동 환경이 열악해지고 있는 거예요. 비정규직 문제는 여러분의 미래와 밀접하게 관련되어 있어요. 지금도 10명이 취업하면 7명이 비정규직이니까요. 특별한 한두 명을 제외한 대부분이 비정규직이 될 테니까요.

큰 건물에는 청소하시는 분들이 계시잖아요. 대학도 마찬가지고요. 전국에 있는 대학교들 중에서 건물을 설계할 때부터 청소 노동자들의 휴게실을 만든 대학을 아직까지 보지 못했어요. 몇 년 전부터 청소 노동자들이 열심히 노동조합을 만들어서 휴게실을 얻어 냈어요. 한 청소 노동자가 모 월간지에 쓴 글을 소개할게요.

그 당시 우리는 점심으로 싸 가지고 온 찬밥을 여자 화장실 맨 구석 좁은 한 칸에서 둘이 무릎을 세우고 먹었습니다. 학생들이 바로 옆 칸에 와서 "푸드득, 뿅~" 하고 용변을 보면 우리는 숨을 죽이고 김치 쪽을 소리 안 나게 씹었습니다.[4]

왜 이렇게 식사했을까요? 휴게실이 없기 때문입니다. 제가 스물아홉 살에 결혼했는데, 당시 대학생이라 돈이 없었어요. 제가 대학을 꽤 오래 다녔거든요. 결혼식장 빌릴 돈이 없어서 학교에서 결혼식을 했습니다. 결혼식 사진을 보면 청소하시는 아주머니들과 함께 찍은 사진도 있어요. 제가 평소에 그분들과 친하게 지내서 도움을 받았거든요. 그분들이 손수 의자도 날라 주시고 국수도 말아 주셨어요. 참 고마운 일이죠. 26년쯤 지난 뒤에 노동조합을 조직하러 모교에 갔었는데 그때 결혼식을 도와주신 아주머니가 그대로 계시더라고요. 처음엔 서로 몰라봤는데 30분쯤 이야기하다 보니 그분이 먼저 저를 알아보신 거죠.

제가 왜 이런 이야기를 할까요? 예전처럼 대학에서 직접 고용을 했을

---

4) 정정순, 〈화장실에서 밥을 먹었습니다〉, 《작은책》, 2009년 10월호, 19쪽.

때는 청소 노동자들이 원하면 20년이고 30년이고 계속 일을 할 수 있었어요. 그런데 지금은 불가능해요. 외주화가 돼서 대학과 노동자 사이에 용역 회사가 하나씩 끼어 있어요. 대학과 용역 회사가 계약을 바꿀 때마다 노동자들은 고용 승계 투쟁을 해야 돼요. 계약은 회계 연도에 맞춰서 진행되기 때문에 전국 대학의 청소 노동자들은 가장 추울 때 이 싸움을 시작해요. 제가 서울의 모 대학에 가 보니 12월 31일에 점거 농성에 들어가더라고요. 그러면 대학은 농성 중인 건물의 난방을 다 꺼 버려요. 청소 노동자들 중에는 연세가 많은 분들이 태반인데 한겨울에 얼마나 춥고 힘드시겠어요. 그분들은 비닐을 몇 겹씩 두르고 몇 날 며칠을 밤새 농성하며 싸웠어요. 그렇게 투쟁을 해서 고용 승계가 이뤄지면 다행인데, 그렇지 않은 경우도 많아요. 이처럼 갈수록 비정규직 노동자들의 노동 환경이 열악해지고 있어요.

고학력자들은 예외일까요? 요즘엔 석사, 박사들도 비정규직이 태반이에요. 어느 해 통계를 보니까 대덕연구단지에 있는 연구소들에 취업한 석·박사들의 49.1%가 계약직 연구직이었어요. 2015년 연세대 졸업식 때는 한 졸업생이 교정에 자기 이름까지 밝히고 현수막을 내걸었어요. '연대 나오면 모하냐… 백순데.' 이 자조적인 현수막이 청년들의 오늘을 보여 준다며 언론에 보도되기도 했어요. 연세대에 들어가기가 어디 쉬운가요? 힘들게 공부해서 소위 명문대에 들어갔는데 졸업할 때가 되니 취업이 안 되는 거예요. 그래서 차라리 하고 싶은 걸 하며 살자는 분위기가 조성되기도 했어요. 하고 싶은 일을 해도 굶어 죽지는 않는다고 말이죠.

실제로 하고 싶은 일을 하며 살아도 생계를 꾸릴 수 있는 게 좋은 사회잖아요. 현실이 그렇지 못한 게 문제인 거죠.

신규 고용의 70%가 비정규직 노동자이다. 이 같은 노동 시장의 이중적 구조가 한국 경제의 저해 요소가 됐고, 향후 발전도 제약하게 될 것이다.

국제통화기금International Monetary Fund, IMF이 2005년에 우리 정부에 우려를 표명하며 비정규직 노동자를 줄이라고 요구한 내용이에요. 가장 보수적인 국제 금융 기구에서조차 걱정할 정도로 한국의 비정규직 문제는 심각한 상황이에요. 비정규직과 정규직의 차별을 줄이고, 정규직을 확대하는 것이 올바른 방향입니다. 차별을 줄이기 위해서 정규직의 높은 임금을 낮춰야 한다고 주장하는 사람들도 있지만, 그건 올바른 방식이 아니에요. 오히려 비정규직의 낮은 급여를 높여서 이 격차를 해소해야 한다는 게 학자들의 견해예요.

2016년에 벌어진 구의역 스크린 도어 참사는 아직도 기억이 생생해요. 고등학교를 갓 졸업한 열아홉 살 청년 노동자가 지하철 2호선 구의역에서 스크린 도어를 고치다 열차에 치여 사망한 사건이에요. 당시 그 청년의 가방 속에서 먹지 못한 컵라면이 나와 많은 사람들이 가슴 아파했어요. 지금은 서울교통공사로 통합되었지만, 당시 서울의 지하철은 서울메트로와 서울도시철도공사로 나뉘어 운영되었어요. 그런데 1·2·3·4호선을 운행하는 서울메트로에서만 똑같은 사고가 3건이나 발생했어요. 5·6·7·8호선을 운행하는 서울도시철도공사에서는 단 한 건도 일어나지 않은 사고가 왜 서울메트로에서만 벌어진 걸까요? 스크린 도어를 수리하는 똑같은 업무지만 서울메트로는 비정규직이 담당했기 때문이에요. 오직 그 차이뿐이에요. 2015년 강남역에서 같은 사고가 발생해 안전 수칙을 마련했지만 지켜지지 않았어요. 안전 수칙에는 항상 2인 1조로 작업을 해야 한다고 명시되어 있는데 혼자서 고장 난 스크린 도어를 고치다가 열차에 치여 사망한 거예요. 비정규직은 파리 목숨이어서 노동 조건이 아무리 열악해도 먹고살려면 그걸 견뎌야 해요. 일은 많고 사람은 적으니 화장실도 마음대로 못 가면서 일해야 하는 게 비정규직이거든요. 굉장히 비인간적인 삶이에요.

파업을 바라보는 시각

수년 전 환경미화원들이 파업을 했을 때 있었던 일이에요. 제가 서울시청 근처 길 위에서 환경미화원들에게 노동교육을 한 적이 있어요. 그런데 모 시민단체 대표와 회원들이 와서 거칠게 항의하는 거예요. "지금 길거리에 쓰레기가 넘쳐 나는데 청소 안 하고 뭐 하는 짓들이냐! 당신들은 우리가 낸 세금으로 월급 받는 사람들 아니냐! 자기 할 일은 제대로 하면서 파업을 하든지 해야지……." 연세가 지긋한 할아버지, 할머니와 중년의 아저씨, 아주머니 등 대여섯 분이 오셔서 이렇게 30분 정도 폭언을 퍼부었어요. '혹시 일당 받고 왔나?' 하는 의심이 들었지만, 환경미화원들과 저는 그냥 묵묵히 듣기만 했습니다. 그분들에게 파업을 할 수밖에 없는 이유를 설명해 봐야 소용도 없고, 그런 일을 하루 이틀 겪는 게 아니었으니까요. 그런데 비슷한 시기에 프랑스 파리의 환경미화원들도 장기간 파업을 했어요. 우리나라 언론에서도 파리 시내에 쓰레기가 쌓여 악취로 관광객과 시민들이 불편을 호소하고 있다고 보도할 정도였어요. 당시 파리 시민들은 어떻게 행동했을까요? 그들도 환경미화원들에게 찾아가서 항의했을까요? 그렇게 하지 않았습니다. 불편을 호소했지만 그 대상이 우리와 달랐어요. 시민들은 쓰레기를 모아서 파리 시장의 집 앞에 가져다 버리는 운동을 벌였습니다. 프랑스 시민들이 특별해서 그렇게 한 게 아니에요. 다른 많은 나라 사람들은 파업하는 노동자들을 비난하는 게 아니라, 노동자들이 파업을 하게 만든 경영자를 비난해야 한다고 생각해요. 그래야 문제가 해결되고 사회가 발전한다는 걸 배워서 알고 있는 거예요.

〈빌리 엘리어트〉라는 영화를 보셨나요? 영국 북부의 탄광촌을 배경으로 한 영화인데 빌리라는 한 소년이 발레리노의 꿈을 이루는 영화예요. 광부인 아버지가 파업 기간에 아들 빌리를 데리고 영국 런던의 왕립 발레학교에 입학시험을 보러 갑니다. 시험이 끝나고 돌아가려는 빌리의 아버지에게 심사위원들 중 학과장쯤 돼 보이는 한 교수가 이렇게 인사를 해요. "엘리어트 씨, 파업 꼭 승리하세요!" 한국에서 이렇게 파업을 응원해 줄 선생님이 몇이나 있을까요?

〈뉴욕에서 온 남자, 파리에서 온 여자〉라는 영화에도 이런 장면이 나와요. 딸이 집에 들어오며 불평을 합니다. "데모 때문에 차가 막히고 난리 났어요." 그러자 어머니가 "불쌍한 간호사들이 파업도 못 하니? 여긴 미국이 아니야!"라고 말해요. 딸이 노동자들의 시위로 인해 길이 막혀 힘들었다고 하소연하는데 정작 어머니는 딸을 나무라고 있어요. "여긴 미국이 아니야!"라는 말은, 노동자가 파업한다고 불평하는 건 천박한 자본주의 국가인 미국에서나 있는 일이라는 뜻이에요. 유럽 사람들은 기본적으로 이런 정서가 있습니다. 노동운동을 이해하지 못하면 무식한 사람으로 취급해요.

제 구미에 맞는 영화 속 장면을 따와서 여러분을 현혹하려는 게 아니라 실제 유럽 사람들의 정서가 그렇습니다. 프랑스에서 30여 년을 살다 오신 홍세화 선생님이 그런 정서를 한 단어로 정의하셨잖아요. '똘레랑스!' 바로 '용인(관용)'입니다. 실제로 유럽 사회는 노동자와 노동조합에 대해 굉장히 우호적이에요.

우리나라는 정반대잖아요. 큰 기업체를 방문하면 정문에 경비실도 있고, 빌딩 안에 안내하는 직원들이 따로 있어요. 그분들에게 뭘 물어보면 굉장히 친절하게 안내해 줘요. "어떻게 오셨어요?", "뭘 도와드릴까요?" 하는 그들의 물음에 "노동조합에 왔습니다"라고 답하면 어떤 반응을 보일까요? 같은 사람인가 싶은 정도로 웃음기가 싹 가시고 쌀쌀맞게 태도가 변해요. 그들 스스로도 노동자이면서 노동조합을 굉장히 부정적으로 인식하고 있는 거예요. 한국의 노동조합이 도덕적으로 문제가 있거나 잘 못을 저지르고 있기 때문이 아니에요. 노동조합에 대한 지나치게 부정적 인 사회 정서가 만들어 낸 현상이에요. 학교에서 노동교육을 하지 않고, 노동자와 노동조합에 대한 레드 콤플렉스를 조장하는 사회라서 나타나 는 현상이에요.

유럽 사람들에게 천박한 자본주의 사회라며 무시당하는 미국도 노동 운동을 바라보는 시각이 우리처럼 편협하진 않아요. 봉준호 감독의 영 화 〈기생충〉이 2020년 아카데미 시상식에서 작품상, 감독상 등을 수상 해 전 세계가 떠들썩했어요. 아카데미에 버금가는 골든 글로브 시상식 에서도 〈기생충〉은 최우수 외국어영화상을 수상해 화제가 되었고요. 바 로 그 골든 글로브 시상식이 취소된 적이 있어요. 2008년에 미국작가조 합Writers Guild of America, WGA이 파업을 하자 골든 글로브 시상식이 취소된 거예요. 왜 그랬을까요? 작가들의 파업을 지지한다며 헐리우드의 스타 들이 골든 글로브 시상식 참석을 거부했기 때문이에요. 당시 여우주연 상 후보였던 키아나 나이틀리와 남우주연상 후보였던 조지 클루니 등 톱 스타들도 대거 불참 선언을 했어요. 연기력도 뛰어나지만 생각도 멋진 배 우들이에요. 이게 정상적인 사회를 살아가는 민주 시민들의 모습이 아닐 까요? 우리에게 특별해 보이는 그들의 행동을 평범하고 당연하게 받아 들일 수 있는 사회가 되어야 해요. 다시 말하지만, 한국처럼 노동자와 노 동조합, 노동운동을 부정적으로 바라보는 사회는 극히 드물어요. 세계 12위 경제 규모를 가진 대한민국, 얼마나 대단한 나라예요. 그런데 노동인권에 대한 이해 수준은 120위 바깥이에요. 앞에서 언급한 나라들에서는 볼 수 없는 왜곡된 인식이 유독 한국 사회에서 집약적으로 나타나는 이유는 과연 무엇일까요?

노동에 관한 우리의 인식이 지나치게 부정적인 이유

우리나라는 중세 농경 사회에서 근대 산업 사회로 넘어오는 역사 발전 과정이 다른 나라들과 매우 달랐어요. 이런 특별한 역사적 경험이 노동에 관한 잘못된 인식을 만들었다고 볼 수 있습니다. 지난 100여 년의 역사 발전 과정(근대화 과정)이 식민지(35년) → 분단(70년) + 군사 정부(30년)로 진행된 나라는 전 세계를 통틀어 대한민국밖에 없습니다. 특히 식민지에서 해방이 된 뒤에 바로 남과 북으로 분단된 역사는 한국의 사회 정체성에 엄청나게 큰 영향을 미쳤어요. 이게 왜 특별하냐면, 식민지는 도덕성이 무너지는 사회이기 때문이에요. 출세하기 위해서는 동족을 배신해야 하고 그런 사람들이 사회 지도층이 되거든요. 이는 대부분의 식민지 역사에서 나타나는 공통 현상입니다.

그렇다면 식민지의 무너진 도덕성은 언제 바로잡을 수 있을까요? 해방이 되어야만 바로잡을 수 있어요. 민족을 배신하고 출세해 떵떵거리고 살던 사람들은 감옥에 가고, 독립운동을 해서 감옥에 갔던 사람들이 사회 지도자가 되어야만 바로잡을 수 있어요. 이 또한 식민지가 해방되면서 나타나는 역사적 현상입니다. 그런데 우리나라는 그럴 기회를 놓쳐 버렸어요. 해방이 되고 사회를 바로잡으려고 할 때 전쟁이 터져 버렸잖아요. 전쟁을 이유로 반민족 행위자를 처벌하는 과거 청산을 전혀 하지 못한 거죠. 대한민국이 비정상적인 사회가 된 것은 이런 안타까운 역사와 관련이 깊습니다. 도올 김용옥 선생님이 한 강연에서 이런 말씀을 하신 적이 있어요.

"우리가 살고 있는 이 나라가 내 나라가 아니라고 생각해 봐요. 그건 말할 수 없는 비극이에요. 거기서 생겨난 모든 악습과 악폐, 일제는 우리 민족으로부터 모든 공공 의식을 빼앗아 갔어요. 무슨 얘기냐면, 이게 내 나라가 아니기 때문에, 그저 내가 사는 집 울타리 안만 생각하는 거예요. 이 울타리만 벗어나면 뭐예요? 남의 나라고, 일본 순사가 다니는 곳이에요. (……) 일제 강점기 때 아주 옹졸한 가족주의로 응결이 된 거예요. (……) 우리에게 해방은 없었어요. 왜? 해방이라는 건 우리가 우리 힘으로 쟁취했을 때만이 해방이에요. 아시겠습니까? 8.15 해방은 해방이 아니에요. 그러니까 다시 제국주의 밑으로 들어가는 거예요. (……) 단군 이래, 이승만처럼 막강한 왕은 없었습니다. 그는 자기에게 항거하는 모든 사람을 다 죽였습니다. 그러한 비극적인 역사 속에서 군사 독재로 이어졌고, 그것이 오늘날까지 우리 역사에 내재적인 요소로 만연돼 있는 겁니다. 이건 아무도 부정할 수 없는 우리 사회의 현실이고, 여기에 금권이 결탁하고 정치가 결탁하고 모든 만연된 부패가 있어요. 이 부패에 대해서는 우리 모두에게 책임이 있습니다."[5]

정말 명확한 설명이지 않나요? 앞서 우리 사회가 경제 규모에 비해 부끄러울 만큼 기부 문화가 정착하지 못한 이유도 납득할 수 있고요. 비록 그 시대를 살아오진 않았지만, 바로잡지 못한 책임까지 회피할 수는 없습니다. 정상적인 사회를 만들기 위한 노력은 계속되어야 하니까요.

프랑스가 인권의 상징 같은 나라잖아요. 2차 세계 대전이 끝나고 나치 협력자들은 색출해 사법 처리를 했는데 무려 6,700여 명을 사형에 처하고 26,000여 명을 감옥에 보냈습니다. 물론 사형을 다 집행하지는 않았습니다. 그런데 당시 노르웨이와 덴마크, 핀란드, 스웨덴 등이 프랑스를 비난했습니다. 왜 그랬을까요? 너무 온건하게 처리했다며 비난한 거예요. 독일은 과거 청산 작업을 수십 년째 계속하고 있어서 요즘도 아흔이 넘은 나치 전범들이 가끔 체포되기도 합니다. 하다못해 일본도 전쟁이 끝난 뒤 과거 청산을 하면서 전쟁의 책임을 물어 7명의 군국주의자들을 처형했습니다. 물론 미군정의 영향을 받은 결과이기는 해요. 처형당한 일본의 전범들이 있는 곳이 바로 야스쿠니 신사예요. 그래서 우리가 일본 총리 등 정치인들에게 그 신사에 가서 참배하지 말라고 하는 거예요.

우리는 어땠을까요? 일제 강점기 때 민족을 배신하고 일본 경찰의 앞

---

5) "[도올 특강 – 우리는 누구인가] 왕정에서 민주로", 〈MBC〉, 2004년 3월 21일.

잡이 노릇을 했던 사람들이 7,500여 명 정도 됩니다. 다른 나라들 같았으면 해방될 때 대부분 감옥에 갔거나 처형당했을 사람들이죠. 우리나라는 그중에서 5,000여 명 정도가 대한민국 경찰이 됐어요. 전 세계에 이렇게 창설된 경찰은 없어요. 대한민국의 초대 경찰 간부들 중에 80% 이상이 친일 행위 경력자들이었습니다.

이러한 현상이 비단 경찰뿐이었을까요? 국군이나 법조계 등 다른 분야도 다 마찬가지였습니다. 일본군 장교를 했던 사람들은 국군 장교가 됐고, 독립운동가들을 잡아다가 고문하며 수사했던 검사들과 중형을 선고했던 판사들은 해방 뒤에도 판·검사와 법대 교수가 됐습니다.

동족을 배신했던 식민지 부역자, 친일파, 매국노, 반민족 행위자 등 도덕적으로 가장 타락한 세력이 해방 뒤에도 집권에 성공해 교육과 언론을 장악하고 경제 개발과 근대화의 주역을 계속 담당한 나라는 전 세계에서 대한민국 외에 찾아보기 어렵습니다. 그 결과 정치인과 경제인 등 사회 지도층에 정의감과 도덕성이 결여된 사람들이 너무 많아지는 비극적 결과가 초래된 거죠.

노벨 경제학상을 수상한 폴 크루그먼 뉴욕시립대 교수는 "경제가 어려울 때일수록 노동자와 서민에 대한 집중적 지원이 위기를 벗어나는 지름길이 된다", "노동자와 서민의 경제 수준이 높아지는 것은 도덕적으로 옳은 일일 뿐 아니라, 부자 감세보다 훨씬 더 경기 부양에 효과적이다"라고 주장했어요. 지금은 이런 이론을 주장하는 학자들이 노벨 경제학상을 받는 세상입니다. 폴 크루그먼 교수의 말을 좀 더 쉽게 설명하면 대략 이렇습니다. 부자들은 돈을 쓸 만큼 쓰고도 남아도는 사람들이기 때문에 감세로 인해 소득이 조금 늘었다고 해서 그만큼 더 쓰지는 않는다는 거예요. 반대로 우리 같은 서민들은 돈 쓸 곳은 많은데 없어서 못 쓰고 있는 형편이라서 돈이 들어오면 바로바로 씁니다. 그러면 그 돈이 소매상, 도매상, 공장으로 돌아다니며 고스란히 경제 성장의 밑거름이 된다는 거예요.

한국 경제학자들은 대부분 굉장히 보수적이에요. 공공연하게 자본가들을 대변하는 경우도 많아요. 한 경제 신문이 전·현직 경제학회장 간의 좌담을 기사화했는데 그 제목이 "모든 근로자 계약직으로 뽑아 한국 기업 다시 뛰게 하라"였어요.[6] 한국 경제학자들을 대표하는 두 사람이 마주 앉아 토론한 끝에 그런 결론을 내렸다는 거죠. 심지어 한국노동연구원장을 역임한 한 교수는 "노동3권을 헌법에서 빼야 한다"라고 주장했어요. 유독 한국에만 이런 학자들이 많아요. 앞서 이야기한 것처럼 왜곡된 역사 속에서 지식인 사회가 형성되었고 그 안에서 탄생한 학자들이기 때문이에요. 그래서 미국에서도 찾아보기 어려울 정도로 매우 보수적인 성향을 가지게 된 거예요. 문제는 이런 사람들이 대학에서 강의도 하고 연구도 하고 인터뷰도 하고 교과서 집필에도 참여한다는 거예요.

노동 문제에 대한 몇 가지 의문들을 제시해 볼게요.

---

6) "모든 근로자 계약직으로 뽑아 한국기업 다시 뛰게하라", 〈매일경제〉, 2015년 2월 24일.

- 임금을 많이 받는 대기업 정규직 노동자들이 임금 인상을 요구하는 것은 정당하지 않다?

- 한국의 노동운동은 다른 나라들보다 매우 투쟁적이다?

- 인간의 생명을 다루는 병원과 국민의 공복인 공무원의 노조 활동은 시민권을 침해하기 때문에 사회에 유익하지 않다?

- 공부를 안 해서 비정규직이 된 사람을 정규직으로 전환하면 공부를 열심히 한 정규직이 억울할 것이다?

- 최저임금을 많이 인상하면 영세 자영업자들이 도산해 일자리가 줄어들 것이다?

여러분은 이런 의문들이 타당하다고 생각하나요? 모두 다 틀린 생각들이에요. 그래서 제가 문장 끝에 물음표를 붙여 뒀어요. 만약 타당하다고 생각하거나 주장하는 경제학자가 있다면 이 둘 중 하나라고 볼 수 있어요. 제대로 공부하지 않고 반쪽 이론만 공부했거나, 알면서도 비겁하게 거짓말을 하고 있거나. 미국에서도 대놓고 이렇게 말하는 학자는 별로 없습니다. 그런데 한국에는 너무 많아요. 이러한 주장을 하는 학자들 중에는 대기업으로부터 막대한 연구비를 지원받는 사람들도 많습니다. 그래서 다른 나라들에서는 그러한 주장을 하는 학자들을 '지식 장사꾼'처럼 보는 시각이 있어요.

제가 대학과 대학원에서 하는 수업들은 이러한 노동 문제에 관한 잘못된 생각들을 바로잡는 내용이라고 할 수 있어요. 각종 데이터와 이론으로 반박하고 증명하는 내용들인데, 학생들이 오랜 기간 그 잘못된 주장들에 너무 익숙해져 한 학기로는 시간이 부족할 정도예요. 앞으로 기회가 있으면 이러한 문제들에 대해서도 공부해 보시기 바랍니다.

노동교육은 거부할 수 없는 역사의 흐름

지금까지 제가 이야기한 내용들 중에 긍정적이고 희망적인 내용이 있었나요? 별로 없었을 거예요. 흔히들 말하는 '헬 조선'을 떠올리거나 이민을 생각을 하는 사람도 있을 것 같아요. 그래서 이제부터는 여러분에게 희망을 드리려고 합니다.

자신이 노동자라는 사실을 깨닫고 노동운동에 참여하는 현상이 산업혁명 이후 200여 년 동안 계속 이어져 왔습니다. 더 중요한 사실은 이러한 흐름이 앞으로도 계속될 것이라는 점이에요. 제가 다른 나라들은 노동조합에 대한 인식이 어떻다고 그랬어요? 장관도 경찰관도 소방관도 판사도 변호사도 심지어 군인도 노동조합을 결성할 정도라고 했잖아요. 한국 사회 역시 다양한 직업을 가진 노동자들이 노동조합을 설립하고 참여하는 방향으로 변화하고 있어요. 다만 중세 농경 사회에서 근대 산업 사회로 넘어오는 역사 발전 과정이 식민지 → 분단 → 전쟁 → 군사 정부 등으로 왜곡된 바람에 그러한 현상이 다른 나라들보다 매우 늦어진 것뿐이에요. 전 세계 역사를 통틀어 이런 불행한 역사 속에서 근대화가 진행된 나라는 한국밖에 없다고 그랬잖아요. 그래서 다른 선진국들보다 노동조합도 100여 년이나 늦게 만들어졌고요. 그렇다면 지금 한국 사회에 어떤 노동조합들이 있는지 한번 볼까요?

우리는 흔히 생산직으로 일하는 블루칼라blue-collar들만 노동조합을 만들고 노동운동을 한다고 생각하는데 전혀 그렇지 않아요. 한국노동연구원의 연구위원노동조합은 조합원 전원이 다 박사 학위를 가진 사람들이에요. 이런 노조들이 한국에도 이미 수십 개나 있습니다. 지금 대학원에서 박사 과정을 밟고 있는 학생들 중에서 '공부를 마치고 연구소에 취직하면 노동조합이 기다리고 있을 것이고 내 연봉이나 연구 성과에 대한 평가 방식 등이 모두 그 노동조합을 통해서 결정될 거야' 하고 생각하는 사람이 몇이나 될까요? 다른 나라에서는 초등학생도 알고 있는 사실을 우리는 박사 과정을 공부하고 있는 사람들도 잘 몰라요. 연구위원노동조합은 황덕순 박사가 주도해서 2009년에 만들어졌는데, 그는 1984년도 학력고사 전국 1등을 차지했던 사람이에요. 공부를 잘한다고 해서 노동조합과 관계없는 삶을 살 수 있는 건 아니에요. 학력고사 1등을 한 사람에게도 노동조합이 필요한 것이 바로 우리가 지금 살아가는 사회예요.

조종사와 스튜어디스 노동조합도 있습니다. 제 수업 시간에 조종사와 승무원들이 와서 강연을 하기도 했어요. 여러분, 조종사 노조가 생기면서 항공 사고가 크게 줄어든 사실을 알고 있나요? 조종사 노조가 생기기 전에는 한국 항공사 조종사들의 조종 시간이 다른 나라 조종사들의 조종 시간보다 두 배나 많았어요. 그런데 조종사 노조가 생기고 나서 조종 시간이 줄자 사고도 자연스럽게 줄어든 거예요. 이처럼 노동조합과 노동운동은 사회를 불안하게 만드는 게 아니라 더욱 안전한 사회를 만드는 데 일조하고 있어요. 당시 한 학생이 여성 승무원에게 질문을 했어요. "영화배우를 해도 될 만큼 아름다우시고 연봉도 높은데 왜 힘들게 노동운동을 하고 계시나요?" 그 승무원은 "저희는 웃음을 파는 로봇이 아니거든요"라며 노동조합이 필요한 이유를 차근차근 설명해 주더군요. 승무원들이 치마와 바지 중 유니폼을 선택해서 입을 수 있게 되기까지 10여 년을 싸워야 했다면서요. 그렇게 바지 유니폼을 입을 수 있게 되었지만, 노조 간부들 몇 명을 제외하곤 대부분은 치마 유니폼을 입는다고 해요. 그것마저 회사 관리자의 눈치를 봐야 하니까요.

기자와 피디, 아나운서 등이 만든 언론인들의 노동조합도 있어요. 〈JTBC〉 사장인 손석희 씨도 과거 〈MBC〉 노동조합에서 파업을 하다 구속된 적이 있어요. 인터넷에 '해맑은 손석희'를 검색하면 당시 파란 수의를 입고 해맑게 웃는 얼굴의 청년 손석희 씨를 볼 수 있어요. 〈MBC〉 등 지상파 아나운서는 경쟁률이 보통 1000:1이 넘어요. 이런 경쟁률을 뚫고 높은 연봉을 받는 사람들이 뭐가 아쉬워서 파업을 하겠어요. '권력의 나팔수'가 될 수는 없기 때문이에요. 진실을 외면하고 정부와 방송국 사장이 시키는 대로 뉴스를 보도하며 국민을 속일 수는 없잖아요. 여러분들이 좋아하는 예능 프로그램 〈놀면 뭐하니?〉와 〈무한도전〉 등을 연출한 김태호 피디도 노동조합 활동에 열심히 참여하는 분이에요. 여러분들에게도 친숙한 전교조의 정식 명칭도 전국교직원노동조합이라는 교사들의 노동조합이에요. 공무원들도 전국공무원노동조합을 만들어서 노동운동을 하고 있고요. 영화인과 무용수 등 예술인들과 탤런트들도 노동조합을 만들어서 활동하고 있어요. 병원과 은행에도 노동조합이 있습니다.

여러분들이 사회생활을 할 때쯤에는 대부분 노동조합과 노동운동을 만나게 될 거예요. 그렇기 때문에 학교에서 노동인권과 노동조합에 대해 가르치지 않는 건 올바른 교육이라고 할 수 없어요.

다행스럽게 우리나라도 노동교육을 하기 시작했어요. 광주광역시교육청이 2011년 처음으로 노동인권교육 교재를 만들었어요. 교사들이 보는 책이지만, 그 내용을 토대로 학생들에게 노동인권을 가르치고 있어요. 제가 보았을 때 내용도 충실하고 좋았어요. 경기도교육청에서도《더불어 사는 민주시민》이라는 교과서를 개발했어요. 저도 이 교과서 개발에 참여했는데 초등 3~4학년과 5~6학년, 중학생, 고등학생의 수준에 맞게 4종으로 구성되어 있어요. 노동은 물론이고 인권, 차별 인식, 연대, 환경, 평화, 민주주의, 미디어 등 사회 전반에 대해 폭넓게 다루고 있어요. 이 교과서는 경기도뿐만 아니라 서울, 강원, 세종, 전북, 광주, 울산 등 11개 지역 시·도교육청에도 보급되었어요.

이처럼 노동인권교육을 진행하는 시·도교육청과 학교들이 많아지면 결국 교육부도 노동교육을 받아들일 수밖에 없을 거예요. 그러면 전국 모든 학교의 학생들이 노동교육을 받게 될 겁니다. 역사를 공부하고 연구하는 사람들이 중요하게 여기는 게 있습니다. 강물이 높은 곳에서 낮은 곳으로 흘러가듯이 역사의 강물도 흘러가는 방향이 있다는 거예요. 역사는 어느 쪽으로 흘러갈까요? 조금씩 진보적인 방향으로 흘러갑니다. 비록 다른 나라들보다 50년, 100년 늦었지만 노동교육이라는 이 역사의 흐름을 거스를 수는 없을 거예요.

노동자는 ○○이다.

이제 여러분은 위 물음의 빈칸에 어떤 단어를 채워 넣을 건가요? 제가 다른 데서 비슷한 강의를 한 적이 있는데, 한 학생이 '노동자는 우리 아빠다'라고 썼어요. 또 어떤 학생은 '노동자는 미래의 나다'라고 쓰기도 했고요. 이런 생각을 하는 학생들이 앞으로 점점 더 많아질 거예요. 이 방향이 뒤로 가지는 않을 거예요. 얼마나 빠르게 많아질 것인가 하는 속도의 문제만 남았어요. 여러분들이 그 시기를 앞당길 주역들이고요.

당당하고 행복한 노동자로 살아가기

유럽 등 선진국들의 대학 진학률은 대부분 40% 정도입니다. 대학원까지 무상 교육을 하고 있는 노르웨이와 독일 등의 대학 진학률은 30% 정도로 더 낮아요. 등록금을 다 내 주는데도 대학에 가지 않는 이유는 무엇일까요? 대학을 졸업하지 않아도 충분히 인간다운 생활을 영위할 수 있기 때문이에요. 한마디로 직업에 귀천이 없고 노동자들이 정당하게 대우 받는 사회라는 거죠.

우리나라 모 신문사 기자가 네덜란드에 가서 한 중학생에게 장래 희망을 물었더니 벽돌공이라고 답하더랍니다. 그 이유를 물었더니, 그 중학생이 이렇게 대답했대요. "벽돌공들이 일하는 걸 봤는데요, 음악을 크게 들을 수 있더라고요. 저는 음악을 사랑하거든요. 벽돌공이 돼서 평생 음악을 들으며 행복하게 살고 싶어요." 이 이야기가 우리 사회에 전하는 메시지는 무엇일까요? 그 소년이 당당하게 자신의 꿈이 벽돌공임을 밝힐 수 있었던 이유가 비단 음악 때문만이었을까요? 그 나라에서는 벽돌공의 수입이 대학교수나 대기업 정규직 노동자와 큰 차이가 없기 때문이에요. 스웨덴에서 공부하고 온 치과 의사 친구가 있는데, 그 부인이 저에게 이런 말을 했어요. "스웨덴에서는 경력이 오래된 노동자가 의사보다 월급이 더 많아요." 그래서 의과대학에 진학할 수 있는 청소년들도 스스로 배관공·벽돌공·목수 등의 직업을 선택한다는 거예요. 자기가 살던 동네에도, 남편은 배관공인데 부인은 의사이거나 남편은 대학교수인데 부인은 용접공인 부부들이 많았다고 이야기해 주었어요.

그런 나라에서 대학에 진학하는 학생들은 어떤 친구들일까요? 공부가 정말 재미있거나 전문직에 종사하고 싶은 학생들이에요. 중학교 때 이차방정식을 배우는데 인수분해와 근의 공식이 너무 사랑스러웠다거나. 이런 친구들이 대학에 가야 하는 거예요. 공부하는 게 미치도록 싫은데 차별받고 무시당할까 봐, 취직 못 할까 봐 대학에 진학하는 학생들이 대부분인 우리나라는 분명 잘못된 사회예요.

우리는 유치원에서부터 대학, 심지어 취업할 때까지 오로지 경쟁에서 이기기 위한 공부만 하고 있어요. 독일에서는 초등학생들의 사교육(선행 학습)이 금지되어 있어요. 제가 아는 분이 독일에서 아이를 초등학교에 보낼 때 경험한 이야기예요. 취학통지서를 받았는데 경고 문구가 있더래요. '입학 전에 글을 깨우치면 학교교육에서 다른 학생들에게 피해를 주게 되니 그에 따른 불이익을 받을 수 있다'는 내용이었어요. 절대로 선행 학습을 시키지 말라고 부모에게 당부하는 거예요. 독일에는 우리처럼 선행 학습을 하는 학원이 없어요. 사교육 천국인 대한민국에서 나고 자란 우리로서는 이해할 수 없는 일이에요. 그래서 그분은 자녀에게 직접 알파벳을 가르쳐서 학교에 보냈대요. 어떤 일이 벌어졌을까요? 며칠 뒤에 아이의 담임 선생님에게 전화가 왔다고 해요. 선생님이 "왜, 그렇게 비겁한 짓을 했느냐?"며 화를 내더랍니다. "100m 달리기를 하는데 당신 아이만 50m 앞에서 뛰게 하고 싶었나요? 아이를 평생 그런 비겁한 방식으로 경쟁하는 사람으로 만들고 싶나요? 만약, 아이가 자기는 다 알고 있다며 자만하고 수업에 집중하지 못하는 등 인격 형성에 문제가 생기면 부모인 당신이 책임질 수 있나요? 왜 교육을 학교에 믿고 맡기지 못하나요? 당신이 한 일은 교사의 권위를 침해한 행위입니다!" 이이의 담임 선생님에게 이러한 이야기를 들은 그분은 굉장히 부끄러웠답니다.

독일만 선행 학습을 금지하고 있는 게 아니에요. 영국이나 프랑스 등 유럽의 많은 나라들도 마찬가지예요. 영국은 선행 학습을 커닝보다 더

부도덕하다고 가르칩니다. 프랑스에는 유치원에서 알파벳이나 구구단을 가르치면 설립 허가를 취소하는 법도 있어요. 그렇다고 공부를 하지 말라고 하는 게 아니니 오해하지 마세요. 학생들이 공부를 재미있게 할 수 있도록 만든 제도니까요. 선행 학습을 하는 이유와 사교육 문제를 생각해 보면 왜 금지하는 게 더 옳은 일인지 이해할 수 있어요. 우리는 다른 사람과의 경쟁에서 이기기 위해 공부를 하고 있잖아요. 그래서 오히려 공부하는 재미를 일찍 잃어버리는 걸 수도 있어요. 무한 경쟁만을 강요하는 1:99의 사회 속에서는 그 누구도 행복할 수 없어요.

한번 생각해 보세요. 부모와 자식 사이에 "공부하라"는 말만 사라지면 가정의 분위기가 얼마나 화목해질까요? 사교육비 부담만 없어져도 얼마나 여유 있게 살 수 있을까요?

노동자가 정당한 대우를 받는 사회를 만드는 것만이 해결책이에요. 현재와 같은 한국 사회에서는 절대 선행 학습과 사교육이 없어지지 않을 거예요. 노동 문제가 해결되지 않으면 교육 문제는 절대로 해결될 수 없다고 감히 말씀드릴 수 있어요.

교육부가 주최한 연수에서 강의를 한 적이 있는데 그때 제 강의를 들은 한 선생님이 이런 글을 썼더군요.

18년을 일했지만 제자 중에 과학자·변호사·의사가 된 친구는 아직 없거나 소식을 듣지 못했습니다. 그 꿈을 꾸었던 친구들은 좌절감을 맛보며 직장에 다니고 있겠죠. 이거 누가 잘못한 걸까요? 제 잘못이죠.

'나를 거쳐 간 제자들의 90%는 노동자로 살아갈 텐데 나는 왜 꼭 관리
자로서 필요한 역량만 강조했을까?'

매우 공감이 되는 글이었어요. 우리 사회는 어릴 때 꿈이라도 크게 가
져야 나중에 그 절반이라도 될 수 있다며 일단 큰 꿈을 갖도록 가르치잖
아요. 그 꿈을 이루는 사람이 몇이나 되겠어요? 그렇게 가르치면 그 꿈
을 이루지 못한 사람은 평생 동안 '아, 나는 꿈을 이루지 못한 인생의 패
배자다' 그런 열등감 속에서 자존감 없이 살아갈 수도 있어요. 큰 꿈을 갖
는 것도 좋지만, 그 꿈을 이루지 못하더라도 행복하게 살아갈 수 있는 사
회를 만들어야 해요. 그러려면 평범한 직장인 곧 노동자가 됐을 때 자신
의 권리를 당당하게 주장하며 살 수 있게 가르치고 배우는 게 매우 중요
해요.

노동자의 권리를 찾는 일은 결코 불손한 행동이 아닙니다. 그러니까 앞
으로 어떤 직종의 노동자가 되든 부디 당당하게 자신의 권리를 주장할
줄 아는 사람으로 살아갔으면 좋겠습니다. 여러분, 행복한 노동자가 되
세요!

❓ 최저임금을 많이 인상하면 영세 자영업자들이 도산해서 일자리가 줄어들고, 물가도 인상되어 다 같이 못사는 상황이 만들어질 거라는 우려가 있습니다. 선생님께서는 이런 우려들이 모두 거짓이라고 하셨는데 어떤 이유 때문인가요?

중·고교 사회 과목에서 최저임금 제도에 대해 설명하는 교과서가 17권 있어요. 질문과 같은 내용으로 설명한 교과서도 있습니다. '최저임금 인상이 기업에 과도한 부담을 주어서는 안 된다.' '최저임금 인상으로 인해 일부 근로자의 소득은 올라갈 수 있지만 일자리가 줄어드는 역효과가 발생할 수도 있다.' 이런 방식으로 말이죠.

그런데 한국의 교과서에서만 최저임금을 그렇게 설명하고 있습니다. 왜 기업과 자영업자에게 부담이 되는 최저임금제를 만들었는지에 대해서는 설명하지 않습니다. 학생들에게 그 부분을 고민할 수 있게 해야 하는데 그렇지 않아요.

최저임금이 많이 인상되면 그 임금을 지불할 능력이 없는 영세 사업장들은 고용을 하지 않거나 문을 닫을 거예요. 최저임금 인상의 부정적인 효과이지요. 그렇다면 긍정적인 효과는 무엇일까요? 최저임금을 받는 노동자들을 고객으로 하는 사업은 번창합니다. 실제로 최저임금이 인상되면 매출이 늘어나는 피시방이나 편의점들도 많습니다. 이처럼 최저임금제는 양면성이 있어요. 건전한 소비를 창출해서 경제를 성장시키는 긍정적인 효과도 있지만, 일자리가 줄어드는 부정적 효과도 나타납니다. 긍정적인 효과와 부정적인 효과 중에서 어느 쪽이 더 큰지는 장기적으로 따져 볼 필요가 있어요. 이건 데이터가 증명하는 거예요. 연구 결과가 증명하는 겁니다. 지금까지 전 세계의 많은 학자들이 진행한 연구의 결과들을 보면 최저임금제는 일자리 문제와 큰 관계가 없거나 오히려 긍정적인 효과가 더 크다는 게 정설입니다.

영국은 1909년에 최저임금제를 도입했는데 1979년 보수당의 마거릿 대처 총리가 집권한 뒤 70년 만에 폐지했어요. 그러다 1997년 노동당의 토니 블레어 총리가 집권하면서 다시 18년 만에 최저임금제를 부활시켰습니다. 당시 기업 경영자들은 "해고가 늘어나고 실업률이 높아질 것이다"라고 주장하며 반대했어요. 그래서 50여 개 대학이 참여하는 80여 개의 연구 프로젝트를 통해 최저임금과 일자리의 상관관계에 대한 연구를 진행했고, 그 결과 '고용과 해고는 최저임금제와 크게 관련이 없다'는 결론을 도출했습니다. 2010년 영국 보수당의 데이비드 캐머런 총리는 〈BBC〉 방송에 나와서 "최저임금제는 많은 사람이 기대했던 것보다 훨씬 더 성공적인 정책이며 최저임금제가 실업을 야기하는 요인으로 작용하지 않는다"라고 강조했어요. 영국 정치학회 학자들은 "지난 30년 동안 영국 정부가 시행한 정책 중 가장 성공한 것은 최저임금제다"라고 결론을 내리기도 했습니다.

최저임금 인상이 고용을 감소시키지 않는다는 주장을 뒷받침하는 연구 결과들은 이 외에도 상당히 많아요. 앨런 크루거 미국 프린스턴대 교수는 1994년 논문을 통해 "최저임금 인상으로 고용이 감소했다는 증거가 없다"라고 주장했고, 데일 벨먼 미시간주립대 교수 역시 2013년 논문을 통해 "최저임금이 고용에 미치는 유의미한 부정적 효과가 없는 것으로 나타났다"라고 주장했거든요.

그런데 한국 학자들은 왜 그런 내용을 교과서에서 설명하지 않을까요? 앞서 이야기한 것처럼 식민지(40년), 분단(70년) + 군사 정부(30년) 등으로 이어진 왜곡된 역사 속에서 지식인 사회가 지나치게 보수적으로 형성됐기 때문이에요.

경제학은 보통 주류 경제학과 비주류 경제학 두 종류로 나뉩니다. 꼭 들어맞는 설명은 아니지만 최대한 간단하게 설명하면, 주류 경제학은 경제 현상을 주로 자본(기업)의 시각으로 해석하고 부자들에게 유익한 주장을 많이 하는 편입니다. 부자들의 세금을 줄여 줘야 경제가 성장한다는 '부자 감세론' 같은 경우가 대표적이라고 할 수 있습니다. 비주류 경제학은 경제 현상을 주로 소비자(노동자)의 시각으로 해석하고 사회적 약자와 서민에게 유익한 주장을 많이 하는 편입니다. '소득 주도 성장론'이나 '최저임금제' 같은 경우가 대표적이라고 할 수 있습니다.

미국 대학에는 주류 경제학자들이 많고, 유럽 대학에는 비주류 경제학자들이 미국보다 상대적으로 더 많은 편입니다. 그렇다면 한국의 대학은 어떨까요? 그냥 주류 경제학자들만 있습니다. 비주류 경제학자는 손에 꼽을 정도예요.

10여 년 전 서울대 경제학과에 33명의 교수들이 있었는데, 그중에 주류 경제학자가 몇 명이었을까요? 33명이었어요. 이건 말이 안 되는 상황이에요. 유일한 비주류 경제학자였던 고故 김수행 교수님이 2008년 3월 정년퇴직하신 뒤 서울대 경제학과에 비주류 경제학자가 단 한 명도 없는 상황이 돼 버렸습니다. 비주류 경제학을 전공한 교수를 채용해 달라는 학생들의 요구가 있음에도 주류 경제학을 공부한 교수들이 똘똘 뭉쳐서 비주류 경제학 교수를 채용하지 않고 있는 형국입니다. 그래서 서울대 경제학과에서는 '자본주의'나 '신자유주의' 등의 용어가 등장하는 논문이나 교재는 시대에 뒤떨어진 낡은 학문으로 간주하고 아예 취급하지 않는다고 하더군요.

대개 주류 경제학자들은 정부나 기업과 사이가 좋은 편이에요. 나라에서 연구비도 많이 받고 기업체에 초청 강연도 많이 가고 프로젝트도 많이 수행할 수 있지요. 그러나 비주류 경제학자들은 힘 있고 돈 많은 사회 지배 세력으로부터 미움을 사는 경우가 많습니다. 과거 군사 정부 시절에는 자신의 학문적 소신을 굽히지 않다가 대학에서 해직당하거나 감옥에까지 가야 했던 비주류 경제학자들도 많았습니다.

주류 경제학이 잘못된 학문이라는 것이 아니에요. 다만 비주류 경제학자 1명을 채용하는 것조차 용납하지 않는 것은 바람직하지 않다고 생각해요. 대학은 다양한 학문이 적절하게 균형을 갖추고 있어야 하는데 한국의 학문은 지나치게 힘 있고 돈 많은 사람들에게 유리한 쪽으로 쏠려 있는 경우가 많아요. 그럴 수밖에 없는 이유는 앞서 말했듯이 식민지와 분단, 군사 정부라는 뼈아픈 역사 속에서 권력의 눈치를 보고 세속적 이익과 명예를 추구하는 학자들이 지식인 사회에 너무 많아진 것과 무관하지 않습니다. 그러한 학자들이 대부분 교과서를 집필했기 때문에 한국 교과서에는 기업의 시각에 치우친 내용들이 많아진 경향이 분명 있습니다.

❓ 우리 사회의 잘못된 문제들을 바꾸려면 노동에 관한 사회 전반의 인식이 바뀌어야 한다고 말씀하셨는데요. 청소년인 저희들이 할 수 있는 일이 있다면 무엇일까요?

여러분이 할 수 있는 작은 일들을 찾아서 꾸준히 하는 게 중요하다고 생각해요. 청소년 단체 활동에 참여하거나 함께 책을 읽고 노동 문제에 대해 이야기를 나눠 보는 것도 좋을 거예요. 학교마다 노동이나 사회 문제에 관심이 많은 선생님들이 계실 거예요. 선배 노동자인 선생님들에게 예비 노동자로서 도움을 구하고 함께 고민해 보세요. 그렇게 학교 안에서 활동해 보고 학교 밖으로 활동 영역을 넓혀 가는 거예요. 지역마다 노동 문제가 발생한 현장들이 한두 곳은 있기 마련이에요. 언론에 보도되지 않은 노동 쟁의 현장이 무수히 많거든요. 그런 쟁의 현장을 방문해 노동자들의 이야기를 들어 보는 것도 서로에게 많은 도움이 될 거예요. 청소년들을 만나 보면 기성세대는 도저히 생각해 낼 수 없는 창의적이고 기발한 방식으로 연대 활동을 하더라고요. 중요한 것은 고민만 하다 그치면 안 된다는 거예요. 여러분이 가장 쉽게 할 수 있는 것부터 시작하고 아주 작은 일이라도 해 보는 게 중요해요. 고민하느라 시간을 너무 많이 허비하지 마세요. 그러면 결국 아무것도 못 하거든요.

활동을 하다 보면 '우리가 열심히 활동을 한다고 해서 과연 사회가 바뀔까?' 하는 의문이 들 때가 있을 거예요. 분명히 말씀드릴 수 있는데 사회는 반드시 바뀝니다. 언제 바뀔까요? 장하준 교수가 쓴 책,《그들이 말하지 않는 23가지》의 면지에 이런 내용의 글이 있습니다.

> 200년 전에 노예 해방을 외치면 미친 사람 취급을 받았습니다.
> 100년 전에 여자에게 투표권을 달라고 하면 감옥에 집어넣었습니다.
> 50년 전에 식민지에서 독립운동을 하면 테러리스트로 수배당했습니다.
> 단기적으로 보면 불가능해 보여도 장기적으로 보면 사회는 계속 발전합니다.
> 그러니 지금 당장 이루어지지 않을 것처럼 보여도 대안이 무엇인가 찾고 이야기해야 합니다.

노예 제도를 없애기 위해서 수백 년 동안 열심히 활동했던 사람들 중에서 노예제도가 철폐되는 것을 보고 죽은 사람들이 많을까요, 보지 못하고 죽은 사람들이 많을까요? 보지 못하고 죽은 사람들이 훨씬 더 많을 거예요. 그러나 그 사람들의 노력이 차곡차곡 쌓이지 않았다면 노예 제도는 아직까지 철폐되지 않았을 것입니다.

칸 영화제에서 황금종려상을 받은 켄 로치 감독이 만든 작품 중에 〈랜드 앤 프리덤〉이라는 영화가 있어요. 그 영화의 마지막 장면이 매우 인상 깊은데 주인공인 할아버지의 장례식을 치르는 장면이에요. 영국인이었던 할아버지는 젊은 시절 스페인 내전에 참전해 파시스트인 프랑코 군부의 쿠데타에 맞서 빨치산 활동을 하셨던 분이에요. 손녀가 유품을 정리하다 발견한 것이라며 구겨진 종잇조각을 펼치더니 거기에 적혀 있는 윌리엄 모리스의 시 〈The Day is Coming〉의 한 구절을 낭독합니다. "오라, 전투에 참여하라/ 아무도 실패할 수 없다/ 육신은 쇠하고 죽어가더라도/ 그 행위들은 모두 남아 승리를 이룰 것이므로." 그러고는 할아버지가 붉은 손수건에 싸 신념처럼 간직해 온 스페인의 흙을 관 위에 뿌립니다. 그 순간 할아버지의 동지들이 불끈 쥔 주먹을 들어 올립니다. 이내 손녀도 주먹을 들어 올리는데 할아버지의 붉은 손수건이 꼭 쥐어져 있습니다. 흔히 팔뚝질[7]이라고 하는 이 행동은 연대와 단결, 저항을 상징하는 행위예요. 할아버지의 오랜 신념이 손녀에게 이어지듯이 민중들의 염원은 세대를 이어 가며 완성된다는 걸 보여 주는 장면이라고 생각해요.

우리가 바라는 꿈은 언제 이루어질까? 노동자가 정당한 대우를 받는 사회는 언제쯤 만들어질까? 그 시기는 정확히 알 수 없지만 우리가 꿈꾸는 세상, 그런 세상을 만들기 위해 계속 노력해야 한다는 것은 명백해요. 지금 당장은 어려워도 언젠가는 반드시 이루어질 테니까요. 우리 대에 결실을 맺을 수 없더라도 자식 대에는 결실을 맺을 수 있을 테니까요.

사회가 바뀌는 게 그렇게 불가능하진 않더라고요. 제가 몇 해 전에 환갑을 맞았거든요. 세상을 살 만큼 산 거죠. 여러분들에게 사회는 분명히 바뀐다는 걸 제 경험을 통해 증명해 볼게요. 오늘 집에 가다가 이 강의를 들었다는 이유만으로 갑자기 아무도 모르는 곳으로 끌려가서 조사받고 고문당할까 봐 걱정을 하는 사람이 있나요? 혹시 이 강의를 들었다는 이유로 학교에서 퇴학당할까 봐

---

7) '불끈 쥔 주먹clenched fist' 또는 '들어 올린 주먹raised fist'은 연대와 단결, 힘, 도전, 저항을 의미하는 행위이다.

걱정하는 사람이 있나요? 단 한 명도 없잖아요.

그런데 한국 사회가 이런 이야기를 이렇게 마음 놓고 할 수 있게 된 지 얼마 안 됐어요. 이렇게 좋은 시설에서 이런 이야기를 마음 놓고 할 수 있게 된 지가 정말 얼마 안 됐습니다. 제가 정말 잘 알죠. 아무것도 아닌 일로, 오늘 제가 이야기한 것보다 더 시시한 주장을 했는데도 그러한 이유만으로 젊었을 때는 몇 번이나 잡혀갔으니까요. 여러분 혹시 최규석 작가의 〈송곳〉이라는 만화를 아시나요? 그 만화가 드라마로 만들어지기도 했는데 이런 대사가 나오는 장면이 있어요.

"법 없을 때도 노조 했어. 그래도 이렇게 모여서 노동법 공부했다고 끌려가서 고문당하진 않잖아. 여기까진 왔다고, 우리가. 1800년대 유럽에서 노동자 두 명이 술집에 모이는 것도 불법이던 시절, 일곱 살짜리를 하루 14시간씩 일을 시켜도 그게 고용의 자유였던 시절, 그런 시절부터 피 흘려 가면서 만든 법이야, 노동법은. 누가? 당신 같은 사람들이, 시키면 시키는 대로 못 하고 주면 주는 대로 못 받는 인간들, 세상의 걸림돌 같은 인간들……."

세상은 우리를 걸림돌처럼 여길 수 있어요. 아직도 우리 사회에는 오늘 우리가 나눈 이야기들을 이해하지 못하는 사람들이 많아요. 저기 창문 너머에서 우리들을 들여다보면 좀 이상해 보일 수도 있어요. '저놈들 저기서 뭐 하고 있는 거야 불순하게' 하고 생각할 수도 있어요. 여러분이 집에 돌아가서 오늘 들은 이야기를 일가친척들이 모인 곳에서 이야기해 보세요. "다른 나라는요, 경찰 노동조합도 있고 판사·변호사 노동조합도 있고 군인 노동조합도 있대요." 그럼 아마 "너는 어디서 그런 이상한 얘길 듣고 다녀!" 하는 말을 듣는 경우가 많을 거예요. 그렇지만 그런 걸림돌처럼 보이는 사람들이 세상을 조금씩 바꿔 나간 거예요.

여러분이 대학을 가든 안 가든 대부분 나중에 노동자가 될 텐데, 어떤 직종에서 일을 하게 되든 자신의 권리를 소중히 생각하고 당당하게 주장할 수 있어야 해요. 그런 삶이 개인에게 유익한 것은 물론 사회 전체의 발전에도 유익한 행동이 되는 거예요. 여러분 모두 행복하고 당당하게 살아가는 꿈을 이루는 청소년이 되기를 바랍니다.

장애인이어서 차별받는 것이 아니라, 차별받기 때문에 장애인이 된다

- 장애에 관한 오해와 이해

김도현 노들장애학궁리소

장애인언론 〈비마이너〉 발행인이자 노들장애인야학 교사이고, 노들장애인야학 부설 기관인 노들장애학궁리소 연구활동가입니다. 쓴 책으로 《차별에 저항하라》, 《당신은 장애를 아는가》, 《장애학 함께 읽기》, 《장애학의 도전》이 있으며, 《우리가 아는 장애는 없다》, 《장애학의 오늘을 말하다》, 《철학, 장애를 논하다》를 우리말로 옮겼습니다.

*이 글은 필자가 2018년에 진행한 '장애인권' 강의 녹취록을 기반으로 청소년 독자를 위해 새로 썼습니다. 2019년 출간된 《장애학의 도전》(오월의봄) 2장에서 좀 더 심화·확장된 내용을 만나 볼 수 있습니다.

200년 전에는 인간 사회에 장애인이 없었다?

제가 어디 가서 장애 문제나 장애인권과 관련된 강의를 할 때 종종 하는 '뻘소리'가 하나 있습니다. "불과 200년 전까지만 해도 인간 사회에 장애인은 없었다." 인간이 지구에 출현해 살아온 시간이 대략 200만 년 정도라고 합니다. 고고학자나 인류학자마다 조금 다르게 추정하기는 하지만, 현생 인류의 직계 조상인 호모 에렉투스Homo erectus가 살아온 시기부터 따지자면 그렇다는 것이지요. 그런데 그 200만 년의 길고 긴 시간 중 약 200년 전까지만 해도, 그러니까 199만 9,800년 동안은 인간 사회에 장애인이 없었어요.

제가 이런 말을 하면 청중들은 보통 크게 두 가지 반응을 보입니다. 우선 어떤 분들은 학창 시절 세계사 시간에 배웠던 고대 그리스의 도시 국가였던 스파르타의 이야기가 떠오르나 봐요. 영화 〈300〉의 배경인 스파르타에서는 아기가 태어나면 언덕에서 굴리거나 험한 곳에 방치했다가 살아 돌아오는 아이만 키웠다는 얘기가 있잖아요. 인류학자들에 따르면,

스파르타 말고도 실제로 유아 살해Infanticide 풍습이 존재했던 사회가 있었고요. 그래서인지 '예전에는 인간 사회가 더 냉혹하고 비인간적이어서 장애인이 태어나면 모두 죽였나?' 하고 의문을 품는 분들이 있더라고요. 그리고 또 어떤 분들은 제 주장에 대해 손을 살짝 들고 반론을 제기해요. "아니, 조선 시대 〈심청전〉만 봐도 심 봉사 이야기가 나오는데 왜 장애인이 없었다는 겁니까?"라고요.

그런데 제가 전자의 맥락에서 200년 전에는 장애인이 없었다고 하는 건 아닙니다. 저에게 반론을 제기했던 분들의 이야기처럼, 인간 사회에는 어느 시기, 어느 곳에서나 팔다리가 불편한 사람, 듣지 못하는 사람, 앞을 보지 못하는 사람, 다른 사람들보다 발달이 늦은 사람 등이 모두 다 있었습니다. 그럼에도 제가 장애인이 없었다고 하는 건, 불과 200년 전만 해도 그런 사람들이 하나의 범주로 묶여 사고되지 않았다는 뜻입니다. 그런 신체적·정신적 특징을 지닌 사람들 스스로도 그렇고, 그렇지 않은 사람들 사이에서도 말이지요.

제가 예전에 TV 개그 프로그램의 한 코너를 즐겨 봤던 적이 있습니다. 그 코너를 진행하는 개그맨은 늘 경쾌한 음악과 함께 무대에 등장해 이런저런 얘기를 잘난 척하며 떠들어 댑니다. 그러다 마지막에 가서는 항상 이렇게 끝을 맺어요. "자, 그래서 이 세상에는 두 종류의 인간이 있지. A라는 종류의 인간과 B라는 종류의 인간." 이게 그 사람이 하는 개그의 결론이고 웃음을 주는 포인트예요. 그러니까 이 개그처럼, 이 세상의 인간을 장애인과 비장애인, 이렇게 두 종류의 인간으로 구분하기 시작한 건 불과 200년밖에 되지 않았다는 겁니다. 더 직접적으로 이야기하면, 200년 전만 해도 우리 사회는 물론이고 서구 사회에도 '장애인disabled person'이라는 말 자체가 없었어요. 장애인이라는 말이 없는데, 어떻게 누군가가 장애인으로 불리고, 장애인으로 구분되고, 장애인이라는 정체성을 지닌 존재로 살아갈 수가 있었겠어요. 그런 의미에서 제가 '200년 전까지만 해도 장애인이 없었다'고 말하는 것입니다.

'장애인', 비장애인이 기준인 세상에서 생성된 임의적 범주

그렇다면 왜 존재하지 않았던 '장애인'이라는 범주가 갑자기 형성되었을까요? 여기에는 근대 자본주의 체제로의 이행 과정과 맞물린 역사적 사건과 맥락이 존재합니다. 그에 대한 설명을 구체적으로 하면 얘기가 조금 딱딱해질 것 같아요. 대신 그런 범주의 형성에 수반되어 있는 함의만을 인종의 문제와 견주어 짚어 보겠습니다.

여러분, 이 세상에는 다양한 인종들이 존재합니다. 우리 같은 황인종도 있고, 흑인종도 있고 백인종도 있고 또 다양한 혼혈 인종도 있지요. 이런 인종들은 각각의 특성의 지닌 그냥 각각의 인종들일 뿐이에요. 어떤 인종이 어떤 인종과 더 가깝다고 할 만한, 혹은 특별히 어떤 인종을 다른 어떤 인종과 묶어 낼 만한 객관적인 기준 같은 건 존재하지 않습니다. 그런데 우리는 현재 이 다양한 인종들을 두 가지로 대별하는 범주를 사용하고 있습니다. 그게 뭘까요? 바로 '유색 인종'이라는 범주입니다. 앞서 언급했던 개그맨의 어법을 빌리자면, 세상에는 두 가지 종류의 인간, 즉 유색 인종이라는 인간과 백인종이라는 인간이 존재하는 것입니다. 이 유색 인종이라는 범주가 예전부터 있었을까요? 아마 그렇지는 않았을 거예요.

유색 인종이라는 범주는 여타 인종들에 대한 백인종의 식민 지배 체제가 확립되면서 만들어진 것입니다. 앞으로는 어떻게 될지 모르겠지만, 아직까지 지구상에서 가장 많은 권력을 가진 인종은 백인종이고, 이 세계는 백인종을 중심으로 돌아가고 있어요. 이렇듯 백인종이 중심인 사회에서, 스스로가 세상의 '기준'이라고 여기는 백인들이, 자신들을 제외한 나머지 인종들을 그냥 하나로 묶어 버린 것, 그게 바로 유색 인종이라는 범주입니다. 역사에 가정은 없다고 하지만, 만일 흑인종이 이 세상에서 가장 많은 권력을 가지고 있었다면 유색 인종이라는 범주는 결코 만들어지지 않았을 겁니다. 어쩌면 흑인종을 빼고 나머지 인종들을 하나로 묶는 범주, 이를테면 '희끄무레한 인종'이나 '희멀건 인종'이라는 범주가 존재했을 수는 있겠지요.

아주 똑같다고 할 수는 없지만, 장애인이라는 범주 역시 이 유색 인종이라는 범주와 유사한 맥락과 함의를 지닙니다. 현재 우리 사회에서 권력을 쥐고 있는 것은 소위 '정상적인normal' 신체를 지녔다고 간주되는 사람들이고, 세상은 그런 사람들을 '기준norm'으로 설계되고 구축되고 또 굴러가고 있으니까요. 우리가 의식하지 못하고 있을 뿐 일상적으로 자연스럽게 사용되는 장애인이라는 범주 자체에 일정한 권력관계가 내재되어 있어요. 우리는 이런 지점 또한 성찰해 볼 필요가 있습니다.

장애에 대한 주류 사회의 정의

앞서 이야기했듯이 장애인이라는 범주 자체가 형성된 게 그리 오래된 일이 아니기 때문에, 장애가 무엇이고 누가 장애인인지를 우리 사회가 명확히 규정한 것은 그보다도 훨씬 더 늦은 상당히 최근의 일입니다. 현대 사회는 소위 법치 사회이기 때문에 한 사회에서 사용되는 공식적인 용어의 대부분은 법적 용어라 할 수 있어요. 1970년대까지만 해도 우리나라의 법률에서는 '장애'보다 '불구不具'나 더 이상 고칠 수 없는 병이라는 뜻의 '폐질廢疾'이라는 용어가 훨씬 더 일반적으로 쓰였습니다. 장애인에 대한 정의가 최초로 이루어진 법률은 1981년 제정된 〈심신장애자복지법〉(현 〈장애인복지법〉)입니다.

사실 장애 관련 법률이라고 하는 것들 중 〈심신장애자복지법〉보다 먼저 만들어진 것이 있기는 합니다. 1977년 제정된 〈특수교육진흥법〉입니다. 이 법은 '심신장애자'라는 용어를 사용하면서도 '제2조 (용어의 정의)'에서 이를 정의해 주고 있지 않습니다. 왜 그랬을까요? 당시까지만 해도 국제적으로 합의된 장애의 정의가 존재하지 않았기 때문입니다. 1980년에 세계보건기구World Health Organization, WHO가 발표한 '국제 손상·장애·핸디캡 분류International Classification of Impairments, Disabilities and Handicaps,

ICIDH'가 장애에 대한 최초의 국제적 정의이자, 구체적으로 무엇이 장애이며 누가 장애인인지를 명시한 기준이라고 할 수 있습니다.

ICIDH에 따르면, 장애란 신체적인 것이든 정신적인 것이든, 어떤 사람의 몸에 손상impairment이라고 간주될 만한 이상異常이 존재하는 것을 말합니다. 그렇게 어떤 사람의 몸에 손상이 존재하게 되면, 그 사람은 손상으로 인해 무언가를 할 수 없는 상태disability에 빠지게 됩니다. 그리고 다른 사람은 할 수 있는 것을 할 수 없게 되기 때문에 결국 사회적으로 불리한 처지handicap에 놓이게 되지요. 즉 장애란 '손상→장애→사회적 불리'라는 3단계 인과 도식을 통해 규정됩니다. 장애에 대한 이런 정의는 대부분의 사람들로 하여금 고개를 끄덕이게 할 만한 것입니다. 막연하게 생각하고 있던 장애를 간결하면서도 논리적으로 깔끔하게 잘 정리해 주고 있다는 느낌도 들고요. 실제로 ICIDH가 발표된 이후 한국을 포함한 세계 각국의 장애 관련 법률들은 거의 대부분 이를 바탕으로 장애를 정의하고 있습니다.

이 ICIDH는 국제기구에서 만든 것이다 보니 당연히 영어로 발표가 되었을 테고, 영어권 국가의 장애인들이 먼저 그 내용을 봤겠지요. 1980년 당시 우리나라에는 아직 장애인운동이라고 할 만한 것이 형성되어 있지 않았지만, 유럽이나 북미에서는 68혁명[1] 이후 소위 신사회운동new social movement의 영향을 받아 이미 장애인 대중 운동이 활성화되어 있었습니다. 그런데

---

1) 68혁명은 1968년 5월 프랑스에서 학생과 노동자들이 일으킨 사회 변혁 운동으로 이후 프랑스뿐만 아니라 독일, 미국, 일본 등 국제적으로 확산되었다.

그쪽 동네의 장애인들도 처음 ICIDH를 접했을 때는 그게 크게 틀린 얘기라고 생각하지 않았습니다. 그런데 우리가 어떤 사람의 얘기를 듣다 보면, 맞는 말인 것 같은데 기분이 좀 이상하고 찝찝한 느낌이 들 때가 있잖아요. 왠지 약장수한테 속는 것 같기도 하고요. 처음 WHO의 장애 정의를 접한 그쪽 동네 장애인들의 기분이 딱 그랬던 거예요. 그래서 이 ICIDH를 놓고 본격적으로 고심을 하게 됩니다. 서너 명이 모여서 토론을 하고, 열댓 명이 모여서 세미나도 하고, 또 많은 사람들을 모아 놓고 공청회도 열고요. 여기서는 ICIDH의 내용을 핵심만 간단히 설명했는데, 사실 이게 꽤 두툼한 책 한 권짜리 분량이거든요. 그렇게 한참을 지지고 볶다 보니까 어느 순간에 가서 이분들이 무릎을 탁 치며, '아, 그렇구나! 이게 되게 합리적이고 논리적인 것 같지만 일부러 어떤 얘기를 숨기고 있는 거구나. 언뜻 듣기에는 맞는 말 같지만 우리를 기만하고 있는 거구나!' 하는 지점을 발견하게 됩니다. 그렇다면 세계 각국의 장애 관련 법률에서도 채택하고 있는 WHO의 장애 정의가 도대체 무엇을 숨기고 있으며 왜 기만적이라는 걸까요?

손상 때문에 버스를 탈 수 없고, 의사소통할 수 없는 사람들?

'손상이라고 간주될 수 있는 것'이 다양하게 존재하지만, 우선 가시적으로 눈에 잘 띄는 신체적 손상부터 한번 얘기해 보겠습니다. 다리가 불편한 어떤 사람이 있습니다. 척수장애인이라면 척수에, 뇌병변장애인이라면 운동을 관장하는 뇌의 특정 부위에 손상을 지니고 있습니다. 그래서 휠체어를 이용할 수 있겠지요. 이들이 휠체어를 탄 채 일반 시내버스에 승차하기는 불가능합니다. 즉 '버스를 탈 수 없음'이라는 장애를 경험하게 됩니다. 그리고 ICIDH의 도식에 따르면 버스를 탈 수 없는 것은 그 사람의 몸에 존재하는 손상 때문입니다.

그런데요, 여전히 많지는 않지만 일반적인 시내버스와 조금 다르게 생긴 버스들이 돌아다닙니다. 바닥이 낮고 계단이 없으며 뒤쪽 문에서 경사로가 나오는 저상 버스가요. 그럼 앞서 언급한 것과 똑같은 손상을 지닌 사람 앞에 저상 버스가 서면 어떻게 되나요? 휠체어를 탄 채로 그냥 버스에 탈 수가 있어요. 그렇다면 한번 잘 생각해 봐요. 동일한 손상을 지닌 동일한 사람이, 버스를 타는 동일한 행위를, 어떤 경우에는 할 수 있고 어떤 경우에는 할 수 없습니다. 그렇다면 '버스를 탈 수 없음'의 원인이 그 사람의 몸에 존재하는 손상 때문이라고 얘기할 수 있나요? 아니죠, 그렇게 얘기할 수는 없어요. 원인이란 일정한 결과를 만들어 내는 요인이니까요. 손상이라는 요인은 그대로인데 어떤 경우에는 버스를 탈 수 있다면, 버스를 탈 수 없음의 원인은 그 사람의 몸이 아니라 바로 버스에 있는 거예요.

이번에는 감각적인 영역의 손상, 이를테면 청각에 손상을 지니고 있는 농인에 대해 얘기해 봅시다. 우리는 흔히 농인은 의사소통을 할 수 없다는 생각을 하고, 또 자연스럽게 그런 말을 하기도 합니다. 실제로 농인들은 일상생활에서 '의사소통할 수 없음'이라는 장애를 경험하는 경우가 많아요. 이런 경우도 ICIDH에 따르면 농인이 의사소통을 할 수 없는 것은 그 사람의 청각에 존재하는 손상 때문이지요.

하지만 다음과 같은 경우를 한번 생각해 봅시다. 제가 덕수궁 앞을 지나가고 있는데 저 앞쪽에서 어떤 외국인이, 이를테면 영국인이 저를 향해 뚜벅뚜벅 걸어옵니다. 저는 슬금슬금 피해 가려는데, 그 사람이 제 앞을 딱 가로막고 영어로 말을 거는 겁니다. 그러면 제가 어떻겠어요? 몹시 당황스럽겠죠. 중·고등학교 때 영어를 배우기는 했지만, 뭐 맨날 죽어라 단어만 외우고 문법만 공부했으니 일단 그 사람이 하는 말을 알아들을 수 없잖아요. 히어링은 되는데, 리스닝이 안 되는 겁니다. 더구나 그 사람이 하는 말 중에서 겨우 몇 단어를 알아듣고 더듬더듬 대답해 줘도 그 사람이 제 말을 알아듣지 못합니다. 왜? 발음이 너무 안 좋으니까요. 얼굴은 뻘게지고 식은땀이 나서 계속 끙끙대고 있는데, 순간 좀 억울하다는 생각이 드는 거예요. 내가 외국에 여행이나 출장을 간 것도 아니고 여긴 한국 땅인데, 내 홈그라운드인데, 왜 여기서 영어를 못한다고 내가 끙끙대야 하지? 이제 좀 마음이 안정되고 외국인 앞에서 당당해집니다. 그때부터는 그 영국인한테 그냥 한국어로 말을 합니다. "아니, 한국에 왔으면 한국어로 이야기를 좀 해 보세요. 무슨 말인지 알아들을 수가 없잖아요"라고 하면서 말이죠. 그럼 이렇게 한쪽은 영어로 말하고, 다른 한쪽은 한국어로 말하면 의사소통이 잘 되겠어요? 당연히 전혀 안 되겠죠. 아마 그 영국인은 저에게 질문하는 걸 포기하고 어깨를 한번 으쓱하고는 자기 갈 길을 갈 거예요. 그런데 여기서 중요한 게 있어요. 이런 경우 제가 멀어져 가는 영국인의 뒤통수를 바라보며 '아, 저 의사소통도 할 수 없는 사람' 하고 생각하지 않는다는 거예요. 우리 둘이 의사소통을 할 수 없었어도 말이죠.

이번에는 그 영국인의 자리에 농인이 있다고 가정해 봅시다. 그렇게 농인과 제가 있을 경우, 저 같은 청인聽人은 일반적으로 어떻게 의사소통을 시도하나요? 입으로, 음성 언어로 하겠죠. 농인은 어떻게 의사소통을 시도할까요? 손으로, 수화 언어(수어)로[2] 할 거예요. 이렇게 한쪽은 음성 언어로, 다른 한쪽은 수어로 의사소통을 시도하면 둘은 의사소통이 될까요? 당연히 잘 안 될 겁니다.

그렇다면 저와 농인이 의사소통이 안 되는 거나, 앞서 저와 영국인이 의사소통이 안 되는 거나 매일반 아닌가요? 이걸 매일반이라고 할 수밖에 없는 게, 여기서 의사소통이 안 되는 건 두 경우 모두 각자 자신의 모국어를 사용하기 때문이잖아요. 전자의 경우 한국인의 모국어는 한국어, 영국인의 모국어는 영어인 것처럼, 후자의 경우도 청인의 모국어는 음성 언어, 농인의 모국어는 수화 언어니까요. 그런데 왜 똑같이 의사소통이 안 되는 상황을 두고 사람들은 후자의 경우에만 '농인은 의사소통을 할 수 없다'고 말하는 걸까요? 이 말 자체에 이미 어폐가 있어요. 그리고 무의식중에 그런 식으로 생각하고 말하게 되는 건, 앞서 이야기한 것처럼 우리가 비장애인(청인) 중심으로 굴러가는 세상에 살고 있기 때문이에요.

한발 더 나아가 생각해 보면, 한국인과 영국인 둘이 있을 때, 이 둘

---

2) 농인들이 사용하는 손짓말sign language은 통상 '수화'라고 지칭되었으나, 2016년 〈한국수화언어법〉이 제정되면서 '수화 언어'(약칭 수어)가 공식적인 명칭이 되었다.

은 언제나 의사소통이 안 되나요? 그렇지는 않습니다. 세련되게 의사소통을 할 수도 있습니다. 가장 쉽게 생각할 수 있는 건 보디랭귀지body language를 사용하는 것일 텐데요. 이건 제가 '세련되게'라는 단서를 달았으니 제외할게요. 어떻게 하면 둘이 의사소통을 잘 할 수 있을까요?

첫 번째는 배울 수 있는 쪽이 다른 쪽의 언어를 배우면 되겠지요. 예컨대 한국 사람이 영어를 열심히 익히면 둘은 의사소통이 잘 될 겁니다. 그런데 모든 한국인이 영어를 잘할 수도 없고, 또 잘할 필요도 없습니다. 그리고 한국인이 굳이 영어를 배우지 않아도, 혹은 영국인이 한국어를 배우지 않아도 둘이 의사소통을 할 수 있는 방법이 있습니다. 어떻게 하면 되지요? 둘 사이에 통역이 들어오면 됩니다. 예컨대 우리나라의 높으신 양반들이 외국에 나가서 업무도 보고 회의도 하고 할 때, 그 사람들이 다 외국어를 잘해서 의사소통에 지장이 없는 게 아니잖아요. 그 양반들에게는 필요할 때 언제나 통역 서비스가 착착 제공되니까 의사소통에서 '장애'를 경험할 일이 없는 거죠.

이는 청인과 농인의 경우에도 마찬가지입니다. 청인과 농인도 언제나 의사소통이 안 되는 게 아니에요. 청인이 수어를 배워서 능숙하게 할 줄 알게 되면 청인과 농인은 의사소통이 잘 될 겁니다. 하지만 모든 청인이 다 수어를 잘 할 수는 없어요. 모든 언어가 그렇듯, 수어를 어느 정도 배운다고 하더라도 일상에서 적극적으로 사용하지 않으면 수어로 대화를 하기는 쉽지 않습니다. 그러나 청인이 수어를 못 하더라도 둘 사이에 수어 통역 서비스가 제공된다면 의사소통이 안 될 리 없겠지요. 그렇다면 또 한 번 잘 생각해 봅시다. 농인이 청각에 손상을 지니고 있다는 사실은 변함이 없는데, 이렇게 의사소통이 잘 될 때도 있고 안 될 때도 있다면 의사소통이 안 되는 것이 농인의 몸에 존재하는 손상 때문이라고 이야기할 수 있나요? 그렇게 얘기할 수는 없어요. 청각의 손상이 원인이라면, 그런 손상이 존재하는 모든 경우에 의사소통이 불가능해야 하는데 그렇지 않으니까요. 더군나 청각에 손상이 있는 사람과 청각에 손상이 있는 사람, 즉 농인과 농인은 매우 원활히 의사소통을 할 수 있으니까요.

이는 맹인의 경우도 마찬가지입니다. 사람들은 흔히 맹인이 책을 읽을 수 없다고 생각하고 무의식적으로 그렇게 말하기도 합니다. ICIDH에 따르면 그들이 '책을 읽을 수 없음'이라는 장애를 경험하는 건 시각에 존재하는 손상 때문입니다. 하지만 그건 정확히 비장애인(비맹인) 중심적인 사고일 뿐이에요. 그들은 묵자墨字로 된 책을 읽을 수 없을 뿐, 점자點字로 된 책은 얼마든지 읽을 수 있으니까요. 즉 맹인의 눈에 손상이 있다는 사실은 변함이 없지만, 제공되는 책의 형식에 따라 그들이 책을 읽을 수 있는 경우도 있고 읽을 수 없는 경우도 있어요. 그렇다면 책을 읽을 수 없는 것이 그들의 시각에 존재하는 손상 때문이라고는 얘기할 수 없는 거예요.

그들은 슈퍼 장애인이어서 자립하는 것이 아니다

신체적 손상도 얘기했고 감각적 손상도 다루었으니, 이번에는 인지적 영역에 손상이 있다고 간주되는 사람들인 발달장애인(지적장애인과 자폐성장애인)에 대해 이야기해 보겠습니다. 우리나라에서 장애인에게 제공되는 사회 서비스 중 그 규모가 가장 큰 것이 활동 보조 서비스 또는 활동 지원 서비스라고 불리는 것입니다. 이 서비스가 전국적으로 처음 시행된 게 2007년이에요. 2005년 말 경남 함안에서 한 중증 장애인이 보일러관이 동파되어 흘러나온 물을 피하지 못한 채 동사한 사건이 계기가 되었습니다. 이후 활동 보조 서비스 제도화 투쟁이 본격화되었고, 2006년 내내 각 지역에서 치열한 투쟁이 전개됩니다. 거리와 지하철역에서 서명을 받고 서울시청 앞에서 노숙 농성을 하는 등 수없이 집회를 열고 집단 삭발도 했습니다. 그렇게 아무리 외쳐 대도 정부는 꿈쩍도 하지 않았어요. 중증 장애인들이 휠체어에서 내려와 한강대교를 6시간 넘게 기어 건너는 투쟁을 한 끝에 서울시를 상대로 처음으로 활동 보조 서비스의 제도화 약속을 받아 냈습니다. 그 후 대구, 인천, 충북, 울산, 경기 등 각 지방자치단체에서도 활동 보조 서비스가 제도화되었죠. 그제야 중앙 정부도 어쩔 수 없이 활동 보조 서비스의 전국적인 시행을 결정하기에 이릅니다.

그런데 2006년 하반기에 보건복지부가 활동 보조 서비스 제공 계획안을 처음 발표했을 때 문제가 생겼습니다. 그 계획안에는 발달장애인들이 서비스 제공 대상에서 빠져 있었습니다. 죽어라 투쟁해서 겨우 서비스 제도화를 이루어 낸 장애인들은 그 사실을 알고 크게 분노해서 바로 보건복지부로 항의 방문을 갔습니다. 그런데 당시 보건복지부 관료들은 조금

어이가 없다는 표정을 지으며 이런 식으로 이야기를 하더라고요. "아니, 당신들이 활동 보조 서비스는 장애인들의 자립을 위해서 필요한 서비스라고 이야기하지 않았느냐,[3] 발달장애인은 인지적 손상으로 인해 자립할 수 없는 사람들인데 왜 그런 사람들에게 자립을 위한 서비스를 제공하라는 것이냐, 서비스의 취지나 목적과 맞지 않는 것 아니냐?"라고요. 장애인들은 그렇지 않다며 나름 조곤조곤 설명했지만 도저히 말이 통하지 않자 바로 점거 농성에 들어가겠다며 으름장을 놨어요. 이런 우여곡절을 거쳐 발달장애인도 서비스 제공 대상에 포함되었습니다.

당시 보건복지부가 폈던 논리에는 그 나름의 '현상적인' 근거가 있었습니다. 우리나라의 장애 인구 중 발달장애인이 차지하는 비중은 그리 높지 않습니다. 전체 등록 장애인 중 약 8% 정도가 발달장애인이라고 보면 됩니다. 그런데 장애인이 수용되어 있는 시설에 가 보면 생활인의 80% 이상이 발달장애인입니다. 장애 인구의 8%에 불과한 발달장애인이 시설 거주인의 80%를 차지한다는 건, 그들 중 대다수가 자립하지 못하고 있는 현실을 상징적으로 보여 줍니다. 그런데 요즘 제 주변의 동료 활동가들이 외국에 연수 비슷할 걸 다녀와서 하는 이야기를 들어 보면 우리 상황과는 많이 달랐습니다. 북유럽의 복지 국가들과 미국, 호주, 독일, 영국 등에서는 발달장애인들이 한국처럼 시설에 수용되어 있는 게 아니라 대

---

3) 활동 보조 서비스는 우리나라에 장애인 자립생활운동Independent Living Movement이 확산되면서 중증 장애인들이 요구한 서비스 중 하나였다.

부분 자립해 지역 사회에 통합된 채 살아가고 있다는 거예요. 특히, 문헌을 통해 확인해 본 노르웨이의 사례는 무척 놀라웠습니다. 서구의 다른 국가들과 비슷하게 노르웨이에서도 1970년대부터 탈시설운동이 활발하게 진행되었어요. 이 운동의 영향을 받아 1985년 발간된 노르웨이 정부 공식위원회 보고서 〈발달장애인의 생활 여건〉은 '시설에서 발달장애인이 처해 있는 생활 여건은 인간적으로나 사회적으로나 문화적으로 용납될 수 없다'고, '그러한 상황은 활동의 재조직화나 자원 공급의 증가에 의해 실질적으로 변화될 수 없다'고 결론 내립니다. 그리고 이 보고서의 내용과 입장에 따라 노르웨이에서는 1988년 6월에 시설 체제의 전면적인 개혁을 위한 입법 조치, 일명 '시설해체법'이 시행됩니다.

그 법은 발달장애인의 신규 시설 입소는 1991년 1월 1일을 기점으로 종료되고, 기존의 시설 생활인들도 1995년 12월 31일까지 모두 지역 사회에 있는 자신의 주거 공간에서 거주해야 하며, 그 비용은 모두 중앙 정부가 각 자치구에 지원해야 한다고 명시했습니다. 시설에서 나온 발달장애인에게는 국가주거은행의 규정에 따라 그룹홈group home이든 개별 주택 형태이든 개인당 50㎡(약 17평) 이상의 독립적인 주거 공간을 보장해주었어요. 현재 노르웨이에서는 〈사회보장법〉에 따라 26세 이전에 장애를 갖게 된 사람들 — 발달장애인은 그 정의상 모두 여기에 포함됨 — 의 경우 연간 최소 17만 3,500크로네(한화 약 2,400만 원) 이상의 장애 급여를 보장받고, 〈사회서비스법〉에 의거해 시간 제한 없이 필요한 만큼 활동 보조 서비스를 제공받고 있다고 합니다. 그래서 노르웨이의 발달장애인은 대부분 지역 사회에서 자립해 살아가고 있다고 해요. 노르웨이의 이웃 국가인 스웨덴에서도 1990년부터 본격적인 탈시설 작업이 시작되었어요. 1997년 10월 제정된 〈특수병원 및 거주시설 폐쇄법〉에 따라 1999년 12월 31일까지 모든 장애인 시설이 폐쇄됐어요. 이후 이루어진 실태 조사 결과에서는 시설에서 나온 발달장애인의 80%가 탈시설 이후의 생활에 만족하는 것으로 나타났고요.

그럼 또 한 번 잘 생각해 봅시다. 우리 동네에도 발달장애인이 있고 그쪽 동네에도 발달장애인이 있어요. 그런데 우리 동네 발달장애인은 자립할 수 없고, 그쪽 동네 발달장애인은 자립을 했습니다. 이게 우리 동네 발달장애인과 그쪽 동네 발달장애인이 인지적인 영역에서의 손상에 어떤 특별한 차이가 있어서 그런 걸까요? 우리 동네 발달장애인들은 평범한 발달장애인이어서 자립하지 못하고, 그쪽 동네 발달장애인들은 모두 슈퍼 울트라 발달장애인이어서 자립하는 걸까요? 그렇지는 않겠죠. 인지적 영역에서의 손상이라는 것만 놓고 보면 양쪽 동네 발달장애인들이 대동소이할 겁니다. 그런데 비슷한 손상을 지니고 있는 발달장애인들이 A라는 동네에서는 자립할 수 있고 B라는 동네에서는 자립할 수 없다면, 발달장애인들이 '자립할 수 없음'이라는 장애를 경험하는 원인이 그들의 인지적 손상이라고 말할 수 있나요? ICIDH에 따르면 그런 식으로 정당화되겠지만, 그게 말이 되지 않는다는 걸 우리는 이제 알고 있잖아요. 그게 원인이라면 B라는 동네뿐만 아니라 A라는 동네의 발달장애인도 자립할 수 없어야 하니까요.

특정한 관계 속에서만 손상은 장애가 된다

이제 정리해 봅시다. 일정한 손상을 지닌 사람들은 '버스를 탈 수 없음', '의사소통할 수 없음', '책을 읽을 수 없음', '자립할 수 없음'이라는 장애를 경험할 수 있습니다. 그러나 앞서 설명한 것처럼, '무언가 할 수 없음'의 원인이 그들의 몸에 있는 손상이라고는 결코 말할 수 없습니다. 그렇게 말하는 것은 기만입니다. 그렇다면 그들이 무언가를 할 수 없게 되는 원인은 무엇일까요?

20세기의 위대한 사상가 중 한 명인 칼 마르크스는 다음과 같은 말을 했습니다. "흑인은 흑인일 뿐이다. 특정한 관계 속에서만 흑인은 노예가 된다." 마찬가지로 우리는 이렇게 이야기할 수 있습니다. "손상은 손상일 뿐이다. 특정한 관계 속에서만 손상은 장애가 된다." 그리고 여기서의 특정한 관계란 바로 '차별적'이고 '억압적'인 관계를 말합니다. 즉 검은 피부를 지닌 사람들이 노예가 되는 원인이 검은 피부가 아니라 차별과 억압인 것처럼, 일정한 손상을 지닌 사람들이 무언가를 할 수 없게 되는 원인도 손상이 아니라 바로 차별과 억압이라고 할 수 있습니다. 이런 맥락에서 장애인은 "장애인이기 때문에 차별받는 것이 아니라, 차별받기 때문에 장애인이 된다"라고 말할 수 있습니다. 손상을 지닌 무능력한 사람이어서 차별받는 것이 아니라, 차별받기 때문에 무언가를 할 수 없는 사람이 되는 것입니다.

ICIDH의 3단계 도식에 따르면, 장애 문제를 해결하는 방법, 즉 어떤 장애인을 사회적 불리함으로부터 벗어나게 하는 방법은 손상을 뜯어고치는 것밖에 없습니다. 왜냐하면 사회적 불리함을 발생시키는 장애의 원인을 궁극적으로 장애인의 몸에 존재하는 손상으로 보니까요. 문제 해결의 답은 그 원인에서 찾을 수밖에 없으니까요. 이것이 바로 장애학disability studies에서 비판하는 의료적 장애 모델medical model of disability입니다. 그러나 '손상 ― [차별과 억압] → 장애'의 도식에서 장애의 원인은 기본적으로 사회적 차별과 억압에 있습니다. 따라서 장애 문제를 해결하는 방법도 차별과 억압을 변화시키는 방향으로 나아가야 찾을 수 있습니다. 이것이 바로 장애해방운동이 가능해지는 출발점이고, 사회적 장애 모델social model of disability의 핵심이라고 할 수 있습니다.

여러분은 제 이야기가 조금 허무맹랑하게 느껴지나요? 아니면 맞는 말인 것 같은데 왠지 약장수한테 속는 기분인가요? 충분히 그럴 수 있습니다. 실제로 1980년대에 장애인들이 이런 주장을 전개하자 당시 서구의 주류 사회도 '빅 아이디어big idea'로 치부했습니다. 저는 처음에 빅 아이디어라고 해서 좋은 말인 줄로만 알았습니다. '큰 생각'이나 '담대한 발상', 뭐 이런 의미로 해석했으니까요. 그런데 빅 아이디어가 문어文語에서는 그와 같은 긍정적 의미로 쓰이기도 하지만, 일상 회화에서는 '어리석고 터무니없는 생각'이라는 뜻이더라고요. 한마디로 당시 장애인들의 주장을 비꼬고 조롱했던 거예요.

하지만 손상이 장애의 원인이 아니라는 주장은 사실 그다지 새로운 논리를 전개하고 있는 것이 아니에요. 예컨대 우리는 성차별의 문제를 다루는 데 있어 기본적으로 섹스sex와 젠더gender를 구분해요. 우리나라 말로는 둘 다 그냥 '성'이라고 번역할 수 있지만 둘은 차원이 달라요. 섹스가 어떤 염색체를 지니고 있으며 어떤 성기를 지니고 있는가에 따라 구별되는 생물학적 차원의 성이라면, 젠더는 사회적 차원의 성이잖아요. 쉽게 얘기하자면, '여자아이는 빨간색을 좋아하고 남자아이는 파란색을 좋아한다', '여자는 다소곳하고 얌전하며 남자는 씩씩하고 용감하다', '여자는 집안일을 잘해야 하고 남자는 밖에 나가서 돈을 잘 벌어야 한다'는 식의 성적 구별이 바로 젠더라고 할 수 있어요. 그런데 후자의 젠더가 발현되는 게 전자의 섹스 때문인가요? 그러니까 어떤 여자아이가 빨간색을 좋아하고 얌전하다면, 혹은 어떤 남자아이가 파란색을 좋아하고 개구쟁이라면, 어떤 엄마는 전업주부고 어떤 아빠는 회사를 다니며 돈을 번다면, 그게 염색체 때문이고 그렇게 타고난 건가요? 전혀 그렇지 않아요. 젠더라고 하는 것은 사회적인 억압과 차별적인 문화에 의해 그렇게 만들어지는 거예요. '여성은 태어나는 것이 아니라 만들어지는 것'이라는 여성학의 고전적 명제는 바로 이 지점을 이야기하는 것이고요.

따라서 손상은 장애의 원인이 아니라는 장애인들의 주장이 빅 아이디어라면, 방금 언급한 섹스가 젠더의 원인이 아니라는 상식도 빅 아이디어일 수밖에 없습니다. 왜냐하면 둘은 결국 같은 이야기를 하고 있으니까요. 요컨대 검은 피부, 손상, 섹스 등 생물학적 차원의 속성과 노예, 장애, 젠더 등 사회·문화적 차원의 구성물은 결코 인과 관계로 연결될 수 없어요. 마찬가지로 사회적 장애 모델은 손상과 장애의 관계를 이런 일반성 안에서 설명하고 있을 뿐, 긍정적인 의미에서든 부정적인 의미에서든 어떤 새로운 빅 아이디어는 아니라는 거예요. 여성에 대한 차별이 더 노골적이고 극심했던 과거에는 여자란 원래 그렇게 타고난 것이라 치부되고 생물학적으로 정당화되기도 했어요. 지금은 어디 가서 그런 소리를 하면 무식한 마초에 성차별주의자라고 지탄받을 거예요. 그럼에도 지금까지 설명한 손상과 장애의 관계가 빅 아이디어로 여겨진다면, 이는 역설적으로 우리 사회에서 장애차별주의적인 사고와 문화가 얼마나 만연해 있는지를 드러내는 증거라고 할 수 있어요.

장애 문제는 왜 우리 모두의 문제일까?

장애가 지닌 사회적 성격을 드러내려는 이유는 결국 장애 문제가 장애인만의 문제가 아니라 우리 사회의 문제이며, 곧 우리 모두의 문제임을 이야기하기 위해서입니다. 장애 문제를 우리 모두의 문제로 받아들이기 위해서는 그 나름의 명확한 근거를 다시 한 번 정리해 둘 필요가 있습니다. 그래야 그 명제가 그저 도덕 교과서에 나오는 좋은 말로 치부되는 것이 아니라 우리의 일상적 실천 속에 뿌리내릴 수 있을 테니까요.

장애가 장애인과 비장애인의 경계를 가로지르는 문제임을 설명하기 위해 장애계를 포함한 시민 사회나 언론 등에서 가장 일반적으로 제시하고 있는 근거는 다음 두 가지라고 할 수 있습니다. 첫 번째는 '장애인에게 좋은 것은 비장애인에게도 좋다'는 것입니다. 예컨대, 이제는 거의 모든 지하철 역사에 승강기가 설치되어 있는데 사실 그 승강기는 장애인들이 요구하고 투쟁해서 만든 것입니다. 장애인의 '이동권'을 보장하라고요. 그걸 만들기 위해 장애인들은 지하철 선로를 몇 번씩이나 점거하고 단식도 해야만 했습니다. 장애인들이 뼈 빠지게 고생해서 만든 건데 막상 만들어 놓고 나니까 장애인들에게만 좋은 건 아니더라는 얘기예요. 연세 많은 어르신들한테도 좋고, 어린아이들한테도 좋고, 임산부에게도 좋고, 유모차를 끌고 나온 엄마나 아빠들한테도 좋고, 건장한 젊은이들도 무거운 짐이 있을 때는 가끔 이용할 수도 있고요. 이렇게 장애인을 위한 시설을 만들면 비장애인에게도 좋을 수 있다는 생각이 확장되어 소위 유니버설 디자인universal design 운동으로 이어지게 됩니다. 유니버설 디자인 운동의 또 다른 표현 내지 슬로건은 '모두를 위한 디자인design for all'이에요. 꼭 장애인만 아니라 누구 하나 소외됨 없이 모두가 자유롭고 안전하게 사용할 수 있도록 설계하고 만들자는 것이지요.

저상 버스가 처음 도입되던 2005년, 그리고 2014년에 다시 한 번 정부는 비용 절감을 위해 꼼수를 부렸습니다. 계단이 없는 논스텝 버스Non-step bus와 함께 계단이 하나 있는 원스텝 버스One-step bus도 저상 버스에 포함시켜 도입하려고 했습니다. 사실 원스텝 버스에도 휠체어 리프트나 경사로가 장착되기 때문에 휠체어 이용 장애인이 탑승하는 데 크게 무리가 없습니다. 그러나 장애계가 이런 원스텝 버스의 도입을 강력하게 반대하여 저지시킨 핵심적인 이유가 바로 유니버설 디자인의 흐름에 어긋

난다는 것이었습니다. 원스텝 버스는 노인, 어린이, 임산부, 영유아를 동반하거나 유모차를 끌고 나온 사람 등 여타의 교통 약자에게는 계단으로 인한 불편함을 초래할 수밖에 없으니까요. 결국 장애 문제란 모두의 이익과 관련된 보편적인 문제에 해당한다는 것이 첫 번째 근거의 핵심이라고 할 수 있습니다.

장애 문제가 장애인만의 문제가 아니라는 두 번째 근거는 '당신이 지금은 비장애인이지만 살아가다 보면 언제든 장애인이 될 수 있다'는 것입니다. 실제로 우리나라의 등록 장애인 10명 중 9명은 태어날 때부터 장애인은 아니었습니다. 비장애인으로 태어나 삶의 어떤 시점에 사고나 질병 등의 이유로 장애를 갖게 된 후천적 장애인입니다. 이 비율은 다른 나라들도 대략 비슷한 수치를 보입니다. 더구나 한국도 이미 고령화 사회로 접어들었기 때문에, 후천적 장애인의 비율은 점차 더 높아지게 될 것입니다. 어떤 보험 광고를 보니까 이제는 무병장수無病長壽 시대가 아니라 유병장수有病長壽 시대라고 하더군요. 수명이 늘어난 만큼 삶의 일정 시기부터는 신체적으로든 정신적으로든 어떤 손상이나 기능상의 제약을 안고 살아갈 수밖에 없다는 것이지요. 결국 이 두 번째 근거는 우리 모두가 '예비 장애인the potentially disable-bodied' 혹은 '일시적 비장애인the temporarily able-bodied, TAB'임을 상기시키며 장애 문제가 보편성을 지닌다는 점을 강조하고 있습니다. 이런 이야기를 들으면 여러분도 아마 고개가 끄덕여질 겁니다. 맞는 얘기니까요. 저도 이 두 가지 근거가 타당하다고 생각합니다. 하지만 이것이 장애 문제를 우리 모두의 문제로 받아들여야 하는 근본적인 지점인지에 대해서는 조금 고민이 듭니다.

인간 사회에 차별받는 소수자가 장애인만 있는 것은 아닙니다. 예전보다 많이 나아졌다고는 하지만 여전히 여성은 남성에 비해 차별받는 소수자입니다. 특히 한국의 경우 젠더 평등은 아직 먼 나라의 이야기예요. 세계경제포럼World Economic Forum, WEF이 2017년 발표한 젠더격차지수 Gender Gap Index, GGI에 따르면, 한국은 전 세계 144개국 중 118등을 했으니까요. 그리고 이성애 중심주의가 너무나도 강력한 우리나라에서 동성애자는 이성애자에 비해 엄청난 차별을 감수해야만 하는 소수자입니다. 학생인권조례나 차별금지법 제정과 관련해서도 한국의 보수 세력이 가장 비이성적으로 집착하며 문제 삼았던 것이 바로 동성애 이슈였고요.

따라서 장애 문제가 장애인만이 아니라 비장애인을 포함한 우리 모두의 문제로 받아들여져야 할 근거와 논리가 '장애인에게 좋은 것은 비장애인에게도 좋다', '비장애인도 언제든지 장애인이 될 수 있다'는 것뿐이라면, 다른 소수자들의 문제는 조금 애매해집니다. 예컨대 여성 문제의 경우, 여성들에게 좋은 것이 남성들에게도 좋다는 얘기는 그다지 설득력도 없고 실제로 잘 먹혀들지도 않습니다. 남성들도 언제든지 여성이 될 수 있다? 이건 아예 말이 안 되고요. 흑인들이 백인들한테 "야, 너희들도 살다 보면 흑인이 되는 수가 있어"라고 얘기하면서 흑인 차별 문제의 해결에 동참하라고 압박할 수는 없는 노릇이잖아요. 그렇다면 여성에게 좋은 것은 남성에게도 좋다고 할 수 없으니까, 또 남성은 여성이 될 리가 없으니까, 여성 문제는 여성과 남성을 포함한 우리 모두의 문제가 아닌 여성만의 문제인가요? 백인 또한 흑인이 될 리가 없으니 흑인 차별 문제는 그냥 흑인만의 문제인 걸까요?

장애 문제는 장애인과 비장애인 간 관계의 문제

곰곰이 궁리하다 보니, 저는 '여성 문제'라는 말이 무언가의 줄임말이라는 생각에 이르게 되었습니다. 그러니까 '남성과 여성 간 관계의 문제'를 줄여서 여성 문제라고 부르는 것이라고 이해하게 됐어요. 여성 문제가 여성에게 뭔가 문제가 있다는 의미에서 '여성의 문제'는 아니잖아요. 여기서 핵심적인 중요성을 갖는 것은 바로 '관계'라는 단어예요. 관계에는 언제나 양방이 존재합니다. 여성 문제의 한편에 여성이 있다면, 다른 한편에는 남성이 있습니다. 우리는 보통 여성 문제가 해결되려면 누가 바뀌어야 한다고 얘기하나요? 남성이 바뀌어야 한다고 얘기하곤 해요. 물론 여성 문제가 해결되려면 여성도 바뀌어야 하겠죠. 더 단결도 잘하고 권리 의식도 높아지고 그렇게 바뀌어야 할 겁니다. 그러나 남성이 바뀌지 않으면 여성 문제는 해결되지 않습니다. 이건 무얼 의미하나요? 남성이 여성 문제와 무관한 존재가 아니라는 거예요. 만일 남성이 여성 문제와 무관한 존재라면 남성이 바뀌든 말든 아무 상관이 없을 테니까요. 이처럼 여성 문제가 남성과 여성을 포함한 우리 모두의 문제인 것은 남성이 여성 문제의 한 축이기 때문이며, 여성 문제의 해결과 직접적으로 연관되어 있는 존재이기 때문입니다.

마찬가지로 장애 문제도 장애인에게 무언가 문제가 있다는 의미에서의 '장애인의 문제'가 아닙니다. (물론 ICIDH에 따르면 '장애 문제 = 장애인의 문제'로 이해될 수밖에 없습니다. ICIDH에서는 장애인의 몸에 존재하는 손상을 근본적인 문제로 보니까요.) 장애 문제 역시 '장애인과 비장애인 간 관계의 문제'입니다. 그래서 장애 문제의 한쪽에 장애인이 있다면 다른 한쪽에는 비장애인이 있습니다. 장애 문제가 해결되려면 장애인이 더 단결하고 그들의 권리 의식도 더 높아져야 하겠지만, 동시에 비장애인이 바뀌고 비장애인 중심의 사회가 바뀌어야 합니다. 그래서 비장애인은 결코 장애 문제와 무관한 존재일 수가 없습니다. 즉 장애 문제가 장애인과 비장애인을 포함한 우리 모두의 문제인 것은 단지 장애인이 좋으면 비장애인도 좋고, 비장애인도 언제든지 장애인이 될 수 있기 때문만은 아닙니다. 더 근본적으로는 비장애인이 장애 문제의 한 축을 이루고 있기 때문이며, 장애 문제의 해결과 직접적으로 연관되어 있는 존재이기 때문입니다. 비장애 남성인 제가 저를 장애 문제나 여성 문제와 무관하지 않은 존재라고 여기는 것은 바로 이런 이유 때문이에요. 이러한 이해를 지닐 때만이 우리 사회는 장애인을 타자화하지 않을 수 있습니다. 나아가 장애 문제 해결을 위해 그저 장애인을 돕는 차원에 머물지 않고, 문제 해결을 위한 공동의 책임과 역할을 주체적으로 찾아 나갈 수 있을 것입니다.

❓ 장애인을 위한 저상 버스가 운행되고 있는데도 장애인분들이 타고 다니는 걸 잘 본 적이 없습니다. 어떤 문제로 인해 장애인이 탑승 가능한 버스가 있는데도 불구하고 이를 이용하지 않는다고 보시나요?

여기에는 여러 요인이 있긴 할 텐데요, 가장 기본적인 문제는 전체 버스 중 저상 버스의 비율 자체가 너무 낮기 때문입니다. 얼른 이해가 되진 않을 거예요. 시내버스의 경우 2006년부터 시행된 〈교통약자의 이동편의 증진법〉에 저상 버스 도입 의무가 명시되긴 했지만, 도입 기준과 시기는 규정되지 않았습니다. 중앙 정부의 5개년 계획이 있고 지방자치단체에도 조례와 계획이 존재하지만, 중앙 정부와 어떤 지자체도 5개년 계획을 이행하지 않았어요.

애초 법 제정 이후 처음 마련된 '제1차 교통약자 이동편의 증진계획(2007~2011)'상으로는 2011년까지 전체 시내버스의 31.5%를 저상 버스로 교체해야 했지만, 실제 저상 버스 도입률은 그 절반에도 미치지 못하는 12%에 불과했습니다. 또한 '제2차 교통약자 이동편의 증진계획(2012~2016)'상으로는 2016년 말까지 41.5%를 저상 버스로 교체해야 했으나, 실제 저상 버스 도입률은 2020년인 현재에도 전국적으로 25% 정도에 불과한 수준이에요. 이렇게 가정을 해 봅시다. 현재 시내에 돌아다니는 버스 4대 중 3대가 어느 순간 갑자기 사라진다면, 비장애인인 여러분들은 자신이 가고자 하는 목적지까지 갈 때

버스를 이용할 엄두가 날까요? 아마도 대부분 지하철이나 택시 등 다른 교통 수단을 이용하게 될 겁니다.

지금이 장애인에게는 바로 그와 같은 상태인 거예요. 평균적으로 얘기하면 장애인은 비장애인보다 4배나 더 오랫동안 버스를 기다려야 해요. 더구나 저상 버스가 아예 다니지 않는 노선도 많아서 환승을 통해 목적지까지 가기도 어려워요. 비장애인들은 전에 없던 저상 버스가 다니니 우리 사회가 장애인을 배려한다고, 장애인들이 다니기에도 많이 좋아졌다고 생각합니다. 그러나 그건 정확히 비장애인 중심적인 배려와 시혜의 관점일 뿐이에요. 권리의 관점에서 본다면, 지금의 상황은 장애인에게 전혀 좋지 않습니다. 비장애인에 비해 여전히 4배나 차별받고 있는 것일 뿐이니까요.

그래서 실제로 유럽이나 미국, 캐나다, 호주 등의 주요 도시들에서는 시내버스의 대부분 혹은 100%를 저상 버스로 운행하는 사례가 많습니다. 저상 버스는 장애인만을 위한 것이 아니라 장애인, 노인, 아동, 임산부 등 전체 교통 약자가 보다 안전하고 편리하게 이용할 수 있는 교통 수단이기 때문입니다. 위험하고 불편한 계단 버스를 없애고 모든 버스를 저상 버스로 만드는 것이 매우 당연한 발전 방향입니다.

그리고 시내버스가 100% 저상 버스로 운행되기 위해서는 정부와 지자체의 임의적인 5개년 계획에 의존하는 것만으로는 부족합니다. 운행 연한(9년 +2년)을 채우고 대폐차되는 모든 시내버스를 저상 버스로 교체하도록 규정해야 합니다. 이것이 또한 현재 장애인 이동권 운동의 핵심적인 요구 사항이기도 하고요.

❷ 우리나라도 노르웨이나 스웨덴처럼 발달장애인이 탈시설을 할 수 있도록 하려면 우선적으로 실행되어야 할 것은 무엇이라고 생각하시나요?

발달장애인이 탈시설을 하고 자립하려면 지역 사회의 환경 변화가 수반되어야 합니다. 그 변화를 위해 필요한 기본적인 세 가지가 바로 강의 중에 이야기한 주거, 소득, 사회 서비스 문제이고요. 그런데 발달장애인의 자립과 관련해서 좀 더 긴급히 변화가 필요한 것은 특히나 사회 서비스 문제가 아닌가 싶습니다. 양적인 측면과 질적인 측면 모두 부족한 실정이에요.

장애인운동은 장애등급제를 장애인의 자립을 가로막는 적폐로 규정하고 오랫동안 농성을 진행해 왔습니다. 2012년 8월 21일부터 2017년 9월 5일까지 5년 넘게, 무려 1,842일 동안이나요. 그런 노력을 통해 마침내 2019년 하반기부터 장애등급제가 단계적 폐지의 수순에 들어가게 되었어요. 형식적으로는 의학적 기준에 의한 1급부터 6급까지의 등급이 사라졌고, 일상생활 영역에서 필요한 지원을 '장애인 서비스 지원 종합조사표'에 따라 제공받게 되었습니다.

장애등급제 폐지는 기본적으로 장애인의 필요needs와 사회적·환경적 특성에 따른 개인별 지원 체계의 구축을 위한 전제로 요구된 것이었어요. 등급제 폐지가 하나의 그릇(형식)이라면, 이 그릇에 담겨야 할 음식(내용)은 개인의 필요에 따른 서비스인 것이지요. 그런데 정부는 이렇게 등급제가 폐지되는 실질적 첫해인 2020년도 활동 지원 서비스 예산을 장애인 1인당 '월 평균' 127시간에 맞추어 편성했습니다. 장애인 시설이 존재하지 않는 스웨덴의 경우는 어떨까요? 공교롭게도 스웨덴 역시 2015년을 기준으로 장애인 1인당 평균 127시간의 활동 지원 서비스를 제공받았더군요. 단 '월 평균'이 아니라 '주 평균' 127시간을요. 이처럼 4배가 넘는 서비스 양의 차이는 어떻게 설명할 수 있을까요? 스웨덴의 장애인들은 필요하지도 않은 서비스를 제공받고 있는 것일까요? 분명 그렇지는 않을 거예요.

그리고 현재 시설에 수용되어 있는 장애인의 80% 이상이 발달장애인이라는 사실을 직시한다면, 당연히 중증의 발달장애인에 대해서는 그 필요도에 따라 24시간 지원 체계를 마련하는 방향으로 서비스가 구축되어야만 합니다. 그러나 이런 지원 체계의 핵심 중 하나인 발달장애인 주간 활동 서비스는 당사자들과 가족들이 요구했던 일일 8시간에 훨씬 못 미치는 최대 5.5시간으로 한정되어 있어요. 더욱 참담한 것은 주간 활동 서비스 이용자 중 기본형(88시간)은 활동 지원 서비스에서 월 40시간이, 확장형(120시간)은 월 72시간이 차감된다는 사실입니다.

또한 발달장애인에게 제공되는 사회 서비스에는 그들의 의사소통과 자기 결정을 지원하기 위한 내용이 반드시 포함되어야 합니다. 법무부에서는 지난 2013년 12월부터 성폭력 피해를 당한 발달장애인이 수사와 재판의 과정에서 겪는 의사소통의 어려움을 지원하기 위해 진술조력인 제도를 운영하고 있어요. 이 제도를 알리기 위해서 법무부가 2018년 홈페이지에 게시한 카드 뉴스에서는 진술조력인의 본질을 일종의 '통역사'로 나름 적절하게 규정하고 있습니다. 그런데 비장애인 중에서는 경찰, 검사, 판사만이 그리고 발달장애인 중에서는 성폭력 피해자만이 상호 소통의 과정에서 장애를 경험할까요? 당연히 그렇지는 않겠지요. 따라서 발달장애인들의 탈시설이 가능하기 위해서는 진술조력인 제도와 같은 지원 체계가 전면적으로 확대 개편되어, 일상생활의 다양한 영역에서 하나의 사회 서비스로 제공되어야 합니다.

청소년은 오늘, 시민입니까?

너무 오래 지연된 어떤 정의에 대하여

배경내 인권교육센터 들

억눌린 목소리를 듣고 통역하여 사회에 전하는 일에 관심이 많습니다. 특히 청소년의 목소리로부터 많이 배우려 합니다. '인권교육센터 들'에 둥지를 틀고 있고, 청소년 참정권 확대와 학생인권법 제정을 위해 활동하는 '촛불청소년인권법제정연대'에도 함께하고 있습니다. 《인권, 교문을 넘다》, 《다시 봄이 올 거예요》, 《십 대 밑바닥 노동》 등을 함께 썼습니다.

얼마 전, 서울의 어느 중학교에 교육을 갔을 때였습니다. 복도를 지나가다 보니 다음과 같은 문구가 적힌 표지판이 눈에 띄더군요.

'남·여 교사 휴게실은 2학년 6반 청소 구역입니다. 항상 깨끗이 하겠습니다.'

이 문구를 보고 어떤 생각이 들었나요? 교사 휴게실을 왜 학생이 청소할까요? 이 표지판은 2학년 6반 학생들이 직접 써 붙인 걸까요, 아니면 학교에서 일방적으로 붙인 걸까요? 이와 비슷한 장면을 본 적이 있나요? 이 표지판을 보며 저는 한 토론회에서 만난 청소년의 이야기가 자연스레 떠올랐습니다. "학교는 일 시킬 때만 학생을 학교의 주인이라고 말합니다." 학교는 학생들에게 자주 주인 의식을 가져라, 열심히 청소해라, 열심히 공부해서 학교의 명예를 드높이라고 말하지만, 정작 주인의 자리와 권리는 좀체 인정하지 않습니다. 자기 삶터에서 아무런 권리도 보장받지 못하는 주인, 자기 자리와 몫이 없는 주인은 사실 주인이라고 볼 수는 없겠지요. 여러분의 경우는 어떻습니까? 저는 오늘 대한민국에서 청소년으로 산다는 것은 과연 무엇인지, 청소년은 과연 인간으로서 또는 시민으로서 제 대접을 받고 있는지에 대해 이야기 나누고자 합니다.

청소년이라는 모순

대한민국에서 청소년으로 산다는 것은 어떤 것인지 청소년들에게 자주 물어봅니다. 한 청소년이 '간단하다'며 답을 해 주더군요. 어떤 답이었을까요? 아마, 여러분들이 생각하는 것과 비슷할 겁니다. 바로 "닥치고 시키는 대로 공부만 하면 된다"였어요. 이 대답을 듣고 마음이 아프기도 하고 청소년이 처한 현실에 화가 나기도 했습니다. 현재 대한민국 청소년들의 인권 현실을 잘 대변해 주고 있기 때문입니다. 여러분들은 어떠세요? 청소년 여러분의 이야기가 궁금합니다. 대한민국에서 청소년으로 산다는 것은 무엇인지, 그렇게 말한 이유는 무엇인지 저에게 들려주세요.

- 대한민국에서 청소년으로 산다는 건 모순이다. 다 큰 녀석이 이것도 못 하느냐고 알아서 하라고 할 때는 언제고 정작 알아서 하면 어린 게 어쩌고저쩌고하니까.

- 대한민국에서 청소년으로 산다는 것은 머리 아프다. 왜냐하면, 또래의 시선과 어른들의 시선을 모두 신경 써야 하기 때문이다. 인간관계를 위해 원하지 않아도 놀아야 하며, 미운털이 박히지 않으려

면 공부도 해야 한다. 키가 크기 위해 일찍 자야 하지만 공부도 충분히 해야 한다. 후배와 동생들에게는 의젓한 언니, 누나의 모습을 보여 줘야 하고 제 앞가림도 할 줄 알아야 한다.

- 대한민국에서 청소년으로 산다는 건 불리하다. 자유롭게 할 수 있는 게 많지 않으니까.
- 대한민국에서 청소년으로 산다는 건 피곤하다. 학교 가서 공부하고 학원 가서 공부하고 집에 와서까지 숙제하고 진짜 피곤하다.
- 대한민국에서 청소년은 노예다. 청소년의 인권은 잘 지켜지지 않기 때문이다.

여러분이 들려준 이야기를 살펴보고 나니 청소년의 삶이 정말 모순투성이라는 생각이 드네요. 여러분이 해내야 하는 일은 엄청 많은데 정작 이런 이야기를 들어야 하죠. "세상 살기 얼마나 편해졌냐? 공부만 하면 되는데 그깟 공부 하나 못 하냐?" 또 알아서 하기를 요구하면서도 정작 알아서 할 자유는 인정해 주지 않죠. 반면 시키는 일은 알아서 척척 해내기를 요구합니다. 모든 사람에게 인권이 있다고 교과서에서도 가르치고, 모든 국민에게는 인간으로서 존엄과 행복 추구권이 있다고 헌법에도 적혀 있는데, 정작 청소년의 삶에서는 인권을 찾기가 힘듭니다. 한마디로 청소년으로 산다는 것은 모순 그 자체입니다.

우리 스무고개 한번 해 볼까요? 다음에 설명하는 '우리'는 과연 누구일지 떠올려 보세요.

하나. 우리는 처음 만난 사람들에게 반말을 듣는 경우가 많습니다. 낯선 사람에게도 먼저 인사하지 않으면 예의 없다는 눈총이나 훈계를 받기도 합니다.

둘. 우리는 거무튀튀한 작업복을 입고 매일 집을 나섭니다. 우리는 하루 종일 일해도 돈을 벌지 못합니다. 허락 없이는 그곳을 빠져나올 수도 없습니다.

셋. 아마도 한국에서 가장 오랜 시간 일하는 사람들이 바로 우리일 것입니다. 봄이 오고 새가 지저귀고 꽃이 피어도 좋아할 여유도 없습니다. 오죽하면 우리에게 벚꽃의 꽃말이 중간고사일까요.

넷. 우리 중 대다수는 다른 사람의 경제력에 의존해서 살아야 합니다. 그 사람이 얼마나 줄 수 있는지, 얼마나 주고 싶은지에 따라 우리의 살림살이가 정해집니다. 그래서인지 우리는 돈을 주는 사람의 눈치를 자꾸만 보게 됩니다. 용돈을 줄이겠다, 끊겠다는 말은 정말 무시무시하게 들립니다.

다섯. 우리가 일자리를 얻으면 똑같은 일을 하고서도 적은 돈을 받습니다. 그러고도 감사한 줄이나 알라는 식의 대우를 받습니다. 우리가 일을 하고 싶어도 일자리가 없어서 구하기 힘든 문제는 '실업 문제'로 취급되지 않습니다.

여섯. 밤에 우리를 보면 다들 위험하다고 빨리 집으로 들어가라고 합니다. 찜질방도 밤에는 우리끼리 가지 못합니다. 그런데 자정이 넘어 학원이나 독서실에서 나오는 우리를 보고는 아무도 뭐라 하지 않습니다.

일곱. 다른 사람이 집을 나와 새 둥지를 마련하면 '독립'이지만, 우리가 그렇게 하면 '비행'이나 '탈선'이라고 불립니다. 집에서 나와 거리를 배회하는 우리는 범죄를 저지를 위험이 있는 사람으로 간주되어 경찰의 단속 대상이 됩니다.

여덟. 우리가 누구랑 살고 싶은지는 사람들이 중요하게 생각지 않습니다. 누가 우리랑 살고 싶은지 또는 사는 게 좋은지만 주로 고려되니까요.

아홉. 우리가 거리에 여럿이 모여 있으면 사람들이 곱지 않은 시선으로 쳐다보는 경우가 많습니다. 사람들은 우리가 책상 앞에 따로따로 앉아 있는 모습을 제일 좋아하는 것 같습니다.

열. 우리에겐 미숙하다, 충동적이다, 판단력이 흐리다, 쉽게 휩쓸린다, '싸가지' 없다, 무섭다, 맞아야 정신을 차린다 등의 나쁜 꼬리표가 주로 붙어 있습니다. 우리를 환자로 취급하는 말도 있습니다. 우리를 웃음거리로 삼거나 과장해서 다루는 방송도 자주 볼 수 있습니다. 이런 얘기만 계속 듣다 보니 우리도 정말 그런 게 아닌가 싶을 정도입니다.

열하나. 그래서인지 우리가 멋진 말이나 행동을 하면 예상치 못했거나 기대 이상이라는 듯이 기특하다, 대견하다는 반응이 돌아옵니다. 누구든지 멋진 말이나 행동을 할 수 있는데도 말이죠.

열둘. 우리가 가장 자주 듣는 말은 "가만히 있어라", "공부만 하면 된다"라는 말입니다. 세월호에 탑승했던 우리들도 비슷한 말을 들어야 했죠.

열셋. 휴대전화를 마련하든, 통장을 개설하든, 소송을 하든, 살 집을 구하든, 일자리를 구하든, 뭘 하려면 부모나 다른 누군가의 승낙을 받아야 합니다. 우리가 소송을 하고 싶어도 혼자서는 안 됩니다. 한마디로 우리는 '법률 무능력자'인 셈입니다.

열넷. 우리와 관련된 문제에 대해 주로 결정하는 사람은 우리가 아닙니다. 우리가 아닌 다른 사람의 의견대로 따라야 하는 경우가 정말 많습니다. 그러다 보니 우리는 자주 이런 말을 쓰며 삽니다. "~해도 돼요?"

열다섯. 우리가 어떤 잘못을 저지르면 비교적 가벼운 벌을 줍니다. 우리를 '미숙하고 판단력이 흐리다'고 간주하기 때문에 봐주는 것이죠. 우리에게 권리가 없는 대가로 주어진 유일한 장점이라고 해야 할까요? 그렇다고 마냥 좋지만은 않습니다. 대신에 다른 사람이 하면 잘못이 아닌 행동이 우리가 하면 잘못으로 취급되고, '보호 처분'이라는 이름으로 함부로 자유를 빼앗기는 일도 일어나니까요.

열여섯. 우리가 맞거나 심한 모욕을 당해도 가해자를 처벌하기 힘듭니다. 우리에게 가해진 폭력은 대개 잘 드러나지 않거나 폭력으로 분류되지 않기 때문이지요. 우리에게 가해지는 폭력은 사랑이나 훈육의 가면을 쓰고 있습니다. 우리는 '맞아도 되는 사람'인 셈입니다.

열일곱. 아무리 큰 범죄를 저지른 죄인도 무릎 꿇고 반성문을 쓰지는 않습니다. 법에 따라 처벌을 받을 뿐이지요. 그런데 우리는 무릎 꿇고 손 들고 있거나 벽을 보고 서 있거나 원치 않는 반성문을 써야 할 처지에 자주 놓입니다.

열여덟. OECD 국가 중 자살률 1위. 우리들의 사망 원인 1위도 자살입니다. 반면 우리들의 행복지수는 계속 꼴찌를 독차지하고 있습니다.

열아홉. 선거철이 되면 후보들이 너도나도 시민들에게 악수를 건넵니다. 그런데 우리를 만나면 후보들이 그냥 지나칩니다.

스물. 나라 예산을 짤 때도 우리를 위한 예산 비중은 턱없이 낮습니다. 우리 중 소수자들을 위한 예산은 더더욱 낮겠죠.

몇 고개도 넘기 전에 바로 이런 생각이 떠올랐을 겁니다. '이거 내 이야기구나!' 그렇습니다. 여기서 '우리'는 바로 청소년입니다. 낮잡아 보아도 괜찮은 존재, 스스로 결정할 수 없는 존재, 누군가에게 의존하거나 또는 속박당해 사는 존재, 현재를 빼앗긴 채 미래를 위해서만 준비하고 훈련받아야 하는 존재, 권리는 없고 해야 할 것과 하지 말아야 할 것만 있는 존재. 대한민국 전체 인구의 20%에 이르는 만 18세 이하 청소년에게 강요된 사회적 위치입니다. 이런 위치에 놓여 있다는 것 자체가 모욕적인 일이고, 그 결과 청소년들의 열악한 인권 상황도 개선되지 않고 있습니다.

한국청소년정책연구원이 2018년 6월부터 8월까지 초·중·고에 재학 중인 청소년 9,060명을 대상으로 실시한 실태 조사에 따르면, '최근 1년간 죽고 싶다는 생각을 해 본 적 있다'고 답한 비율이 무려 33.8%였습니다.[1] 3명 중 1명꼴입니다. 또 그 이유의 절반 가까이가 학업 부담이었습니다. 학교를 그만두고 싶다는 생각을 한 적이 있는 청소년은 전체 28.8%. 일반계 고등학생이 40.3%로 가장 높았고 초등학생도 17.9%에 달했습니다. 학교를 그만두고 싶은 주된 이유는 공부하기 싫거나 배우고 싶은 내용이 없어서였습니다. 교사의 차별과 학교 폭력을 이유로 꼽은 청소년도 10명 중 1명꼴이었습니다. 지난 1년간 가정 내에서 부모로부터 체벌을 받은 경험이 있는 청소년은 26%, 모욕적인 말을 들은 경험이 있는 청소년은 31.3%였습니다. 학교는 어떨까요? 교사의 체벌이 법으로 금지되어 있음에도 교사로부터 체벌을 당한 경험이 있는 청소년은 12.2%였고, 모욕적인 말을 들은 경험이 있는 청소년은 18.9%였습니다. 이 조사에서는 직접 당한 경험만 물었지만, 사실은 체벌이나 언어폭력을 목격하도록 하는 것도 폭력이라고 봐야 합니다. 나도 당할 수 있다는 공포를 주입하고 정서적 안녕을 위협하는 일이니까요. 교사와 교장이 학생회의 의견을 존중한다고 응답한 비율은 36.9%에 그쳤습니다. 사실 학생회가 있으나 마나 한 경우가 많은데, 만약 활발하게 의견을 개진하고 변화를 요청한다면 의견을 존중받는다고 답하는 비율은 더 낮아졌을 것입니다. 또한 평일 하

---

1) 최창욱 외 씀(2018), 《아동·청소년 권리에 관한 국제협약 이행 연구 – 한국 아동·청소년 인권실태 2018 총괄보고서》, 한국청소년정책연구원, 314쪽.

루 여가 시간이 2시간도 채 되지 못하는 청소년이 절반가량 됐습니다. 아르바이트 경험이 있는 청소년들도 여전히 최저임금보다 적은 돈을 받거나 폭언 등 인격 모독을 당하거나 위험한 작업 환경에서 일을 해야 했다고 증언했습니다. 아마 조사 대상이 재학 중인 청소년이 아니라 학교 밖 청소년이었다면, 아르바이트 과정에서 부당한 대우를 받은 비율이 더 높아졌을 겁니다.

'불행'이 아닌 '부정의'에 대하여

이 이야기를 꺼낸 것은 모든 청소년들이 불행하게 살아간다고 말하고 싶어서가 아닙니다. 사람들은 역경 가운데서도 행복한 순간을 맞이하기도 하고, 힘들다 힘들다 하면서도 또 힘을 내어 살아가기도 합니다. 어떨 때는 이 사회가 짜증 나지만 또 어떨 때는 살 만하다고 느낄 수도 있습니다. 여러분도 아마 그럴 겁니다. 앞서 언급한 문제들도 누군가는 경험했고 누군가는 경험하지 않았을 수 있습니다. 여러분 중 누군가는 심각한 문제라고 여기는 일을 누군가는 중요한 문제가 아니라고 생각할 수도 있습니다. 제가 이 이야기를 꺼내는 이유는 청소년의 '불행'에 대해서가 아니라 청소년에게 강요된 보편적 '부정의injustice'에 대해 말하고 싶기 때문입니다. 여러분 중 몇 퍼센트가 실제 경험했든 그렇지 않든, 여러분 중 몇 퍼센트가 문제라고 인식하든 아니든 관계없이, 청소년이라면 누구나 그런 일을 당할 수 있다는 것, 청소년들이 그런 불리한 위치에 놓여 있다는 것 자체가 정의롭지 않다는 것입니다. 청소년은 대표적인 '사회적 약자'입니다. 사회적 약자란 '사회가 만든 약자'란 뜻입니다. 부정의한 사회가 만들어 낸 약자인 만큼, 해결의 책임도 사회에 있는 것입니다.

아이리스 영이라는 사회학자는 《차이와 정의의 정치》라는 책에서 인권을 빼앗긴 사회적 약자들이 겪게 되는 억압을 다섯 가지로 유형화해 설명하고 있습니다. 사회적 약자들은, 첫째 권력이 없고(권력 없음), 둘째 사회의 중심부로부터 배제·분리된 주변부로 내몰려 있으며(배제 또는 주변화), 셋째 인위적으로 만들어진 이미지에 포획되어 대상화되기 쉽고(대상화), 넷째 그들이 수행하는 일은 가치 절하되거나 갈취의 대상이 되며(착취), 다섯째 폭력의 위험에 쉽게 내몰린다(폭력)는 것입니다. 아이리스 영이 제시한 억압의 양태에 청소년의 삶을 대입시켜 보면 기막히게 잘 맞아떨어집니다.

청소년에게 강요된 '권력 없음'이라는 부정의부터 살펴보겠습니다. 처음 보는 사이임에도 청소년에게 반말을 하는 사람들이 많습니다. 왜일까요? 의도야 어떻든, 청소년을 동등한 존재로 보지 않고 사회적 지위가 낮다고 여기거나 만만하게 생각했을 가능성이 높습니다. 우리 사회에서는 나이도 하나의 지위처럼 작동합니다. 물론 나이가 모든 걸 결정하지는 않습니다. 나보다 나이가 적다고 해서 상사에게 반말을 하는 직원은 없으니까요. 그런데 청소년에게는 다른 사회적 지위 또는 직책이 없는 경우가 많기 때문에 나이가 관계에 미치는 영향력이 큽니다. 친밀한 관계에서 서로

합의하고 반말을 하는 경우를 제외하면, 반말은 하대와 막말로 이어지기 쉽습니다.

왜 청소년은 만만한 존재로 취급되는 것일까요? 청소년에게 사회적·정 치적·경제적 힘이 없기 때문입니다. 인터넷 커뮤니티에 가입하거나 온라 인 게임에 참여할 때 나이를 숨길지 말지 고민하는 이유, '급식이'로 불리 며 모욕당하는 이유도 청소년들의 사회적 지위가 낮음을 보여 주는 대표 적인 장면이죠. 여러분이 사회적 이슈에 대해 목소리를 내어도 존중받기 힘듭니다. 여러분은 같이 의논할 대상이라기보다는 시키고 가르치고 통 제하고 명령해야 할 존재로 간주됩니다. 여러분이 부모, 교사 또는 권위 자의 허락을 받지 않고 자율적으로 결정할 수 있는 일은 극히 드뭅니다. 선거철이 되면 그렇게 시민들에게 악수를 청하는 정치인들도 청소년을 보고서는 그냥 지나칩니다. 2019년 말, 〈공직선거법〉이 개정되면서 선거 권 연령이 만 19세에서 만 18세로 낮아졌지만, 대다수 청소년들에게는 '표'가 없기 때문이죠.

둘째, '배제' 또는 '주변화'의 정도는 어떤가요? 흔히 청소년기를 '사회로 나갈 준비를 하는 시기'라고들 말합니다. 청소년들은 한마디로 사회 '바 깥'에 있는, 사회의 '입구'에 서 있는 존재라는 뜻이기도 하고요. 분명 청소 년도 사회 구성원의 일부지만, 구성원 취급을 해 주지 않는다는 뜻입니다. 대개 청소년은 집, 학교, 학원만을 오가면서 사회에서 잘 보이지 않는 존 재로 살아가야 합니다. 2015년 역사 교과서 국정화 폐지 운동이나 2016년 말부터 2017년 초까지 타오른 박근혜 탄핵 촛불집회에서 수많은 청소년들이 광장에 나와 민주주의를 외쳤고 무대에 올라 발언하기도 했습니다. 하지만 이는 아주 이례적인 일이었습니다. 청소년들은 광장이 아닌 사적私的 장소에 머물러 있기를 강요당하고, 자기 삶과 관련된 주요한 결정이 이루어지는 공적公的 공간에서는 배제되어 있습니다. 교육 정책이든 청소년 정책이든 어떤 정책을 짤 때 정부가 청소년을 직접 초대하거나 의견을 수렴하던가요? 왜 청소년의 생각은 직접 묻지 않고, 교사나 부모, 청소년 시설 관계자들만 불러 청소년에게 무엇이 필요한지를 묻는 것일까요?

사회가 청소년이 있어야 할 곳으로 지정한 학교나 집에서는 동등한 대접을 받고 있습니까? 교칙을 결정하는 학교운영위원회에 학생들은 참여할 수 없습니다. 교사의 잘못된 언행에 대해 문제 제기를 하려면 큰 용기가 필요합니다. 부모의 의사대로 청소년의 진로나 시간이 좌지우지되는 경우도 많고요. 학교나 집을 벗어나면 그 자체로 비행이나 비정상적이라는 시선 앞에 놓이게 됩니다. 학교를 나온 탈학교 청소년에게는 다른 배움의 기회나 교육적 지원이 거의 없습니다. 학교를 그만둔 것이지 배움을 그만둔 것은 아닌데도 말입니다. 이처럼 '주변'에 놓인다는 건 사회적 관심으로부터도 멀어져 있다는 뜻이고 그곳에서 무슨 일이 일어나는지 제대로 감시되지 않는다는 뜻입니다. 그래서 사회는 청소년들이 어떻게 살아가고 있고 무엇을 경험하고 있는지를 잘 모릅니다.

셋째, '대상화'의 문제점을 살펴보겠습니다. 최근 '노키즈존No Kids Zone'에 이어 '노스쿨존No School Zone'이 확대되고 있다는 얘기를 들어 본 적 있을 겁니다. 처음에는 식당이나 카페 같은 가게에서 유아의 입장을 거부하는 움직임이 시작되더니 이제는 어린이, 청소년들까지 입장을 거부하는 가게가 늘고 있습니다. 노스쿨존은 교복 입은 청소년들의 입장을 거부하는 곳입니다. 가게 주인들은 청소년들이 오랫동안 자리를 차지하고 있으면서 시끄럽게 떠들거나 침을 뱉는 등 문제 행동을 하고 다른 손님을 불편하게 만든다는 이야기를 합니다. 물론 그런 청소년도 일부 있겠죠. 그러나 모든 청소년이 그렇다고 단정 짓고 입장을 거부하는 것은 편견에 기초한 과잉 일반화이고 차별이라고 볼 수 있습니다. 시끄럽게 떠드는 40~50대 남성들이 있다고 해서 '노아재존No 아재 Zone'을 선포하는 가게는 없으니까요. 특정 '행위'를 문제 삼지 않고, 그 행위를 모든 청소년의 '속성'으로 판단해 버리는 것, 그래서 거부해도 괜찮다고 판단하는 것이 대표적인 대상화입니다.

대상화란 해석하는 사람의 자의적인 잣대로 함부로 진단하고 판단한다는 뜻입니다. 보고 싶은 대로 보기 때문에 실제 모습과는 다른 진단이나 해석이 나올 가능성이 큽니다. 한 사람 한 사람을 이해하려는 충실성은 내팽개친 채, 집단으로 묶어 일반화해 버리거나 한두 가지 특성만 남긴 채 나머지는 납작하게 눌러 버리는 식으로 함부로 판단합니다. '중2병'이란 말을 들었을 때 어떠셨나요? 수많은 사회적 이유에서 비롯된 고통을 호소하는데 환자 취급을 당하면 기분이 상하는 건 당연한 일입니다. 또 해석의 대상일 뿐인 사람에게는 스스로 말하고 해석할 권한이 주어지지 않습니다. 이처럼 대상화한다는 것은 어떤 사람에게서 주체성과 목소리를 빼앗는 일입니다. 청소년에게는 흔히 미성숙하거나 위험하거나 충동적이라는 집단적 이미지가 덧씌워져 있습니다. '애들이 뭘 알겠어?', '요즘 10대들 무섭다', '요즘 것들은 싸가지가 없다'처럼 청소년들을 두고 어쩌고저쩌고하는 말들이 대표적입니다. 한두 사람의 잘못이나 어떤 특성을 근거로 청소년 전체를 미숙한 집단, 문제적 집단 또는 위험한 집단으로 지목하는 것이지요.

청소년은 원래부터 미성숙한 것일까요, 아니면 미성숙한 상태로 남아 있기를 강요당하는 것일까요? 흔히 미성숙하다고 여겨지는 존재들에게는 보호와 통제가 따라붙습니다. 어리니까 제외되고 모자라니까 비청소년[2]이 시키는 대로만 해야 합니다. 다양한 것을 경험할 기회도, 스스로 결정하고 참여할 기회도, 실수를 통해 배울 기회도, 원하는 변화를 일으켜 볼 기회도 점차 멀어집니다. 실수할 기회, 배울 기회를 놓친 사람이 그만큼 성숙할 기회를 잃게 되는 것은 당연한 일입니다. 그러다 보면 자연스럽게 미성숙해지고 무력화되기 마련이지요. 청소년이 원래부터 미성숙한 것이 아니라, 미성숙하다는 신화적 관념이 청소년에게서 기회를 빼앗고 미성숙한 상태로 머물러 있도록 만드는 것입니다. '나이'와 성숙이 비례하는 것이 아니라 '기회'와 성숙이 비례하는 것으로 본다면, 청소년을 통제하거나 배제하는 것이 아니라 더 많은 기회와 참여를 보장해야 미성숙의 악순환을 끊을 수 있습니다.

---

2) 청소년 가운데도 성숙한 사람이 있을 수 있고, 성인成人이라는 말은 청소년이 완성되지 않은 존재라는 뜻을 포함하고 있기에 어른이나 성인이라고 하지 않고 비청소년이라는 말로 바꾸어 쓰고 있다.

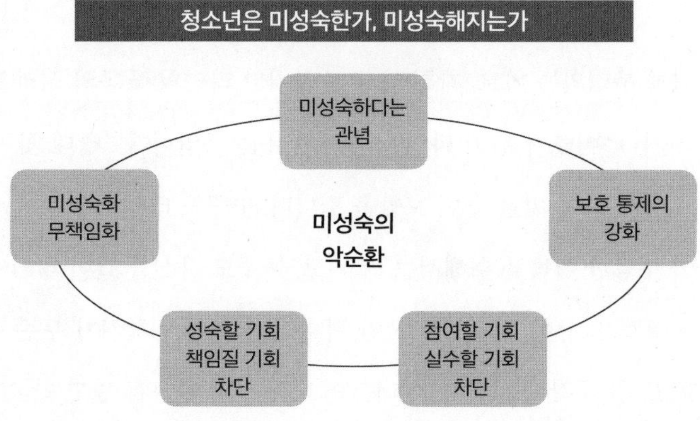

마찬가지로 청소년 범죄에서만 유독 나이 또는 청소년이라는 사실이 강조되는 경향에 대해서도 짚어 보아야 합니다. 40대 남성이 범죄를 저질렀다고 해서 '요즘 40대 (남자) 왜 이러나'와 같은 반응이나 '40대는 다 범죄자'라는 집단화가 일어나지는 않으니까요. 어느 사회 집단에도 문제적 행동을 하는 사람이 있듯이, 청소년 중에서도 문제적 행동을 하는 사람이 있습니다. 그것이 그 집단 전체를 모욕하는 이유가 되어서는 안 됩니다. '요즘 것들'이라는 말에는 청소년을 사람이 아닌 사물로 대하는 태도가 배어 있습니다. 예전에 비해 당당하게 자기 의견을 표현하고 권리 보장을 요구하는 청소년들이 늘어나고 있습니다. 환영할 만한 일입니다. 반면 청소년을 사람이 아닌 사물로 보거나 아랫사람으로 취급하는 데 익숙한 사람들은 청소년의 평등과 존중에 대한 요구를 부당하다고 느끼고 '싸가지 없다'는 식으로 반응합니다. 어떤 집단에 속한다는 이유만으로 열등하거나 위험하다고 간주하는 태도를 우리는 차별 또는 혐오라고 부롭니다.

　네 번째 부정의는 바로 '착취'입니다. 착취란 타인의 노동의 성과를 빼앗아 가거나, 빼앗기 위해 타인을 쥐어짠다는 뜻입니다. '빨대 꽂는다', '갈아 넣는다'라는 말을 들어 보았을 겁니다. 누구도 타인의 노동에 빨대를 꽂아 부당한 이득을 취해서는 안 되고, 누구도 자신을 갈아 넣어야 할 만큼 가혹한 노동에 시달려서도 안 됩니다. 청소년과 착취가 무슨 상관이냐고요? 잘 생각해 보세요. 여러분의 노동은 제 평가를 받고 있나요?

　여러분도 학습이라는 이름의 노동을 하고 있습니다. 공부는 노동이 아닌 것일까요? 공부는 나에게도 보탬이 되지만 남에게도, 사회에도 보탬이 되는 일입니다. 외국어를 공부하는 사람들 덕분에 통역 서비스를 받을 수 있고, 의학을 공부한 사람들 덕분에 이미 배출된 의사들이 모두 사망하더라도 아픈 사람들이 계속 치료를 받을 수 있습니다. 음악을 공부하는 사람들 덕분에 새로운 음악과 연주를 들을 수 있고 그로 인해 귀가 즐겁고 영혼도 풍요로워집니다. 도구를 만들거나 수리하는 법을 배우는 사람들 덕분에 모든 사람들이 도구를 만들거나 수리하는 수고를 하지 않아도 됩니다. 역사를 공부하는 사람들 덕분에 역사는 기억되고 잘못된 역사는 다시 쓰이기도 합니다. 한마디로, 청소년이 공부하기를 멈춘다면 세상도 멈추게 됩니다. 청소년에게 무상으로 교육을 제공하는 것은 물론 학습 수당이라는 이름으로 생활비를 지급하는 나라가 있습니다. 청소년의 학습을 일종의 노동으로 보고 국가가 이에 대한 '임금'을 지급하는 셈입니다. 사회를 위해 학습하는 동안 돈을 벌 수 없으니 이를 사회가 책임지는 것입니다. 반면 여러분은 아무런 사회적 대가도 받지 못한 채, 게다가 감당하기 힘들 만큼의 학습 노동을 강요받고 있습니다. 이것이 착취가 아니면 무엇일까요?

한국 청소년의 학습 시간은 OECD 국가 중 가장 깁니다. 유엔에는 아동권리위원회라는 기구가 있습니다. 세계 각국에서 살아가는 만 18세 미만 어린이와 청소년의 인권 상황을 모니터링하는 곳입니다. 2019년 9월, 유엔 아동권리위원회의 한 위원은 한국 정부에 이렇게 물었습니다. "대한민국 교육의 목표는 오직 명문대 입학과 시험뿐인 것 같다. 자정까지 어린 학생들이 공부를 계속해야 하는 상황에 대한 시급한 개선책은 무엇인가?" 여러분이야말로 이 사회를 향해 정말 묻고 싶었던 이야기 아닌가요? 〈근로기준법〉에는 청소년의 표준 노동 시간을 하루 7시간, 연장을 한다 해도 1시간 이상은 안 된다고 정해 놓고 있습니다. 그런데 왜 청소년의 학습 시간을 줄이기 위한 법적 규제나 정책적 노력은 하지 않는 것일까, 우리는 질문해야 합니다.

학습 이외의 노동 역시 저평가되는 경우가 많습니다. 청소년들도 다양한 이유로 일자리를 구합니다. 집안 형편이 어려워서일 수도 있고, 부모님의 눈치를 덜 보기 위해 필요한 돈을 모으고 싶어서일 수도 있고, 사회생활을 경험하고 싶어서일 수도 있고, 시간을 좀 더 가치 있게 사용하고 싶어서일 수도 있습니다. 집을 나온 청소년이라면 당장의 생계를 해결하기 위해서라도 일자리는 필수적이겠죠. 사정은 저마다 다르지만 공통된 기대는 바로 '덜 눈치 보는 삶', '독립적인 삶'에 대한 기대라고 볼 수 있습니다. 독자적인 경제력을 갖지 못한다면 돈을 주는 사람의 눈치를 계속 봐야 하니까요. 부모님에게 문제집을 사야 하니까 돈이 필요하다는 이야기는 당당하게 꺼낼 수 있는데, 휴대전화를 사거나 친구와 영화를 보기 위해 돈이 필요하다는 이야기를 꺼낼 때는 눈치가 보이잖아요. 일자리가 없으면 당장 월세를 낼 수 없고, 그래서 가기 싫은 쉼터에서 낯선 사람들과 단체 생활을 해야만 하는 청소년도 있습니다. 그럼에도 청소년의 노동을 비청소년의 노동에 비해 덜 필수적이거나 중요하지 않다고 생각하고 값싸게 평가하는 경향이 강합니다. 청소년이라고 해서 반드시 미숙한 노동력을 제공할까요? 청소년이든 비청소년이든 누구나 처음 하는 일에 미숙할 수 있습니다. 반면 청소년 중에서도 능숙하게 일을 해내는 숙련자들이 있습니다. 그런데도 청소년들이 구할 수 있는 일자리는 최저임금만 주거나 그마저도 주지 않는 곳들이 태반입이다. 비청소년이 중간에 일을 그만두면 뭔가 사정이 있겠지 하면서도, 청소년이 중간에 일을 그만두면 '청소년들은 무책임하다'는 식으로 바라보는 경향도 강합니다. 노동 조건이 형편없거나 모욕적인 일들이 많아서 일을 그만둔다고는 생각해 보지 않는 것입니다.

　마지막 부정의는 바로 '폭력'입니다. 여러분은 혹시 '내가 한마디만 더 보태면 맞을 수도 있겠다'는 생각을 해 본 적이 있었나요? 나를 때릴 수도 있다고 생각되는 그 사람은 누구였나요? 2006년 유엔이 전 세계의 어린이·청소년이 경험하는 폭력에 대해 조사한 결과에 따르면, 폭력을 가하는 사람은 대부분 '부모나 학교 친구, 교사, 고용주, 애인, 배우자 등 삶을 같이

하는 사람들[3]이었습니다. 또래 폭력을 제외하면, 대개 보호자로 분류되는 이들이 주요 가해자인 셈입니다. 유엔은 '훈육·교육을 위해서는 때려도 괜찮다'는 인식이 널리 퍼져 있고 이 때문에 어린이·청소년에 대한 폭력이 근절되지 않고 잘 기록되지도 않는다고 지적하고 있습니다. 조폭 세계가 아니라면, 잘못을 저질렀다고 해서 비청소년을 체벌하는 일은 거의 일어나지 않습니다. 자녀가 부모를 때리면 패륜이라고 사회적 지탄을 받습니다. 교장이 지각한 교사를 때린다면 큰 사회 문제가 될 것입니다. 무단횡단을 한 시민을 경찰이 때리는 일도 보기 힘들지요. 반면 어린이·청소년에 대해서는 마치 '맞아도 되는 사람'인 양 취급합니다. '매를 아끼면 자식을 망친다'라는 속설이 있을 정도로 자녀 체벌이 정당화되어 왔고, '사랑의 매'라는 이름의 몽둥이가 버젓이 학교에 비치되어 있기도 했습니다. 만약 경찰이 고문 수사를 했다는 게 밝혀지면 커다란 사회적 사건이 될 겁니다. 그런데 청소년들이 학교나 가정, 시설에서 일상적으로 경험하는 폭력은 사랑이나 열정적 지도, 훈육 등의 이름으로 둔갑해 버리는 경우가 많습니다. 누군가 다른 인간의 몸에 함부로 손을 댈 힘을 부여받고 있는 것은 중대한 권력의 문제, 인간 존엄을 위협하는 문제입니다.

　체벌이 줄어들고 있다고 해도 완전히 사라졌거나 명확히 금지된 것은 아닙니다. 신체나 도구를 이용한 교사의 체벌은 〈초·중등교육법〉에 의해

---

3) Paulo S´ergio Pinheiro 씀, 이양희 옮김(2006),《아동 폭력에 관한 유엔 보고서》, 세이브더칠드런, 13쪽.

금지되어 있지만, 언어폭력이나 간접적 형태의 체벌에 대해서는 명확하게 금지하지 않고 있습니다. 민법에는 부모의 자녀 징계권이 규정되어 있어, 체벌을 정당화하거나 아동 학대의 주된 변명거리로 사용되기도 합니다. 몽둥이로 때려도, 방문을 잠그고 나오지 못하게 해도, 말을 듣지 않는다고 내쫓아도 학대로 판단되는 경우가 극히 미미합니다. 2017년과 2018년에는 학교 교사에 의한 성폭력을 고발한 여학생들의 '#스쿨 미투' 운동이 전국적으로 펼쳐졌습니다. 교사의 지위와 권한을 무기로 성폭력을 행사하거나 여성이나 소수자를 모욕하는 발언을 하는 교사들의 문제가 새롭게 조명받았습니다. 문제는 용기를 내어 폭력을 드러내더라도 2차, 3차 피해를 입는 경우가 많고 적극적인 예방 대책을 수립하는 학교가 많지 않다는 것입니다.

혈연 가족과 사는 것이 행복하지 않거나 안전하지 않다고 여겨 집을 나온 탈가정(가정 밖) 청소년들의 경우도 대다수 부모로부터 폭력 피해를 당한 경험을 갖고 있습니다. 집을 나온 청소년들은 당장 주거나 생계 문제를 해결하기가 쉽지 않기에 또 다른 위험 앞에 놓입니다. 쉼터는 규칙이 엄격하거나 낯선 이들과 단체 생활을 해야 하는 어려움이 있습니다. 학대나 성폭력 피해를 입은 청소년들은 정서적으로 안정되어 있지 않고 트라우마를 갖고 있기에 낯선 이들과 단체 생활을 하는 것이 쉽지 않을 수 있습니다. 쉼터의 규칙을 따르지 않는 청소년은 또다시 내쫓김을 당하기도 합니다. 그나마 있는 쉼터도 턱없이 부족한 실정입니다. 집을 나온 청소년에게는 어서 빨리 집으로 돌아가라는 말만 할 뿐, 그 집이 살 만하고 안전한 곳인지, 돌아가고 싶은 곳인지, 다른 대안이 있다면 누구랑 살고 싶은지는 제대로 질문하지 않는 것이 우리 사회의 모습입니다.

이 다섯 가지 억압은 따로따로 작동하는 것이 아닙니다. 결국 권력 없음과 주변화가 착취와 폭력의 위험성을 높이고 대상화를 통해 부정의한 현실이 정당화됩니다. 청소년의 인권을 존중하도록 만드는 사회적 조치가 적극적으로 펼쳐지지 않는 한, 청소년에게 원치 않는 보호만 일방적으로 제공되고 정작 필요한 보호는 제공되지 않는 일이 지속될 수밖에 없습니다. '예전보다 살기 좋아진 것 아니냐. 우리 때는 더 심했다'는 이야기를 하는 사람들이 있습니다. 이분들은 청소년의 인권 수준이 나아진 게 다행이라는 이야기를 하고 싶은 걸까요, 아니면 청소년이 너무 많은 걸 바란다는 이야기를 하고 싶은 걸까요? 흥미로운 것은 이런 이야기를 꺼내는 사람은 청소년이 아닌 비청소년이라는 점입니다. 그들은 대개 청소년이 경험하는 부정의에 대해서는 그다지 고민해 본 적이 없을 겁니다.

청소년 인권이 요 모양 요 꼴인 이유

청소년들이 경험하는 불평등과 불안한 미래에 대한 대안이 제대로 마련되지 않는 이유는 무엇일까요? "청소년 인권이 요 모양 요 꼴인 이유는 청소년에게 ○○○이 없기 때문이다." 이 문장에 대한 여러분의 답은 무엇인가요? 권력이라고요? 영향력이라고요? 맞습니다. 다른 말로 표현하자면 바로 참정권입니다. 청소년들에게는 이 부정의한 현실을 바꿀 수 있는 힘, 그리고 그 바탕이 되는 참정권이 없습니다. 참정권, 곧 정치에 참여할 권리는 내가 살아가는 사회가 어떻게 돌아가는지 알고 질문하며 정치와 사회 구조를 바꿀 권리를 뜻합니다. 참정권은 표현의 자유, 사생활의 자유, 폭력으로부터의 자유와 같은 인권의 한 종류이면서 동시에 인권을 위한 권리라고 할 수 있습니다. 참정권이 있다는 것은 주권자이자 한 사회의 성원으로 인정받는다는 의미입니다. 우리 헌법에는 "대한민국은 민주공화국이다. 대한민국의 모든 권력은 국민으로부터 나온다"라고 규정되어 있습니다. 주권자인 국민/시민에게서 모든 권력이 나오기에 권력은 시민의 눈치를 봅니다. 반면 청소년은 시민이 아닌 자, 곧 '비非시민'의 자리로 밀려나 있습니다.

2018년 4월, 국회 앞에서 삭발식이 열렸습니다. 교육감과 지방자치단체장을 뽑는 지방 선거를 앞둔 어느 날이었습니다. 만으로 열다섯, 열여섯, 열일곱 살의 청소년 3명이 그 삭발식의 주인공이었습니다. 그들은 청소년에게 참정권을 보장해야 하고 그 우선 과제로 선거권 연령을 낮추어야 한다고 주장했습니다. 비청소년만이 누리는 참정권이 청소년과의 권력 차이를 더욱 크게 만들고, 그 권력 차이가 청소년에 대한 수많은 폭력을 낳고 은폐하고 있다는 사실을 깨달았기 때문이었습니다. 2016년 말부터 시작된 박근혜 탄핵 촛불집회를 기억하실 겁니다. 당시 수많은 청소년들이 탄핵 운동에 참여했고, 동료 시민으로서 민주주의를 위한 촛불을 함께 들었습니다. 결국 대통령이 탄핵되고 2017년 5월 대통령 선거가 다시 치러졌습니다. 많은 이들이 '나라다운 나라'를 다시 세우기 위한 정권 교체에 열광할 때, 청소년들은 여전히 '비시민'의 자리에서 공부나 하기를 또다시 강요받았습니다. 이날 삭발식에 함께한 청소년들에게는 2017년에 이어 2018년에도 청소년에게 참정권이 인정되지 않는 현실에 대한 분노가 서려 있었습니다. 그들은 사회에 묻고 있었습니다. 모든 청소년을 비시민의 자리에 처박아 놓은 현실을 과연 민주주의라고 부를 수 있느냐고, 청소년 전체를 정치 무능력자로 바라보는 것은 인종주의와 다름없는 편견 아니냐고. 나이가 아니라 정치 참여의 경험이 정치적 지혜를 갖춘 시민의 탄생을 돕는다면, 외려 참정권을 더 일찍부터 보장해야 하지 않느냐고.

정치인들의 눈으로 보면 유권자도 아닌 청소년은 고려의 대상조차 되지 않는 '유령'일 뿐이었을 겁니다. 세계 대다수 국가가 만 18세 선거권을 인정하고 있고 만 16세까지 낮춘 나라도 있는데, 한국만 유일하게 만 19세라는 높은 장벽을 고수해 왔습니다. 청소년에겐 정당에 들어가 청소년을 위한 정책을 만들라고 요구하거나 지지하는 후보를 밝힐 자유도 없었습니다. 선거 때가 되어도 청소년의 삶을 향상시킬 정책이나 청소년을 대변하는 정치인을 찾아보기 힘들었던 이유입니다. 청소년의 경험과 처지를 가장 잘 알고 있는 사람은 바로 청소년, 여러분 아닌가요? 보호자나 다른 사람이 대변해 준다고 하더라도 직접 참여해서 목소리를 내는 것에 비해 한계가 있습니다. 청소년과 대변자의 생각이 반드시 일치하는 것도 아니니까요. 청소년의 삶이 '비청소년끼리의 정치'에 계속 좌우되는 한, 청소년 인권은 계속 요 모양 요 꼴일 수밖에 없습니다.

다행히도 2019년 12월 27일, 〈공직선거법〉이 개정되어 만 18세 청소년이 처음으로 선거와 정당 활동에 참여하고, 지지하는 정당과 후보를 공개적으로 말할 수 있는 길이 열렸습니다. 안타깝게도 고3 연령대의 청소년만, 그것도 생일이 지나 만 18세가 된 극히 일부의 청소년들에게만 인정되는 권리이기는 하지만요. 소수의 청소년만 참정권을 갖게 되어서는 무시받기 일쑤였던 청소년들의 사회적 지위를 높이고 청소년을 위한 정치가 확산되기를 기대하기 어렵습니다. 그럼에도 청소년을 고려하는 정치가 시작되었다는 것만으로도 아주 중요한 변화라고 볼 수 있습니다. 그리고 이런 작은 변화조차 청소년과 그들의 곁에 선 시민들의 오랜 노력 끝에 거둔 결실이라는 점을 기억할 필요가 있습니다. 변화는 그저 주어지지 않거든요.

변화는 어디에서 오는가

1960년대 미국에서 흑인의 존엄과 인권을 요구했던 인종차별 철폐 운동에서 외쳤던 구호가 있습니다. "Delayed Justice, Denied Justice!(지연된 정의는 거부된 정의다!)" 기다리라는 말로 계속 연기되어 온 정의는 결코 오지 않을 정의인 만큼, 바로 지금 바로 여기서 정의를 얻어 내자는 요구를 담은 구호였습니다. '기다리라'는 말, '내일이 되면 좋아진다'는 말은 수많은 사회적 약자들이 지겹도록 들어 온 말들입니다. 더 이상 속지 않겠다, 참고 기다리지 않겠다, 변화는 우리의 힘으로 만들겠다고 결심한 이들이 인권의 역사를 써 온 주인공입니다. 청소년들도 그렇습니다.

2018년 미국 플로리다주 파클랜드에 소재한 더글러스 고등학교에서는 총기 난사로 많은 학생들이 목숨을 잃거나 다치는 참사가 일어났습니다. 이 일을 계기로 미국의 청소년들은 '정치가 만든 학살'의 책임을 물으며 총기 규제를 요구하는 전국적인 시위를 조직했습니다. 총기 산업과 결탁한 정치인들이 총기 규제 정책을 제대로 만들지 않은 결과, 참사가 되풀이되어 왔다는 것입니다. 여러 도시에서 이어진 〈우리의 생명을 위한 행진March for Our Lives〉의 선두에는 청소년들이 있었습니다. 이들은 총기 규제와 함께 선거권 연령을 만 18세에서 더 낮출 것도 요구했습니다. 청소년들이 더 많은 수의 유권자로 결집해 정치를 바꾸려고 생각한 것입니다.

시급한 기후 위기 문제에 대한 해결을 촉구하는 청소년운동도 세계적으로 확산되고 있습니다. 온실가스 급증으로 지구의 평균 기온이 대폭 상승하면서 태풍, 홍수, 폭염, 사막화, 생물종의 멸종 등 기후 재난 문제가 갈수록 심각해지고 있습니다. 스웨덴의 그레타 툰베리를 비롯하여 자신들을 '멸종 위기 1급'이라고 규정하는 청소년들이 〈미래를 위한 금요일Friday for the Future〉이라는 기후 파업을 이어 가고 있습니다. 그들은 "존재하지 않는 내일을 위해 왜 공부를 해야 하는가"라고 질문합니다. 그래서 등교를 거부하고 기후 위기 대책을 시급히 마련할 것을 자국 정부와 전 세계에 요구하고 있는 것입니다. 더불어 정부와 화석 연료 기업을 상대로 소송을 제기하는 '기후 소송' 운동도 이어지고 있습니다. 시민의 생명권,

특히 청소년과 앞으로 태어날 미래 세대의 생명권을 보장하는 데 필수적인 공공 자산을 제대로 보호하지 않는 정부와 기업의 책임을 묻겠다는 것입니다.

이런 청소년들의 움직임은 먼 나라 이야기만은 아닙니다. 한국에도 학생을 인간으로, 시민으로 대접하는 학교를 만들자며 학생인권법과 학생인권조례를 만들기 위해 노력해 온 청소년들이 있습니다. 그런 노력으로 대놓고 '학생이 인권은 무슨 인권이냐'던 학교에도 변화의 바람이 불었습니다. 민주주의를 요구하는 촛불을 함께 치켜든 청소년들도 있었습니다. 그런 노력으로 대통령을 끌어내리고 선거권 연령 하향의 시급성에 대한 공감대도 대폭 확장되었습니다. 학교 내 성폭력을 고발하고 성평등한 학교를 만들자며 '#스쿨 미투' 운동을 전개한 청소년들이 있습니다. 그런 노력으로 인해 모두에게 안전한 학교에 조금은 더 가까워졌습니다. 시급한 기후 위기 대책을 촉구하는 기후 파업과 기후 소송에 동참하는 청소년들도 늘어나고 있습니다. 그런 노력으로 우리를 포함한 생명들이 멸종될 위험이 조금 줄었습니다. 변화는 기다린다고 그저 찾아오지 않습니다. 우리가 외치고 움직이는 만큼 변화는 가까워집니다.

"청소년의 목소리를 공부하라!"

청소년은 사회적 '약자'이기에 불평등과 모욕을 일상적으로 경험합니다. 그런데 '약자'라고 해서 그저 '피해자'이기만 한 것은 아닙니다. 바로 그 '약자의 위치'로 인해 청소년들은 세상이 무심하게 지나치고 미처 알지 못하는 측면을 다른 각도에서 바라볼 수 있는 힘을 갖고 있습니다. 학교 현장이 어떤지는 학생의 입장에서 바라볼 때 비로소 제대로 드러납니다. 청소년 아르바이트 현장이 어떤지 역시 청소년의 경험과 목소리가 기록될 때 제대로 파악할 수 있습니다. 학교를 떠난 청소년의 목소리를 경청할 때, 기본적 인권인 교육권이 학교 밖에서도 보장될 수 있는 길이 보입니다. 부모가 자녀를 키우지만, 자녀 역시 부모를 돌보기도 한다는 진실은 자녀의 위치로 내려가 볼 때 비로소 보입니다. 청소년의 입장에서 역사를 다시 추적해 보면 잊고 있었던, 기록되지 못했던 청소년들의 역사도 다시 기록될 수 있습니다. 그래서 청소년 인권을 주장하는 이들은 이렇게 외쳐 왔습니다. "청소년의 목소리를 공부하라!"

　사회의 테두리에 놓인 약자들이 움직이면 사회의 모양이 변합니다. 그림을 그릴 때 컵의 테두리와 접시의 테두리를 달리 그리듯, 테두리가 달라지면 그 사회의 모습도 달라집니다. 청소년이 지금까지와는 다른 권리를 보장받을 때, 청소년이 사회가 지정한 장소에만 머무르지 않을 때, 우리 사회는 지금까지와는 다른 사회가 될 것입니다. 정의와 민주주의가 다시 쓰일 것입니다. 그래서 청소년 인권을 외치는 이들은 이렇게 말해 왔습니다. "청소년이 움직이면 세상이 바뀐다." "청소년이 투표하면 세상이 바뀐다."

❓ 만 18세부터 참정권이 보장되어 청소년들도 투표를 할 수 있게 되었습니다. 하지만 '청소년들이 과연 선거에 참여할 준비가 되어 있나?' 하는 생각도 들어요. 오히려 참정권을 갖기에는 미성숙하다는 인식이 더 강화될 수도 있지 않을까요? 또 참정권이 보장된다고 해서 청소년들의 권리가 획기적으로 나아질까요?

청소년 참정권을 이야기하면 우려들이 곧잘 제기됩니다. "잘못된 정보나 주변 사람들에게 휩쓸려서 투표하지 않겠느냐?" "정치에 대해 잘 모르면서 투표를 하면 안 되지 않느냐?" "실제 그런 일이 벌어진다면 결국 '거봐라. 참정권이든 뭐든 권리를 행사하기엔 무리다'라는 생각이 커질 수도 있지 않겠느냐?" 청소년에게 참정권을 보장해 본 경험이 없기에 기대보다는 우려가 먼저 떠오를 수도 있습니다. 그런데 저는 바로 이 우려들이야말로 청소년에게 참정권을 서둘러 보장해야 할 이유를 보여 준다고 생각해요.

우리 사회가 어떤 집단에 대해 참정권을 부정하는 이유는 두 가지로 압축됩니다. 하나는 그 사람들에게 생각과 판단을 할 힘이 없다고 여기는 것. 결국 대상화하고 사물로서 보는 것이죠. 또 하나는 이 나라의 구성원이 될 자격이 없다고 생각하는 것. 사실상 추방된 상태인 이방인 또는 유령으로 바라보는 것이죠. 그런데 여러분에겐 생각과 판단이 없나요? 여러분은 이 나라의 구성원이 아닌가요? 선거권이 보장된 사람들 중에서도 주변 사람이나 정치인에게 휩쓸려서 투표하거나 정치적 선택을 내리는 이들이 있습니다. 그렇다고 그 사람들의 '나이'를 문제 삼지는 않죠. 그 사람의 잘못된 판단을 지적하거나 안타까워할 뿐이에요. 저만 해도 어떤 문제에 대해서는 생각이 확립되어 있지만, 제대로 고민해 본 적이 없어 생각이 확립되어 있지 않은 문제들도 있습니다. 다른 많은 사람들도 마찬가지일 거라고 생각해요. 그런데 왜 유독 청소년에게만 나이 하나만으로 '모두가 미성숙하다', '모두가 생각이 없다' 또는 '모두가 생각이 확립되어 있지 않다'고 보는 것일까요? 그런 말들은 여러분의 생각입니까, 아니면 우리 사회가 계속 속삭여 왔던 말인가요?

정치에 대해 관심도 많고 잘 알고 있는 청소년도 있지만, 대부분의 청소년들이 정치에 대해 잘 모른다는 건 '아직까지' 사실인 것 같습니다. 그 이유가 무엇일까요? 지금까지 청소년들에게 '정치에 대해선 몰라도 된다. 너희는 신경 꺼라' 하며 사회가 속삭여 왔고, 무관심 또는 무지를 강요해 왔기 때문 아닐까요? 교육이나 청소년의 삶과 관련한 문제에 있어서는 오히려 여러분들이 더 전문가일 수 있습니다. 지금 학교에 대해, 여러분에 대해 잘 모르는 사람들이 교육 정책이나 청소년 정책을 결정하고 교육감을 뽑고, 국회에서 법률을 만들거나 고치고 있지 않습니까? 이건 굉장히 위험한 일이고, 엄청난 부조리라고 볼 수 있어요.

청소년 참정권 보장과 함께 학교에서 민주주의 교육을 더 확대해야 한다는 이야기가 많이 나오고 있습니다. 정치가 어떻게 작동하는지, 민주주의란 무엇인지 여러분이 더 잘 배울 수 있는 교육 환경이 만들어지면 앞서 얘기한 우려들도 줄어들 수 있겠죠. 그런데 저는 교육만이 능사가 아니라고 생각해요. 사람은 직접 권리를 행사하는 과정에서 더 많이 배우는 법이니까요. 저도 첫 투표를 준비할 때, 그리고 하고 나서 많은 것들을 배울 수 있었습니다.

2019년 11월, 제가 함께하고 있는 '촛불청소년인권법제정연대'에서 전국 중·고등학생을 대상으로 설문 조사를 실시한 적이 있었어요. '학생이 국회의원, 교육감 등 원하는 정치인을 뽑을 수 있다면 학교생활이나 학생 인권이 좋아질 것이다'라는 문장에 얼마나 동의하는지를 물어봤습니다. 응답자 2,871명 가운데 64.3%, 그러니까 1,845명이 '동의한다'고 답했습니다. 그 청소년들은 왜 그렇게 판단한 것일까요?

선거를 앞두고 있을 때면 많은 후보자들이 유권자들을 찾아갑니다. 그리고 그 사람들의 삶에 도움이 되는 공약을 소개하고 지지를 호소하죠. 정치인들은 때로 소속 정당의 이해를 앞세우거나 자기 신념을 고집하기도 하지만, 대부분은 유권자의 표를 더 얻느냐 마느냐를 기준으로 판단을 합니다. 당선된 뒤에도 다음 선거가 또 돌아오니까 공약을 이행하거나 이행하는 척이라도 합니다. 정책을 만들 때 유권자들을 초청해서 의견을 듣습니다. 이 모든 과정에서 비유권자인 사람들은 철저하게 소외됩니다. '표'가 되지 않기 때문이죠. 청소년 유권자가 지금보다 더 많아진다면, 정치인들이 청소년의 삶에 더 관심을 갖고 정책을 만들고자 애쓸 가능성이 높아지는 이유입니다.

물론 청소년의 생각에 영향을 주는 학부모를 우선 대상으로 생각할 수도 있고, 그럴 가능성도 높습니다. 선거권 연령이 만 18세로 내려간 지금도 청소년의 극히 일부만이 유권자가 될 뿐이고, 학부모 유권자 수가 훨씬 더 많으니까요. 학부모의 생각과 청소년의 생각이 일치하면 좋겠지만, 실제로는 그렇지 않은 경우도 많습니다. 청소년들은 학교의 휴대전화 압수에 반대하지만, 학부모들은 찬성할 수도 있으니까요. 그래서 더 많은 청소년이 유권자 대열로 합류하도록 선거권 연령을 더 낮춰 나가야 합니다.

무엇보다 참정권은 자격에 따라 부여하는 권리가 아니라 인권입니다. 자격에 따라 생명을 나눠서 보장하지 않듯이 말입니다. 어린이들도 꼭 국회의원, 교육감을 뽑는 투표가 아닐지라도 학교나 지역 사회 등에 참여할 기회를 보장받아야 합니다. 가족 안에서도 목소리를 낼 수 있어야 하고요. 이것도 정치에 참여할 권리입니다. 몇 살부터 가능하냐고 묻기보다 참정권을 모든 연령의 사람들에게 보장할 방안을 찾는다면 우리는 새로운 사회를 경험하게 될 것입니다.

청소년에게 참정권을 보장한다는 것은, 청소년의 의견을 일상적으로 묻고 청소년들을 다양한 의사 결정 과정에 초대하는 것입니다. 특히 청소년의 삶에 영향을 미치는 문제에 목소리를 낼 수 있는 환경을 만든다는 뜻입니다. 그렇게 된다면, '만 18세도 너무 높다. 선거 연령을 더 낮춰야 한다'는 의견도 많아지겠지요. 선거 연령 하향은 이제 시작일 뿐입니다. 이미 만 18세 선거권을 보장하고 있는 나라들에서 만 17세, 만 16세로 더 낮추자는 운동이 일어나고 있으니까요.

❓ 청소년들이 성숙하지 못하다고 판단해 보호 처분을 내리고, 노스쿨존을 만드는 등 편견이 만연한 사회라는 생각이 듭니다. 성인들도 범죄를 저지르고 성숙하지 못한 생각과 행동을 하는 사람들이 많은데도 말이죠. 유달리 청소년에게만 편견을 가지고 대하게 만드는 원인은 무엇일까요?

저는 학교 제도의 영향이 크다고 생각합니다. 어떤 특정 연령대가 한 장소에 이렇게나 많이 모여 있는 경우는 '학교' 말고는 없습니다. 조선 시대만 하더라도 청소년이라는 개념이 없었습니다. 성균관에서 공부하는 유생들의 나이도 다양했죠. 그런데 조선 말과 일제 강점기를 거치면서 생겨난 학교는 일정 연령대의 사람들을 모아 놓고 사회로부터 분리시켜 교육하기 시작했습니다. 어린이집, 초등학교, 중·고등학교, 대학교까지 점차 교육받는 기간이 늘어나면서 유아기, 아동기, 청소년기까지 연령에 대한 인식이 점차 세분화되기 시작했습니다. 그리고 이들을 학교에 장시간 붙들어 두기 위해 어떤 이미지들을 가져다 붙이고 낙인찍기 시작했죠. 어리다, 미성숙하다, 그래서 배워야 한다, 뭘 배울지는 어른들이 결정해야 한다, 어디로 튈지 모르니 통제해야 한다 등등. 이런 생각들이 청소년에 대한 편견으로 고착되었습니다. '청소년들은 다 그렇다'고 믿는 순간, 청소년들에 대해 궁금해하지 않고 멋대로 판단해 버리는 일들이 늘어납니다. 청소년을 미성숙하다고 생각하는 순간, 그 생각을 지지하는 증거들만 눈에 보이고 머리에 저장합니다. 일종의 '확증 편향'이라고 볼 수 있습니다.

어린 것은 죄가 아닙니다. 나이 드는 것이 죄가 아니듯 말입니다. 미성숙은 나이로 구분되지 않습니다. 통제하니까 벗어나려고 발버둥 치는 것이고, 나답게 살고 싶어서 현재의 나를 표현하는 거잖아요. 단지 애들이라서, 청소년이라서 어디로 튈지 모르는 것이 아닙니다.

흔히 '학창 시절은 사회로 나갈 준비를 하는 시기'라는 말을 많이 합니다. 그런데 이 말은 틀린 말입니다. 학교도 사회의 일부이고, 대한민국이 민주공화국이라면 학교 역시 민주공화국의 주권자이자 시민인 청소년들의 권리를 보장해야 합니다. 국가나 사회에 대해 목소리를 내고 변화를 촉구하는 사람, 바로 그 사람들을 우리는 '시민'이라고 부릅니다. 무엇보다 청소년이 주권자로서, 당당한 시민으로서 한몫을 담당한 역사적 사실이 엄연히 존재합니다. 일제 강점기부터 현재까지 역사의 굴곡마다 청소년이 등장하지 않았던 적이 없습니다. 11월 3일 학생독립운동기념일이 대표적인 예입니다. 최근에도 세월호 참사의 진실 규명을 외치는 일, 박근혜 대통령 탄핵을 촉구하는 일, 일본군 위안부 피해자 문제 해결을 외치는 일에 모두 청소년들이 함께했습니다. 또한 강제 야자나 두발 규제, 체벌, 학교 내 성폭력과 같은 일들이 예전보다 줄어든 까닭도 이 문제에 맞서 목소리를 낸 청소년들이 있었기 때문입니다.

결국 변화를 만드는 것은 우리 사회 모든 구성원의 책임이자 권리입니다. 사회에는 청소년의 곁에서 목소리를 내고, 청소년들의 인권 보장을 촉구하는 비청소년들도 많이 존재합니다. 그들 역시 청소년에 대한 편견을 바꾸기 위해 노력하고, 청소년들에게 더 많은 권리를 보장할 법률을 만들라고 요구하고 있습니다. 청소년의 곁에 서는 사람들이 많아질수록, 청소년의 인권을 옹호하는 법률이나 제도가 늘어날수록 청소년들이 느끼는 부담, 불이익에 대한 두려움도 줄어들 거라고 생각합니다. 만 18세 선거권을 쟁취한 것처럼 말이죠.

무엇보다, 청소년은 청소년이란 범주로 구분되기 이전에 한 사람 한 사람이 모두 고유한 존재입니다. 세상이 속삭이는 말들이 아니라, 여러분의 생각으로 청소년이란 존재를 바라보면 좋겠습니다. 자신의 생각, 바람, 느낌을 잘 들여다보고 존중하는 자세가 그 시작입니다.

기후 위기와 교육 혁명, 그 중심에 미래 세대가 서다

- 기후 파업과 생태 문명으로의 전환

이재영 공주대 환경교육과, 국가환경교육센터

공주대 환경교육과에서 예비 중등 교사를 가르치는 일을 하고 있습니다. 우리나라 아이들이 입시에 시달리느라 자연 속에서 친구들과 놀면서 자기 자신과 자신을 둘러싼 환경에 대해 배울 시간이 없어서 걱정이 많습니다. 2011년, 충남 서천으로 귀촌을 해서 바다와 강과 숲과 들이 어우러진 곳에서 살고 있습니다. 시간이 있을 때는 정원과 텃밭과 숲을 가꾸면서 지냅니다. 특히 도토리에서부터 키우고 있는 참나무 숲에 애정이 많습니다. 도토리 안에 감춰진 참나무를 보려고 노력 중입니다.

툰베리의 연설은 호소가 아닌 명령

여러분은 그레타 툰베리를 아시나요? 혹시 2019년 9월 23일 툰베리가 유엔에서 했던 연설을 들어 보았나요? 저는 툰베리의 연설을 여러 번 들었고, 특히 "How dare you……(감히 당신들이……)"라고 말하는 걸 들으면서 솔직히 깜짝 놀랐습니다. '세계의 내로라하는 리더들에게 온실가스 감축을 '호소'하면서 저렇게 건방진 말투를 쓰다니……. 저런 투로 말해서 청중들의 공감을 얻어 낼 수 있을까?' 하고 말이죠.

그러나 툰베리의 이 말은 시간이 지날수록 계속 제 마음속에 남아서 저 깊은 곳을 휘저었습니다. 그리고 오래지 않아 제가 무의식적으로 받아들이고 있고, 너무나 자연스럽고 정상적이라고 여겨 의식적으로는 잘 포착되지 않는 질서 혹은 규칙에 균열이 생겼다는 사실을 발견하게 되었습니다. 세대 간의 역할 차이, 그에 따라 요구되는 예의, 도덕, 규범과 같은 것들이 제 안에서 송두리째 깨지고 있었습니다.

옛날이나 지금이나 어른들은 보살핌이라는 이름으로 아이들에게 먹을 것, 입을 것, 잠잘 곳을 줍니다. 꼭 자기 아이가 아니더라도 어른은 아이를 돌봐야 한다고 느끼는 것 같습니다. 지금은 상상하기 어렵지만, 제가 어릴 때만 해도 한 동네에 살고 있는 친구의 엄마·아빠가 지나가는 저를 불러 밥 먹었냐고 물으시고 안 먹었다고 하면 밥을 먹여 주셨습니다. 얼굴이 지저분하면 저를 앉혀 놓곤 세숫대야에 물을 받아 씻겨 주시기도 했죠. 그 시절에는 동네 어른들이 함께 동네 아이들을 키웠다고 할 수 있습니다.

어른이 아이를 돌본다는 사실은 예나 지금이나 비슷하다고 해도, 아이들의 처지가 똑같은 것은 아닙니다. 예전에는 시골의 농장이나 도시의 공장에서 힘든 일을 하도록 강요당하는 아이들도 아주 많았습니다.《올리버 트위스트》라는 소설에서 볼 수 있듯이 산업 혁명에 불이 붙은 1830년대 영국의 공장에서는 초등학생 또래의 아이들이 하루 12시간씩 일을 했습니다. 아이들은 노조를 만들어서 자신의 권리를 주장하는 일도 없고, 어른들처럼 명령에 불복하는 경우도 적고, 임금을 조금만 줘도 되기 때문에 부려 먹기에 아주 좋았죠. 공장의 막힌 굴뚝을 뚫기 위해 굴뚝으로 들어간 아이가 죽으면, 그 죽은 아이를 꺼내려 다른 아이가 들어갔다가 또 죽는 경우도 적지 않았습니다. 일본에 가면 오래된 은광들이 많은데, 그 은광의 갱도는 어른들이 들어가기에는 너무 좁았습니다. 그 광산에서 은을 캤던 광부는 어린 아이들이었죠. 그런 상황을 고려해 보면 유럽에서 초등교육을 의무화한 이유가 아동들을 노동 착취로부터 보호하기 위해서였다는 주장도 일리가 있어 보입니다.

국제노동기구International Labour Organization, ILO는 1999년에 제네바 연례 총회에서 18세 미만 미성년자의 가혹한 노동과 매춘, 강제 징병 등을 금지하는 협약을 채택한 바 있습니다. 우리나라에서는 〈근로기준법〉 제64조에 15세 미만인 자를 근로자로 고용하지 못하게 금지하고 있습니다.[1] 아동 노동이 금지된 오늘날에는 과거에 비해 숫자가 많이 줄어들었지만, 세계 곳곳에서는 여전히 거칠고 힘든 노동을 해야만 하루하루 먹고살 수 있는 아이들이 많습니다. 국제노동기구와 국제사면위원회 Amnesty International, AI에 따르면 매일 60명의 아이들이 고된 노동으로 인해 생명을 잃고 있고, 어른에게도 위험한 노동에 동원되는 아이들의 숫자가 세계적으로 8,500만 명에 이른다고 합니다. 아이들이 온전하게 어른으로 성장하기 위해서는 어른들의 배려와 돌봄이 필요한 건 분명합니다.

그러나 세상에 공짜는 없습니다. 이제 아동과 청소년은 어른들의 따뜻하고 사려 깊은 보살핌의 대상이면서 동시에 어른의 통제, 지도, 감독의 대상이 되었습니다. 우리는 흔히 경험이 많은 어른들은 현명하고 아이들은 어리석다고 생각합니다. 어른들은 무상으로 먹여 주고 입혀 주고 잠잘 곳을 베풀고, 아이들은 그 보살핌 속에서 자라납니다. 따라서 어른들

---

1) 근로기준법 제64조(최저 연령과 취직인허증) ① 15세 미만인 자(「초·중등교육법」에 따른 중학교에 재학 중인 18세 미만인 자를 포함한다)는 근로자로 사용하지 못한다. 다만, 대통령령으로 정하는 기준에 따라 고용노동부장관이 발급한 취직인허증(就職認許證)을 지닌 자는 근로자로 사용할 수 있다. 〈개정 2010. 6. 4.〉

이 결정하고 명령하면 아이들은 순순히 복종하고 따라야 한다고 생각합니다. 어른은 갑甲이고, 아이는 을乙입니다. 이렇게 두 세대 간에는 강력한 역할 분담에 대응하는, 넘어서는 안 되는 선이 생겨났고 당연하게 여겨져 왔습니다.

그런데 최근 들어 기후 위기와 환경 재난을 겪으면서 오늘날의 어른들은 아이들의 미래를 망치는 악당으로 규정되기 시작했습니다. 오스트레일리아의 국립기후복원센터가 2019년 5월에 발간한 보고서에 따르면, 2050년이 되면 현재 인류의 55%가 살고 있는 지역은 더 이상 사람이 살 수 없게 될지도 모른다고 합니다. 면적으로 계산하면 지구 전체의 35% 정도에 해당합니다. 지금 열다섯 살인 제 아들은 그때가 되어도 고작 마흔다섯 살에 불과합니다. 현재 미래 세대가 30·40대가 되었을 때 직면해야 할 일입니다.

툰베리가 2018년 8월부터 스웨덴 국회의사당 앞에서 금요일마다 시위Friday for Future를 시작하게 된 결정적인 계기가 있었다고 합니다. 학교에서는 과학이야말로 가장 객관적이고 믿을 수 있는 지식과 정보를 알려 준다고 가르쳐 왔습니다. 그런데 전 세계의 기후 과학자 수천 명이 모여서 연구한 결과, 지구의 연평균 기온이 산업 혁명 이전에 비해 1.5°C 이상 오르게 되면 기후 변화로 인한 재난은 돌이킬 수 없게 되고, 그걸 막을 수 있는 시간이 2018년 기준으로 12년밖에 남지 않았다고 경고했습니다. 여기서 툰베리는 두 가지 질문을 하게 되죠. 첫째, 만약 머지않아 지구 전체가 생태적 위기에 빠지게 되고 인류의 생존이 위협받게 된다면 지금 학교에서 공부하는 게 어떤 의미가 있을까? 둘째, 과학자들의 경고에도 불구하고 왜 정부는 아무런 대책을 내놓지 않는가?

환경운동 분야에서는 오래전부터 회자되어 오던 말이 있습니다. '자연은 현세대가 다음 세대에게 물려주는 것이 아니라, 현세대가 미래 세대로부터 빌려 온 것이다.' 그래서 자연을 오염시키거나 훼손하지 않고 다음 세대에게 온전하게 물려주는 것이 현세대의 책임이라고 말합니다. 이런 생각은 1985년 세계환경개발위원회가 〈우리 공동의 미래Our Common Future〉라는 보고서를 내면서 처음으로 '지속 가능 발전Sustainable Development'이라는 용어를 정의할 때도 반영되었습니다. 지속 가능 발전이란 '미래 세대가 자신들의 필요를 충족시키는 데 필요한 능력을 손상시키지 않으면서 현세대의 필요를 충족시키는 발전'이라고 정의했으니까요.

여기서 잠깐 권리와 의무의 관계에 대해 생각해 볼까요? 어떤 사람이 길을 가다가 강아지를 발로 찼고, 그로 인해 강아지가 고통을 겪었다고 가정해 봅시다. 이 사람은 강아지에 대해 윤리적 의무를 다하지 않았다고 말할 수 있을까요? 그 사람에게 강아지를 발로 차서 고통을 가하면 안 된다는 윤리적 의무가 있다고 말하는 순간, 의식했든 못 했든 간에 우리는 그 강아지에게 도덕적 지위가 있다는 것을 인정하는 셈이 됩니다. 강아지도 하나의 생명으로서 고통받지 않을 권리를 갖고 있으며, 그에 대응하여 우리에게는 강아지에게 불가피하지 않은 고통을 주면 안 된다는 윤리적 의무가 발생한다는 것이죠.

자, 그렇다면 아직 어린 세대 혹은 아직 태어나지 않은 미래 세대가 주

장할 수 있고, 또 현세대가 보장해야 할 의무가 있는 가장 기본적인 권리
는 무엇일까요? 저는 그것이 바로 다음 세대의 '존재할 권리'라고 생각합
니다. 여기서 잠시, 지난해 '기후 결석 시위(기후 파업)'에 참가했던 한 학생
의 이야기를 인용해 볼게요.

"(기후 위기로 인해) 인간 자체가 다 멸종된다 해도 굉장히 오랜 시간
이 걸릴 거예요. 그런데 약자들은 조금 더 빠르게 멸종될 수 있고, 그
약자에 청소년도 포함된다고 생각해요. 저희가 쓰는 '멸종'이라는 단
어의 의미에는 인간이라는 종 자체가 멸종된다는 뜻도 있지만, '우리가
꿈꾸는 미래가 사라진다'는 의미도 있거든요."[2]

아이들은 이제 '미래에도 자신이 존재할 권리'를 주장하면서 어른들과
의 위계적, 수직적 관계를 의심하기 시작했습니다. 어른이 위에 있고 아이
는 아래에 있는 관계, 어른은 명령하고 아이들은 따라야 하는 관계, 어른
들이 결정하면 아이들은 받아들여야 하는 관계, 이런 익숙하고 자연스럽
고 정상적이라고 생각했던 관계를 조금씩 깨뜨리기 시작한 것이죠. 저는
툰베리의 연설이 그런 변화를 압축적으로 보여 주는 상징적 표현이라고

---

[2] "'기후 결석 시위' 참석했다 징계 압박 받은 고등학생…"현실적 기후 위기 교육 원해"", 〈경향신
문〉, 2019년 10월 16일. 청소년 기후행동에서 〈기후를 위한 결석 시위〉를 기획한 고등학생 김서경을
인터뷰한 기사.

생각합니다. 어제까지 존댓말을 쓰던 사람이 갑자기 반말을 할 때 느낄 당혹감을 우리는 너무 쉽게 짐작할 수 있지 않나요.

툰베리뿐만이 아닙니다. 지금 이 순간에도 세상에는 무수한 툰베리들이 태어나고 성장하고 있습니다. 올 초 초등학교 졸업을 앞둔 김아진 양이 〈한겨레〉 시론[3]을 통해 기후 위기에 대한 어른들의 책임을 따져 물었습니다. 비슷한 시기에 영국 국회의사당 밖에서는 열여섯 살 일라이저 맥켄지-잭슨이 단식 농성을 시작했습니다. 툰베리의 〈미래를 위한 금요일〉 운동의 일원이며, 젊은 기후활동가인 그는 잉글랜드 북서부의 석탄 광산 개발을 저지하기 위한 시위를 벌이고 있습니다.

기후 위기와 환경 재난의 시대, 이제 어른과 아이의 관계는 완전히 새로운 단계에 접어들지도 모르겠습니다. 남녀 사이의 차별보다 더 뿌리 깊은 차별, 바로 어른과 아이 사이의 차별이 도마 위에 올랐고, 툰베리는 그 선을 넘었습니다. 이번 21대 국회의원 선거에서 새롭게 투표권을 갖게 된 청소년들은 어떤 미래를 선택했을까요? 혹시 그들은 투표용지 위 어디에도 선택할 미래가 없다고 느끼지는 않았을까요? 툰베리는 어린 아이로서 어른에게 '호소'한 게 아니었습니다. 미래 세대로서 현세대에게 '명령'한 것이었습니다.

---

3) "'기후악당' 대한민국", 〈한겨레〉, 2020년 1월 27일. 김아진(대구 봉무초)의 이 칼럼은 〈한겨레〉에서 초등학생의 글을 처음으로 기명 시론으로 채택해 화제가 되었다.

기후 결석 시위 = 권고와 징계

2019년 9월 27일 광화문에서는 청소년들의 〈기후를 위한 결석 시위〉가 있었습니다. '기후 파업Climate Strike'이라고도 하는데 저는 '기후 결석 시위'라고 하는 게 좋을 것 같아서 그렇게 부르겠습니다. 저도 그날 현장에 있었습니다.

기후 결석 시위를 전후해서 몇 가지 생각해 볼 만한 뉴스가 보도되었죠. 이탈리아의 피오라몬티 교육부 장관은 기후 결석 시위에 참석한 청소년들이 학교에서 불이익(결석 처리)이나 처벌을 받지 않도록 하라는 지시를 내렸습니다. 그뿐만이 아니라 2020년 9월에 시작되는 정규 학기부터 모든 공립학교 학생들은 의무적으로 연간 총 33시간의 기후 변화에 관한 수업을 이수하게 될 것이라고 밝혔습니다. 예를 들어, 6~11세의 어린이들은 다른 문화권의 동화를 통해 환경과 사람이 어떻게 연결되는지를 배우고, 중학생은 환경과 관련된 과학 기술적인 내용을 배우고, 고등학생은 유엔의 '지속 가능 발전 목표Sustainable Development Goals, SDGs'에 대해 공부하게 될 것이라고 합니다. 또한 환경교육을 윤리, 지리, 수학, 물리학 등 전통적인 교과목과 연결해서 통합적인 수업을 진행할 것이라고 합니다.

우리나라의 교육 당국은 어떻게 반응했을까요? 기후 결석 시위가 있은 지 약 한 달이 지난 2019년 10월 21일, 유은혜 교육부 장관은 국회 교육위원회 감사에 출석해서 "학생들의 학습권 보장 차원에서 기후 결석 시위에 참여하더라도 불이익을 받지 않도록 보장하겠다"라고 말했습니다. 유 장관은 김해영 의원이 "일부 학교에서 결석 시위에 나가기만 해도 징계하겠다고 압박한다고 하는데 이는 부당하다"라고 지적하자 "학생들이 문제의식을 가지고 소신을 펼치는 행위도 체험이나 학습이라고 생각한다"라면서 "학습권이 보장되도록 시·도교육청과 적극적으로 조처하겠다"라고 말했습니다.[4]

그러나 현실은 유은혜 장관의 답변처럼 되지는 않았습니다. 이미 서울의 인문계 고등학교에 다니는 한 학생은 기후 결석 시위에 참석하겠다는 뜻을 밝혔다가 학교 측으로부터 '그런 시위에 참가할 경우 징계위원회에 넘기겠다'는 압박을 받았다고 합니다.[5] 이 학생은 2019년 5월 24일 기후 결석 시위에서 '학교에서 제대로 된 기후 변화 교육을 받고 싶다'는 내용의 성명서를 낭독했고, 그 내용이 기사화되면서 학교에서도 알게 되었습니다. 이후 9월 27일에 열린 기후 결석 시위에 참석하기 위해 체험 학습 신청서를 학교에 제출하자 담임 교사에게 부당한 압력을 받은 것입니다. 그 학생이 인터뷰한 신문 기사의 내용에 기초하여 학생과 담임 교사 사이에 오고 간 대화를 구성해 보면 이렇습니다.

학생 : 체험 학습 신청서를 내려고요. 목적은 '기후 위기 대응 결석 시

---

4) "유은혜 "기후 위기 결석 시위는 '학습'…보장 조처", 〈연합뉴스〉, 2019년 10월 21일.
5) 앞의 〈경향신문〉 기사.

위에 참여해, 청소년으로서 기후 위기 대책을 요구한다'라고 썼
　　　 어요.

교사 : 수업 시간에 한 번도 기후 변화라는 말을 들어 본 적 없어? 학교
　　　 에 제안해도 되는 일을 굳이 거리에 나가서 해야 할 필요성이 있
　　　 냐는 말이야!

학생 : 저희는 저희 앞의 50년에 대해 절박한 마음으로 얘기하는 거
　　　 예요. 청소년들에게는 힘이 없기 때문에 할 수 있는 게 이 정도
　　　 인 것 같아요.

교사 : 학생이 시위에 나간다는 것 자체가 학교의 명예 실추고 불명예
　　　 야. 네가 그 자리에 나가는 순간 학교에서는 너를 징계위원회에
　　　 넘길 수밖에 없다. 징계 조치를 취할 거야.

　앞서 청소년 기후행동은 5월 24일 기후 결석 시위 후, 서울시교육청에
청소년들의 입장을 전달하고, 답변을 받을 생각을 했습니다. 그래서 6월
초에 이 학생과 청소년 기후행동 동료들이 교육청 장학사를 만나게 되었
는데 매우 실망스러웠다고 합니다. 인터뷰 기사의 내용을 기초로 그 당시
상황을 구성해 보았습니다.

학생 : 교육과정에 기후 변화에 대한 내용을 넣어 주세요. 그리고 기후
　　　 현실과 동떨어지지 않은 내용을 배울 수 있게 해 주세요.

장학사 : 지금 학교에서는 기후 관련 교육을 충분히 많이 하고 있어.

학생 : 저희가 말하는 기후 관련 교육은 생태교육이 아니라 '기후 위기'
　　　에 관련된 현재 상황에 대한 교육을 말하는 거예요.
장학사 : 이런 활동은 누가 시킨 거니? 너희들 배후에 누가 있어?

〈기후를 위한 결석 시위〉가 열리기 하루 전인 2019년 9월 26일, 서울시와 서울시교육청이 발표한 '생태문명 전환도시 서울' 공동선언문 5번 항목에는 "서울시교육청은 학교에서 학생들의 기후 위기 대응 활동을 지원하기 위한 지원금 마련과 학생들의 참여를 위한 시간을 적극 확보한다"라고 명시되어 있었습니다. 서울시교육청은 학생들과의 약속을 지키기 위해 '생태전환교육'을 위한 5개년 계획을 세우고, 학교 안팎에서 실행하기 위한 노력을 시작했습니다. 청소년들이 교육의 대상이 아니라 배움의 주체로 참여할 수 있도록 민주시민교육과 연결해서 다룬다고 합니다. 그 당사자인 청소년 여러분이 직접 참여하고 지켜보면 좋겠습니다.

선거관리위원회와 청소년 정당 '모스키토'

2019년 12월 27일 〈공직선거법〉 일부 개정안이 통과되면서 만 18세 청소년도 투표권을 갖게 되었습니다. 지난 21대 국회의원 선거 때 투표권을 갖게 된 청소년의 숫자는 약 52만 명이며, 이 중 고등학생은 총 14만 명으로 추산됩니다. 김대중 대통령이 당선된 15대 선거에서는 39만 표, 노무현 대통령이 당선된 16대 선거에서는 57만 표 차이로 당선자가 결정되었죠. 그만큼 새로 늘어난 청소년 유권자들의 표심이 무시할 수 없는 변수가 될 수 있다는 뜻입니다.

민주시민교육에 관심이 많은 서울시교육청은 만 18세 고3 학생이 선거권을 갖게 됨에 따라 3월에 '2020 총선 모의선거 프로젝트 학습'이라는 이름으로 관내 고등학교 19곳, 중학교 11곳, 초등학교 10곳에서 모의선거 교육을 하려고 했습니다. 그런데 중앙선거관리위원회는, 교사는 공무원이고, 학생은 선거권자에 해당하므로 〈공직선거법〉 제86조 1항 3호 '공무원이 정당 또는 후보자에 대한 선거권자의 지지도를 조사하거나 발표하는 행위를 금지'하는 조항에 저촉된다고 해석했습니다. 여러분의 생각은 어떤가요?

혹시 〈모스키토〉라는 연극에 대해 들어 본 적이 있나요? 독일 원작 〈모기들 납신다〉를 극단 학전의 김민기 대표가 번안해 연출한 작품입니다. 우리나라에서는 〈모스키토〉와 〈굿모닝 학교〉라는 제목으로 1997년 초연한 후 지난 2018년까지 연극과 뮤지컬로 공연되었습니다. 번안된 연극의 줄거리는 이렇습니다. '탁상회의', '자기만족연합', '각나라당' 이 세 정당은 유권자 숫자만큼 나오는 정당 보조금을 조금이라도 더 받기 위해서, 중학생 이상 청소년들에게도 선거권과 피선거권을 주기로 합의합니다. 그러자 HOT, 젝스키스가 전국구 후보로 나오게 되고, 학생들은 저마다 지지하는 스타별로 갈려 패싸움을 벌이기도 합니다. 그런데 시간이 흐르면서 어른들이 생각지 못한 상황이 벌어지게 됩니다. 어느 신도시에 있는 고등학교 1학년 학생들이 모여서 '모스키토'라는 이름의 정당을 만들어 버린 것입니다. '모기처럼 따끔하게 어른들에게 똥침을 날리자'라는 슬로건을 내건 모스키토당은, 학부모들의 치맛바람에 흔들리고, 학생들을 점수 따는 기계로 만들고, 감옥같이 변해 버린 교실과 교육 현실을 개혁하겠다며 새로운 정치 세력으로 등장하게 됩니다. 청소년들을 어리숙하게만 생각하고 그저 정당 보조금을 조금 더 받기 위해 이용하려던 정치인들은, 청소년들의 생각지도 못한 대응에 당황해합니다. 어른들은 언론 등 온갖 술수를 동원해서 모스키토당을 괴롭히지만, 디지털 키드인 10대들은 익숙한 인터넷을 이용해서 흥미진진한 싸움을 벌입니다. 이후 전개는 스포일러가 될 수 있으니 생략합니다. (웃음) 그러나 앞서 이야기한 것처럼 어른과 아이의 관계가 어떠해야 하는가에 대해 많은 생각거리를 주는 연극임에는 틀림없습니다.

기후 변화와 죄책감, 수치심, 불안감

평생 교도소에서 근무하셨던 아버지로부터 언제가 이런 이야기를 들은 적이 있습니다. 사형수들은 대부분 총에 맞아 죽거나 목이 졸려 죽기 전에 이미 심장 마비로 죽는 경우가 대부분이라고. 아버지께서 직접 경험하신 것인지는 확인할 수 없지만, 사형수들은 물리적으로 죽기 전에 눈

앞에 닥쳐온 죽음의 공포로 인해 심리적으로 먼저 사망한다는 이야기였습니다. 저는 기후 변화가 지구의 물질 순환과 생명 지원 체계를 교란하거나 파괴하기 이전에 인류의 마음(양심)과 영혼에 더 큰 상처를 줄 가능성이 높다고 생각합니다.

최근 기후 위기와 관련해서 쏟아져 나오는 과학자들의 보고서, 경고, 선언은 거의 종말론적인 느낌을 줍니다. '이미 늦었다'라는 말은 가슴을 철렁하게 만듭니다. 인류가 자신의 역사를 기록하기 시작한 이래, 최소한 지난 몇천 년 동안 종말론이 사라진 적은 아마 한 번도 없었을 것입니다. 그만큼 종말론은 죽는 것보다 못한 삶을 살면서도 언제 죽을지 모르는 불확실성에 시달려 온 사람들에게는 아주 익숙한 이야기입니다. 21세기를 맞이하던 순간에도 인류는 수많은 종말론에 시달려야 했고, 인류의 도우미라고 믿었던 컴퓨터 프로그램까지 가세해서 '혼돈과 들림(휴거)의 썰들'을 풀어놓았습니다. 그리고 그 모든 '썰'들은 예상대로 '썰'로 끝났습니다. 그리하여 인류는 이제 4차 산업 혁명과 인공 지능의 시대를 맞으며 마지막 양치기 소년을 저 멀리 보내 버렸고, 다시는 이런 싸구려 종말론에 현혹되지 않을 것이라 확신했던 것 같습니다.

그런데 20년도 채 지나지 않아 느닷없이 새로운 종말론이 등장했습니다. 그것도 IPCC^{Intergovernmental Panel on Climate Change 6)}라는 세계 최고의 기후 과학자 집단에 의해서. 최첨단 슈퍼컴퓨터를 총동원해 시뮬레이션을 해 본 결과라는 친절한 설명과 함께요. 지난 수십 년 동안 학교 수업을 통해 과학만큼 믿을 수 있는 게 없고, 과학만큼 정확한 게 없고, 과학만큼 객관적인 게 없다고 배워 온 우리에게 이건 날벼락이나 다름없는 소리입니다. 툰베리가 느꼈을 좌절감이 이해가 됩니다.

기후 위기 비상 행동을 촉구하는 툰베리에게 "네가 메시아냐?"라며 비아냥거리는 어른들이 아직도 많습니다. 종말론이 시중을 떠도는데 메시아가 없으면 그게 더 이상한 거 아니겠습니까? 지금의 청소년은 인류 역사상 가장 과학적 근거를 가지고 자신들이 언제 죽을지 예측할 수 있게 된 첫 번째 세대입니다. 그 세대가 가만히 있으면 그게 더 이상한 거 아닐까요? 어른들은 이 세대들이 앞으로 더 강하게 느끼게 될 불안과 공포에 공감할 수 있을까요?

호주에서 대형 산불이 발생하고 약 6개월 동안 계속되면서 비극적인 소식들이 연달아 들려왔습니다. 포유류는 물론 조류, 양서류, 파충류 등을 포함하여 약 10억 마리 이상의 동물이 죽었다는 소식은 많은 사람들의 마음을 아프게 했습니다. 호주는 캥거루와 코알라의 나라로 알려져 있기 때문에 특히 이 두 종이 처한 위기 상황에 대한 보도가 많았습니다. 그중에서도 철조망을 붙잡고 타 죽은 어린 캥거루의 모습은 많은 사람들의 마음을 흔들어 놓았습니다.

이런 심리적 상처의 징후는 이전부터 있었습니다. 플라스틱 쓰레기로

---

6) 인간의 활동이 기후 변화에 미치는 영향과 위험을 평가하고 국제적 대책을 마련하기 위해 세계 기상기구WMO와 유엔환경계획UNEP이 1988년 11월 공동으로 설립한 유엔 산하 국제 협의체이다. 기후 변화 문제의 해결을 위한 노력이 인정되어 2007년 노벨 평화상을 수상하였다.

가득한 거북이의 뱃속을 보았을 때, 유리창에 부딪혀 죽은 수천 마리 새들의 사체를 보았을 때, 굶주려 말라 죽은 북극곰과 다른 북극곰의 새끼를 잡아먹는 북극곰을 보았을 때도 우리 마음속에서는 비슷한 일이 벌어졌습니다. 어떤 불길한 예감 혹은 종말론적 징후들을 보고 있는 것 같은…….

바닷가로 떠내려온 죽은 고래의 모습은 피란길에 타고 가던 보트가 뒤집혀 터키 해변에서 주검으로 발견된 세 살배기 시리아 난민 아이의 모습과 겹쳐졌습니다. 어린 새끼에게 알록달록한 플라스틱 조각을 먹이고 있는 어미 알바트로스의 모습은, 임신 중과 출산 후에 가습기 살균제를 계속 사용해서 두 아이를 잃은 엄마의 절규하는 모습을 떠오르게 했습니다.

일본 속담에 '오늘 새에게 일어난 일이 내일 사람에게 일어난다'라는 말이 있다고 합니다. 우리가 느끼는 불안감은 이런 불길한 예감에서 비롯된 것일까요? 우리는 모두 직관적으로 알고 있습니다. 내가 직접 죽이지는 않았을지라도, 저 죽음에 연루되어 있다는 것을.

2019년부터 인터넷과 SNS에 자주 등장하기 시작한 말이 있는데, 그것은 바로 기후 죄책감climate guilt, 기후 수치심climate shame, 그리고 기후 불안감climate anxiety입니다. 최근 들어 기후 위기로 인한 불안감이나 죄책감 등으로 인해 정신과 상담이나 치료를 받는 사람의 수가 늘어나고 있다고 합니다. 또 기후 변화 문제가 새로운 돌파구를 찾기 전까지는 결혼도 하지 않고 아이도 낳지 않겠다고 밝힌 여성들의 모임도 생겼습니다. 기후 위기와 환경 재난이 점점 더 심각해지는 상황에서 아이를 낳는 것이 무책임한 일이라고 생각했기 때문이겠죠.

기후 위기와 환경 재난이 나 자신과 이웃, 미래 세대 그리고 자연을 함께 파괴하고 있다는 점에서, 그런 현재의 위기 상황을 초래한 복잡한 인과 관계 속에서 완전히 자유로울 수 있는 사람은 아무도 없다는 점에서 죄책감이 드는 걸 피하기는 어려워 보입니다. 또 그런 죄책감이 나 자신이나 우리 사회를 바꾸는 좋은 에너지가 될 수도 있을 것입니다. 그러나 기후 변화에 대해 개인적인 죄책감을 느끼는 것만으로는 문제 해결에 도움이 되지 않는다는 의견도 있습니다. 그 이유를 세 가지 정도로 나눠서 생각해 볼 수 있습니다.

첫째, 지난 30년 동안 전 세계적으로 배출된 온실가스의 2/3는 지구적 자본이 지배하는 100대 기업에 책임이 있다고 합니다. 그러니까 실제로 기후 변화의 원인 물질을 내뿜고 있는 것은 대기업들인데 개인들이 그 책임을 떠안는 것은 옳지 않다는 것이죠. '내 탓이요'라는 말이 항상 좋은 것은 아닙니다. 비판의 화살을 엉뚱한 방향으로 돌리게 함으로써 정말 책임을 져야 할 기업들에 면죄부를 줄 수 있기 때문에 조심해야 합니다. 최근에는 한발 더 나아가서 기업과 정부가 광고나 교육을 통해 시민들에게 계속해서 죄책감을 느끼게 만들고 있습니다. 뻔뻔하다고 하지 않을 수가 없습니다.

여러분은 전 세계적으로 심각해지고 있는 기후 변화와 그로 인한 영향에 대해 죄책감을 느끼나요? 세계적인 여론 조사 전문 기관인 글로브스

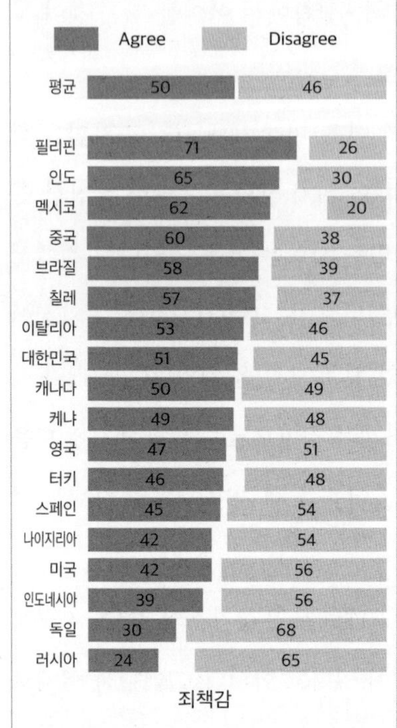

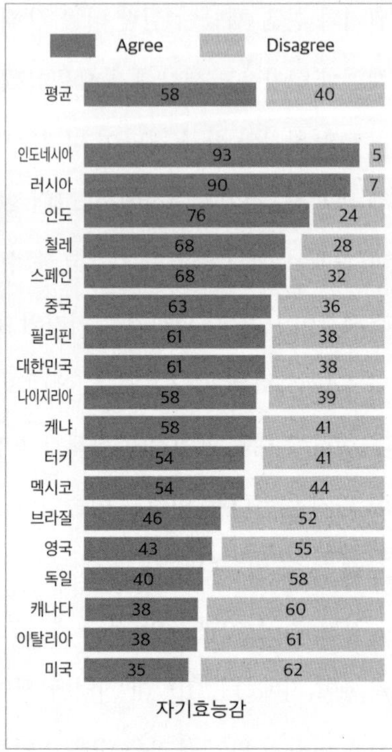

캔GloveScan이 2007년에 18개국의 성인을 대상으로 기후 변화에 대해 죄책감과 자기효능감[7]을 느끼는지를 조사한 결과를 보면, 전체 평균 50%의 응답자가 죄책감을 느낀다고 응답했습니다.

필리핀이 71%로 가장 높았고, 인도(65%), 멕시코(62%), 중국(60%)의

______

7) 자기효능감sense of efficacy은 '변화를 만들어 낼 수 있는 힘이 나에게 있다고 느끼는 정도'를 나타낸다.

순서였으며 한국은 51%로 전체 평균과 비슷한 응답을 보였습니다. 죄책
감을 느끼지 않는다고 응답한 나라를 보면, 독일이 68%로 가장 높고, 러
시아(65%), 미국(56%), 인도네시아(56%)의 순서로 나타났습니다. 이 조
사의 결과를 보면 흥미롭게도 각국의 생태 발자국 크기와 그 나라의 시
민들이 느끼는 죄책감 사이에 상관관계가 없는 것으로 나타났습니다. 생
태 발자국이 큰 선진국의 시민들이 개발 도상국 시민들보다 더 큰 죄책
감을 느낄 것 같은데 결과는 그렇지 않았습니다. 개인적으로 책임감이나
죄책감을 적게 느낀다는 것은 그 책임의 화살을 다른 사람이나 국가, 정
부, 기업 등으로 돌릴 심리적 명분이 있음을 암시합니다.

그에 비해 부정적인 자기효능감[8]은 인도네시아(93%), 러시아(90%), 인
도(76%) 사람들이 가장 높았고, 미국(35%), 이탈리아와 캐나다(38%), 독
일(40%) 사람들이 낮게 나타났습니다. 한국은 61%로 전체 평균인 58%
와 비슷하게 나타났습니다.

보고서는 미국과 독일을 한 그룹으로 묶고, 러시아와 인도네시아를 다
른 한 그룹으로 묶어서 비교해 보면 흥미로운 결과를 찾을 수 있다고 제
안합니다. 미국이나 독일 사람들은 자신들이 중국이나 인도 사람들보다
자원 재활용도 잘하고 신재생에너지 사용률도 높다고 생각했습니다. 그
로 인해 개인적으로 '할 수 있는 일도 많고' 또 '할 만큼 하고 있다'는 생각

---

8) '기후 변화를 막기 위해서 내가 할 수 있는 일은 거의 없다'라는 진술에 대한 동의 여부를 물어본
결과이다.

에 죄책감을 적게 느끼는 것으로 해석됩니다. 그 결과 개인적 책임보다는 제도화를 통한 국가의 책임이나 기업의 역할을 강조하는 경향을 보였습니다. 그에 비해 러시아와 인도네시아 사람들은 죄책감도 매우 적게 느끼면서 동시에 자기효능감도 가장 낮은 편인데, 이는 '내가 할 수 있는 일이 없기 때문에 죄책감을 느낄 이유도 없다'며 스스로를 정당화하고 있다고 해석할 수 있습니다.

반면 필리핀, 인도, 중국 등 개발 도상국의 사람들은 흔히 나빠진 환경 상황에 대해 개인적 죄책감은 높은데 자기효능감은 낮아서, 심리적으로 억눌린 상태에 빠지기 쉽고 사회적 책임이나 실천에 대한 인식으로 이어지지 못하는 경우가 많다고 합니다. 따라서 시민들의 심리적 특성을 이해하고 이를 바탕으로 한 맞춤형 환경교육의 필요성이 제기되고 있습니다. 또한 교육과 종교가 머리를 맞대고 기후 위기의 공포와 불안 그리고 죄책감과 무력감을 극복하기 위해 함께 노력해야 할 것입니다. 기후 변화의 공포와 불안 그리고 죄책감을 어떻게 다룰 것인가는 앞으로 교육과 종교가 함께 머리를 맞대어야 할 중요한 과제가 될 것입니다.

둘째, 자본주의 시장 경제가 지배하는 현실 속에서 소비자로서 하루하루를 살아가는 우리도 기후 변화의 원인을 제공한 책임이 분명 있습니다. 그러나 시민 한 사람 한 사람이 일회용품을 덜 사용하거나 대중교통을 더 이용하는 방식의 개인적 실천을 통해 기후 변화를 완화할 수 있는 가능성은 거의 없습니다. 자연을 돈벌이의 수단으로만 생각하고, 더 많이 구매하고 소비하고 폐기하게 만드는 우리 사회의 산업, 교통, 에너지 시스템을 바꾸지 않으면 안 됩니다. 개인적 실천을 넘어 반환경적 시스템을 바꾸기 위한 사회적 실천이 더 필요합니다.

셋째, 기후 변화나 환경 재난을 극복하려면 그로 인해 어떤 존재들이 가장 먼저, 가장 혹독하게 고통을 받고 있는지 집요하게 살펴볼 필요가 있습니다. 죄책감이 들면 사람들은 그 문제를 회피하거나 더 이상 깊이 고민하지 않으려는 경향을 보입니다. 생각하면 할수록 괴롭기 때문이 죠. 죄책감을 내면화한 자아는 스스로 판단하고 결정하기보다는 바깥의 권위에 복종하게 될 위험이 크다고 합니다. 페미니즘 이론은 우리에게 강한 객관성strong objectivity을 가지라고 충고합니다. 어떤 상황이나 사태를 가장 객관적으로 이해하려고 한다면, 강자나 지배자의 시선이 아니라 가장 약한 사람 혹은 소수자의 관점에서 보라는 것입니다. 그렇게 하려면 죄책감에 갇혀 쪼그라들지 않는 강한 자아가 필요합니다.

지속 가능성 : 존재와 생성의 통일

일본의 마쓰모토 미와오 도쿄대 교수는 오늘날 우리가 겪고 있는 기후 위기나 후쿠시마의 핵발전소 붕괴와 같은 사고를 구조적 재난이라고 말했습니다. 구조적 재난이란 태풍이나 화산 폭발과 같은 자연적 재난도 아니고, 사람의 실수나 악의로 인해 저질러진 사회적 재난도 아니라는 뜻입니다. 단기적 이익과 효율성만을 추구하는 우리 사회(산업 문명)의 시스템 그 자체가 만들어 낸 재난이며, 전문성이라는 이름하에 잘게 나뉘고 단절된 의사 결정과 실행 방식으로 인해 생겨난 것이기 때문에 재난이 발생해서 많은 사람이 죽거나 고통을 받고 있음에도 불구하고 아무도 책임질 사람이 없게 되었다고 비판합니다. 따라서 기후 위기나 환경 재난으로부터 벗어나는 유일한 길은 그 뿌리에 해당하는 산업 문명을 해체하고 새로운 문명으로 전환하는 것이 아닐까요?

제가 생태 문명이 어떤 문명인지를 설명하는 건 불가능하지는 않겠지만 아주 어려운 일로 느껴집니다. 아이에게, 존재하지 않는 것, 이를테면 귀신을 설명해야 하는 처지에 놓여 본 부모나 교사라면 이런 심정을 쉽게 이해할 수 있을 거예요. 생태 문명을 어떻게 정의하느냐에 따라 다르겠지만, 현재 지구상에는 생태 문명이 존재하지 않는다는 주장에 저는 동의합니다. 그런 점에서 생태 문명은 유토피아에 가까운 것이라고 하겠습니다.

토마스 모어가 그랬듯이, 이미 있는 것들을 통해서 아직 없는 것을 상상해야 하는 한계를 인정한다면, 생태 문명이 어떤 문명이어야 하는지 최소한의 필수 조건 같은 것을 생각해 볼 수는 있을 것입니다. 생태 문명은 당연히 지금 우리 문명에 있는 것이 없는 문명이거나 반대로 지금 우리 문명에 없는 것이 있는 문명일 것입니다. 아마 생태 문명을 강조하는 사람들이 공통적으로 말하고 있는 것, 즉, 산업 문명에는 없고 생태 문명에는 있어야 한다고 말하는 그것은 무엇일까요? 그것은 바로 지속 가능성이 아닐까 싶습니다.

그런데 지속 가능성이라는 말은 그 말 자체가 지속 가능하지 않다고 얘기할 정도로 손에 잘 잡히지 않는 개념어입니다. '지속'도 어렵고 '가능'도 어렵고 가끔 따라붙는 '발전'도 어려운 말입니다. 지속 가능성이 무엇인지를 설명하는 많은 이론들이 있지만 저는 존재being와 생성becoming의 통일이라는 측면에서 이해하고 있습니다. 용어가 조금 어렵게 느껴질 것 같으니 예를 들어 설명해 볼게요.

여기 작은 도토리가 하나 있다고 가정해 보죠. 그 도토리가 자라서 나무가 되는 과정을 생각해 봅시다. 이 도토리가 온전하게 자라서 커다란 참나무가 되려면 뿌리와 줄기와 잎사귀들이 제자리에서 제 역할을 해야 합니다. 뿌리는 땅속에서 물과 양분을 빨아들이고, 잎사귀는 햇빛과 이산화탄소를 결합하는 광합성을 통해서 나무가 꽃을 피우고 열매를 맺는데 필요한 양분을 만들어 내야 하죠. 줄기는 그렇게 뿌리와 잎사귀를 연결하면서 물과 양분이 오가는 통로 역할을 하고, 또 나무가 쓰러지지 않고 꼿꼿하게 서 있을 수 있게 해야 합니다. 나무의 각 부분은 서로 신호를 주고받으면서 하나로 연결되어 있어야 합니다. 예를 들어, 오래 가물어서 땅으로부터 물을 빨아들이기가 어렵게 되면, 뿌리는 잎사귀에 신호를 보내서 수분이 빠져나가지 않도록 공기 구멍을 막게 합니다. 이렇게 나무의 각 부분들이 서로 밀접하게 연결된 채 제자리에서 제 역할을 하면 나무는 죽지 않고 계속 살아갈 수 있습니다. 너무 당연한 이야기인가요?

그런데 나무는 이런 모든 과정을 거치면서 동시에 계속 변합니다. 처음 도토리에서 돋아난 뿌리는 땅속으로 더 넓고 깊게 퍼지고, 여린 싹은 굵은 나무줄기와 나뭇가지가 되어 열린 하늘을 향해 뻗어 갑니다. 가지에는 더 많은 잎사귀들이 달리고, 더 많은 꽃이 피고, 더 큰 열매가 열립니다. 작은 도토리를 심어서 잘 키우면 몇 년만 지나도 키가 5m 넘게 자랍니다. 이 과정에서 나무는 땅과 해와 하늘과 주변의 새들과 지속적인 관계를 맺으면서 단 한순간도 멈춰 있었던 적이 없습니다. 그러니까 작은 도토리가 커다란 참나무로 변해 가는 과정에서 단 한 번도 같은 나무였던 적이 없다는 뜻입니다. 그런 관계 맺기와 변화의 운동이 멈추는 순간 그 나무는 죽는 것이니까요.

지속 가능성이란 이렇게 나무를 구성하는 모든 부분들이 하나의 시스템으로, 하나의 연결된 존재로 작동하게 하는 힘과 동시에 끊임없이 자기를 둘러싸고 있는 다른 존재들(환경)과 물질, 에너지, 정보를 주고받으면서 변화하고 새로운 것을 만들어 가는 힘이 통일되어 있을 때를 가리킵니다. 그럴 때만이 생명은 죽지 않고, 시스템은 붕괴되지 않고 지속될 수 있습니다.

이런 생각을 사람에 비교하면 어떻게 될까요? 우리는 태어나서 죽는 순간까지 끊임없이 변합니다. 그렇기 때문에 '내가 누구인가?'라는 질문에 대한 대답 역시 필요합니다. 태어나서 지금 이 순간까지 시간을 가로지르면서 지속하는 존재로서 '나'의 정체성identity에 대한 느낌을 갖고 있지 않으면, 나는 그저 매순간 존재하는 파편들의 집합에 불과하게 느껴질 수 있습니다. 또 반대로 나에 대해 지나치게 고착된 생각을 갖고 있거나, 내가 나를 둘러싼 무수한 존재들에 의존해서 살고 있고, 그런 과정을 통해 나 자신도 계속해서 변화한다는 것을 거부하고 관계 맺기를 차단한다면 나는 더 이상 생존할 수 없게 될 것입니다. 그러니까 나를 '어떤 나'로 유지하게 하는 힘과 나를 '다른 나'로 바꾸는 힘 사이의 통일이 이루어져야, 비로소 나의 삶도 지속 가능하게 되는 것입니다. 그런 과정을 '잠재성'이 실현되는 과정이라고 말합니다. 지속 가능하고 좋은 삶은 이런 잠재성이 끊임없이 펼쳐지고 실현되는 삶이라고 생각합니다.

생태 발자국과 좋은 삶

지속 가능한 생태 문명을 간단하게 정의하면, '인류 전체의 평균 생태 발자국Ecological Footprint 크기가 1 이하인 문명'이라고 할 수 있습니다. 생태 발자국은 물질과 에너지 소비, 폐기물 발생, 생태계 훼손 등과 같이 우리가 살아가면서 지구에 남기는 흔적, 가하는 부담의 크기를 나타냅니다.[9]

만약 지구에 살고 있는 모든 사람들이 같은 생활 방식으로 살았을 때 지구가 1개 필요하면 생태 발자국의 크기는 1이 됩니다. 인류 전체의 생태 발자국 크기가 1 이상이 되면 어떻게 될까요? 그런 문명은 지속 불가능합니다. 그렇다면 지금 현재 인류 전체의 생태 발자국 크기는 1보다 클까요, 작을까요?

2014년에 발간된 로마 클럽Club of Rome의 〈성장의 한계The Limits to Growth〉 고서 발간 30주년 특별 보고서에 따르면 인류는 이미 1980년경에 생태 발자국 1을 넘어섰습니다. 2018년 보고서에 따르면 대한민국 국민들의 평균 생태 발자국 크기는 3.5~4 사이에 있습니다. 인류 전체가 지금 대한민국 국민들처럼 살면 지구가 3~4개는 더 필요하다고 할 수 있습니다. 우리나라를 포함해 전 세계가 생태 문명으로 전환해야만 하는 이유입니다.

우리 사회가 생태 문명으로 전환되면 삶의 질이 지금보다 더 좋아질까요? 이 질문 역시 삶의 질을 어떻게 규정하고 측정하고, 평가하고, 비교할 것인가라는 곤혹스런 질문에 부딪히게 만듭니다. 어떤 삶이 좋은 삶인가요? 이에 대한 답을 구하려면 우리는 최소한 2,500년 전으로 돌아가 공자, 부처, 소크라테스 등을 소환하는 것부터 시작해야 할 것입니다. 다행히 우리 삶의 질을 측정하기 위한 무수한 평가 지표와 도구들이 공신력이 높은 기관들에 의해 개발, 적용되어 왔습니다. 유엔 등 국제기구와 단체에서 〈세계행복보고서World Happiness Report〉와 '삶의 질 지수Quality of Life Index' 등을 정기적으로 발표하고 있잖아요. 안타깝게도 대한민국 국민

---

9) 길을 걸으면 지나간 자리에 발자국이 남듯이 우리가 살면서 지구에 남기는 영향이 발자국과 같다고 해서 '발자국'을 상징화해 만든 환경 지표이다. 1996년 캐나다의 대학원생 마티스 웨커네이 결과 지도 교수 윌리엄 리스가 고안한 개념이다. 대표적인 생태 발자국 지표로 '탄소 발자국'과 '물 발자국'이 있다.

의 삶의 질과 행복지수는 우리의 기대 수준에는 못 미치는 결과를 나타내고 있지만 말이죠.

생태 문명은 어떤 방법으로 구성원들이 더 좋은 삶을 살 수 있게 도울 수 있을까요? 생태 문명에 대한 이야기는 크게 두 갈래로 요약할 수 있습니다.

좋은 삶에 관한 우리의 내적 기준을 바꾸는 것과 그런 삶을 실현하기 위한 외적 조건을 바꾸는 것입니다. 우리는 이 대목에서 여전히 교육을 매개로 하는 철학과 과학의 역할에 기댈 수밖에 없습니다.

좋은 삶을 향한 하나의 시작은 자기self에 대한 집착을 줄이는 것이고, 나아가 자기의 경계를 계속 확장하는 것입니다. 근본 생태주의 혹은 심층 생태주의의 창시자인 아른 네스는 이렇게 확장된 자아를 대문자 'Self'로 표시합니다. 소유와 소비를 통해 자기를 강화하거나 자기만을 이롭게 하려는 무의식적 욕망의 방향을 바꾸는 건 참 어렵습니다. 의식에 잘 포착이 안 되니까 무의식적이라고 했겠죠. 그래서 종교의 역할이 중요합니다. 수행과 명상은 그런 무의식에 도달하는 중요한 통로가 될 수 있습니다. 인간은 물질이고, 생명이고, 이성적 존재이지만 동시에 영적인 존재이기도 하니까요. 사랑이든 자비든 인仁이든 거의 모든 고등 종교의 공통적인 가르침이 바로 '자기를 넘어서는 것beyond self'입니다. 그래야만 '자기'도 지속 가능하고 좋은 삶도 가능하기 때문이지요.

생태 문명과 좋은 삶을 향한 전환에서 과학 기술을 어떻게 볼 것인지는 꽤 복잡한 문제입니다. 4차 산업 혁명과 인공 지능에 대한 강연을 들어 보면, 강연자들은 이야기 앞에 뿌연 안개처럼 공포와 불안을 깔아 놓습니다. '지금 있는 직업의 40%가 사라지게 될 것이다', '전체 시민의 80%가 일자리를 잃게 될 것이다', '인공 지능이 얼굴 근육과 눈동자를 읽어서 우리가 무슨 생각을 하고 있는지 실시간으로 알아낼 수 있게 될 것이다' 등.

포스트휴먼 논쟁은 '인간이란 무엇인가?'라는 질문을 다시 꺼내게 만듭니다. 앞서 내 삶이 지속 가능하려면 나라는 존재의 정체성을 유지하는 힘과 새로운 나로 변화하는 생성의 힘이 통일되어야 한다고 했습니다. 과학 기술의 발달이 이 두 가지 힘 모두를 향해 시비를 걸고 있는 건 분명합니다.

생태 발자국을 1 이하로 낮추기 위해 우리의 물질·에너지 소비 수준을 1980년대 이전으로 떨어뜨리면서 동시에 삶의 질이 나빠지지 않으려면 과학 기술의 선택적 개발과 활용은 불가피합니다. 그러나 유전 공학이든 인공 지능이든 급속하게 발전하고 있는 과학 기술의 힘은 대부분 자본의 손아귀에 놓여 있습니다. 어떻게 하면 그런 과학 기술을 지구적 자본의 손아귀에서 빼내 공동체와 자연과 미래 세대에게 봉사할 수 있도록 만들 수 있을까요? 시장의 자기 조절 능력을 믿는 자유주의적 자본주의 체제를 대체할 새로운 생태 순환 경제 시스템을 찾기 위한 보다 과감한 공개 토론과 학습이 학교 안팎에서 이루어져야 하는 이유입니다.

다음은 생태 발자국과 인간 개발 지수(학력)의 관계를 나타내는 그래프입니다. X축은 인간 개발 지수를 나타내고, Y축은 생태 발자국의 크기

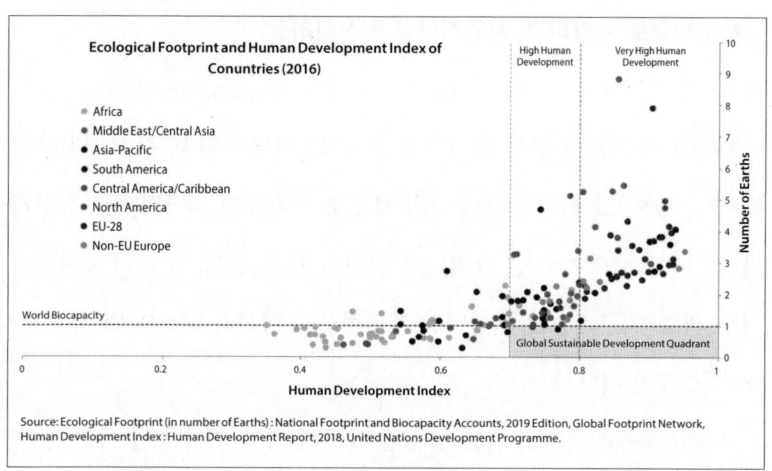

생태 발자국과 인간 개발 지수의 관계 (www.footprintnetwork.org)

를 나타냅니다. 인간 개발 지수가 0.7을 넘어서면서부터 생태 발자국의 크기와 정비례해 커지는 것을 확인할 수 있습니다. 이 자료가 나타내는 것은, 오늘날 공부를 더 많이 하고 더 많이 배울수록 더 많은 에너지와 물질을 소비하고 더 많은 폐기물을 남겨 지구에 더 많은 부담을 주는 삶을 살고 있다는 것입니다. 그러니까 지금과 같은 교육은 계속 더 많이 하면 할수록 지구 생태계에 더 큰 위협이 되는 셈이지요. 따라서 이제부터 우리의 과제는 더 많은 교육이 아니라, 이웃과 자연과 미래 세대와 함께 지속 가능하고 좋은 삶을 살아가도록 돕는 새로운 교육을 개발하고 시도하는 것입니다.

지구적으로 저항하고, 지역적으로 혁신하라

환경과 관련된 공부를 하거나 일을 하는 사람들이 아주 오래전부터 들어 온 말이 있습니다. 바로 '지구적으로 생각하고 지역적으로 실천하라Think Globally, Act Locally'는 말입니다. 그런데 최근 새로운 구호가 등장했습니다. 바로 '지구적으로 저항하고 지역적으로 혁신하라Resist Globally, Renew Locally'는 말입니다.

오늘날 세계에서 벌어지는 무수한 일들에 대하여 시민 한 사람 한 사람이 느끼는 감정은 무력감입니다. 나는 단지 벌어지는 일들을 감당하고 대응할 뿐, 이 세계가 어떤 방향으로 움직이도록 하는 데 아무런 영향력을 발휘할 수 없다는 느낌이에요. 서서히 가라앉는 세월호를 보면서도 저는 아무것도 할 수 없었고, 고성의 산불이 삼척시를 향해 번져 갈 때도 저는 아무것도 할 수 없었습니다. 하물며 기후 변화가 일어나고 있는데…… 제가 무엇을 할 수 있을까요?

그런 점에서 우리는 이 세계에 대하여 주체가 아니라 대상에 불과하다고 느낄 때가 많습니다. 이제 시민들은 이 세계의 변화를 만들어 내는 힘의 중심이 나라는 생각과 느낌을 갖기에 거의 불가능한 시스템 속에 살고 있습니다. 나는 보이지 않는 손이 만들어 놓은 규칙에 따라 눈앞에 펼쳐진 운동장에서 열심히 뛰는 플레이어일 뿐이죠. 이런 무력감을 극복하기 위해서는 지구적으로 생각하는 것만으로는 어림도 없습니다. 기후 위기와 환경 재난을 재생산하는 자본주의와 지구적 시스템에 저항해야 합니다. 우리에게는 그럴 시간조차 별로 많지 않습니다.

그런 점에서 대한민국의 시민들은 아주 특별한 경험을 했습니다. 촛불 혁명이 바로 그것입니다. 총칼은 고사하고 몽둥이조차 한번 휘두르지 않고 국정을 농단한 대통령을 헌법에 따라 탄핵했습니다. 선거라는 민주적 절차를 통해 선출된 가장 강력한 정치권력을 그 정반대 방향에서 민주적 절차를 통해 권좌에서 내쫓았습니다. 우리 모두는 촛불 혁명의 과정을 통해 '변화를 만들어 내는 힘이 내 안에 있다'는 것을 확인했고, 전 세계 시민들에게 증명해 보였습니다.

기후 변화가 미치는 심리적 영향으로 인한 불안감과 죄책감을 넘어서기 위해서는 개인적 실천과 사회적 실천을 함께 해야 합니다. 그래서 등장한 구호가 바로 '지역적으로 혁신하라'는 것입니다. 첫째, 가장 작은 내 일상의 익숙함을 의심하고, 그 익숙함을 지배하고 있는 보이지 않는 구조 혹은 질서를 조금씩 해체하려고 시도해야 합니다. 그리고 가까운 주변 사람에게 나의 현 상황에 대한 걱정과 변화를 향한 의지를 말하고, 동지를 만들기 위한 소소한 대화를 시작해야 합니다. 최근의 연구 결과에 따르면 사람들의 행동을 바꾸는 것은 돈도 지식도 법률도 아니고 좋아하는 옆 사람의 이야기라고 합니다. 둘째, 그런 실천을 보다 쉽게 할 수 있도록 우리 사회의 시스템을 바꾸기 위한 선택을 생각해야 합니다. 선거와 시위는 민주주의 국가가 모든 시민들에게 보장하고 있는 핵심적인 참여의 통로입니다. 민주시민교육과 환경교육이 손을 잡아야 하는 이유가 바로 여기에 있습니다.

교육은 학습자가 강한 정체성을 갖도록 돕는 동시에 끊임없는 변화·생성을 추구한다는 점에서 본질적으로 모순적인 활동입니다. 학습자의 정체성 확립과 변화·생성을 동시에 추구한다는 것은 우리 사회의 정체성과 변화·생성을 동시에 추구한다는 뜻이기도 합니다. 오늘날 인류가 겪고 있는 환경 위기에 대해 교육은 큰 책임을 지고 있습니다. 현재의 문명이 지속 불가능할 뿐만 아니라 자연과 사람에게 재앙이라는 점에서 교육의 사회적 재생산 기능은 선택적이어야만 합니다. 동시에 현재를 확대 재생산한다는 점에서 교육은 변화의 대상으로 규정되어야 합니다. 요약하면, 오늘날의 교육은 변화의 주체이면서 동시에 대상이며, 우리의 지속 가능한 미래는 교육을 통해서가 아니라 교육을 바꿈으로써 비로소 가능할 것입니다.

1960년대 후반 환경교육이 탄생한 이래 지난 60년 동안 환경교육은 개인적 책임과 실천만을 강조하다 망했습니다. 문제 해결에 기여하기는커녕 개인들에게 과도한 죄책감과 책임감만 안겨 주고 정작 책임을 져야 할 집단에게는 면죄부를 주었습니다. 이제 고등학생들도 기후 변화나 미세먼지 문제가 개인적 실천을 통해 해결될 수 없다는 것을 잘 알고 있습니다. 그리고 기후 변화가 단지 환경 문제만이 아니라 인권, 빈곤, 성차별, 평화, 다문화의 문제라는 것도 인식하기 시작했습니다.

교육의 주체는 교육부와 학교와 교사일까요, 아니면 학생일까요? 어른은 돌봄을 베푸는 대신 결정하고 명령합니다. 아이들은 돌봄을 받는 대신 복종하고 평가받습니다. 이게 아마 교육에 관한 가장 강력한 무의식중의 하나가 아닐까요? 내가 언제 무엇을 얼마나 어떻게 배우면 좋을지를 누가 가장 잘 결정할 수 있을까요? 나는 내 스스로 공부 시간표를 짤 권리가 없을까요? 다음 표는 2019년 12월 국가환경교육센터에서 전국의 고등학생 600명에게 자신의 수업 시간표를 스스로 짜 보라고 한 결과입니다. 여러분도 시간표를 스스로 채워 보세요. 배우고 싶은 다른 과목이 있다면 추가해도 좋습니다.

과목명	0시간		1시간		2시간		3시간		4시간		5시간		6시간		평균	나
	명	%	명	%	명	%	명	%	명	%	명	%	명	%		
환경	39	5.1	192	25.0	260	33.9	159	20.7	41	5.3	27	3.5	50	6.5	2.33	
국어	6	0.8	24	3.1	53	6.9	166	21.6	288	37.5	162	21.1	69	9.0	3.91	
수학	18	2.3	51	6.6	51	6.6	130	16.9	262	34.1	149	19.4	107	13.9	3.88	
영어	8	1.0	29	3.8	62	8.1	179	23.3	296	38.5	143	18.6	51	6.6	3.77	
과학탐구	14	1.8	33	4.3	111	14.5	308	40.1	172	22.4	41	5.3	89	11.6	3.39	
사회탐구	21	2.7	28	3.6	149	19.4	326	42.4	165	21.5	41	5.3	38	4.9	3.12	
체육	21	2.7	55	7.2	266	34.6	263	34.2	76	9.9	33	4.3	54	7.0	2.82	
예술	20	2.6	93	12.1	326	42.4	216	28.1	62	8.1	22	2.9	29	3.8	2.51	
기술가정	92	12.0	207	27.1	318	41.4	114	14.8	19	2.5	7	0.9	11	1.4	1.77	
제2외국어	60	7.8	145	18.9	356	46.4	154	20.1	34	4.4	8	1.0	11	1.4	2.03	
교양	88	11.5	237	30.9	276	35.9	110	14.3	30	3.9	16	2.1	11	1.4	1.80	
창체	32	4.2	136	17.7	226	29.4	196	25.5	79	10.3	44	5.7	55	7.2	2.66	
합계															36	36

고등학생 600명이 스스로 작성한 교육과정 편제표(단위 : 시간)

산업 혁명이 국가 주도형 근대 교육을 요청했듯이, 기후 위기는 생태 문명을 향한 교육 혁명을 요청하고 있습니다. 진정한 교육 혁명은 가르치는 자가 아니라 배우는 자로부터 시작되어야 합니다. 그것은 어린 아이가 어른에게 부탁하고 호소하는 것이 아니라, 미래 세대로서 현세대에게 명령하고 요구하는 것이어야 합니다. 미래 세대의 존재할 권리를 지키기 위해서 그리고 동시에 현세대의 윤리적 의무를 다하기 위하여, 여러분의 도전을 응원하고 함께하겠습니다.

❓ 우리나라는 1960년대 후반에 이미 생태 발자국이 1을 넘어섰다고 알고 있습니다. 우리 국민이 연간 소비하는 각종 생태 자원을 지속 가능한 수준으로 유지하려면 남한 영토 8.5개가 필요해, 자원 과다 소비 세계 1위라는 오명도 쓰고 있고요. 그래서 현재 자원과 에너지 소비량의 90% 정도를 줄여야 한다는 기사도 보았습니다. 우리 국민과 인류는 과연 현재의 생활과 소비를 포기하고 생태 문명과 새로운 생태 순환 경제 시스템을 만들어 갈 수 있을까요?

A. 생태 발자국으로 재든 탄소 발자국으로 재든 '하나의 행위 주체로서 현재의 대한민국'[10])이 생태적으로 감당해 낼 수 있는 것보다 최소한 3~4배 정도 많은 에너지와 자원을 소비하고 폐기물을 남기고 있는 것은 분명합니다. 따라서 지금보다 훨씬 적은 양의 에너지와 자원을 소비하는 삶의 양식으로 전환해야 하는 것도 불가피합니다.

두 가지 방향으로의 전환이 필요합니다. 하나는 소유와 소비의 양이 늘어도

---

10) 굳이 이렇게 표현한 이유는 대한민국 시민이라고 하더라도 그들 사이에 편차가 아주 크기 때문에 '평균 얼마다'라는 식으로 말해 버릴 때 발생할 수 있는 오해를 피하기 위해서이다.

더 이상 삶의 질이 높아지지 않는 어떤 지점이 있다고 가정하고, 자신의 삶의 양식을 그 선 아래에 머물도록 내적 기준을 바꾸는 것입니다. 지나치게 가난하면 좋은 삶을 살기 어렵다는 사실만큼이나 물질적 풍요가 그 자체로 좋은 삶을 보장하지 않는다는 사실도 분명하니까요. 또 다른 하나는 과학 기술을 효과적으로 통제하고 활용하여 삶의 외적 조건을 개선하는 것입니다. 온대 지역에서 30년 전에는 1드럼(200L)의 석유로는 겨울 동안 1달을 춥지 않게 살기도 어려웠습니다. 그러나 최근에 지어지고 있는 패시브 하우스^{Passive house}는 같은 양의 석유로 1년 12달을 따뜻하고 쾌적하게 지낼 수 있습니다. 즉, 자원과 에너지를 적게 사용한다고 해서 그에 비례하여 삶의 질이 나빠진다고 가정할 필요는 없습니다. 철학과 과학이 손을 잡고 협력해야 하는 이유가 여기에 있다고 생각합니다.

한 가지 생각할 부분이 있는데, 지속 가능하고 좋은 삶을 위해 활용할 수 있는 많은 지식과 과학 기술이 대부분 지식 재산권의 형태로 자본(기업)의 손에 있다는 것입니다. 기업은 인류 전체의 행복을 위해서가 아니라 이윤을 극대화하는 방향으로 그 과학 기술을 사용하려고 합니다. 가습기 살균제 사건이나 DDT 사건에서 볼 수 있듯이 많은 경우 그런 과학 기술이 갖고 있는 위험성과 부작용은 감춘 채 긍정적인 측면만을 강조하니까요. 이 문제를 해결하기 위해서는 사유 재산을 어떻게 볼 것인가, 인류가 축적해 온 지식과 정보를 독점적으로 사용할 수 있는가 등 정치·경제적인 쟁점들도 함께 풀어 가야 합니다.

❓ 기후 변화가 단지 환경 문제만이 아니라 인권, 빈곤, 성차별, 평화, 다문화의 문제라고 하셨는데 구체적으로 설명해 주셨으면 합니다. 그리고 '고등학생들도 기후 변화나 미세먼지 문제가 개인적 실천을 통해 해결될 수 없다는 걸 잘 알고 있다'고 하셨는데, 그럼 당장 청소년, 시민들이 할 수 있는 행동은 무엇

일까요?

A. 우선 환경 문제는 '환경의 문제'가 아니라 '환경의 변화로 인해 사람들에게 닥쳐온 문제'라는 것을 명확하게 인식하는 것이 중요합니다. 문제problem란 현재 상태current condition와 원하는 상태desirable condition 사이의 차이가 받아들일 수 없을 만큼 큰 경우를 가리킵니다. 여기서 중요한 점은 사람마다 그런 문제 상황을 견뎌 낼 수 있는 능력 면에서 아주 큰 차이가 있다는 것입니다. 인간은 동물이면서 동시에 감정과 이성과 영혼을 가진 존재이기 때문에 자신을 둘러싼 환경에 변화가 생기면 다양한 경로를 통해 여러 가지 방식과 수준에서 영향을 받습니다.

예를 하나 들어 볼까요. 기후 변화로 인해 농작물 생산량이 절반으로 줄었고, 그로 인해 농산물 가격이 2배 올랐다고 가정해 봅시다. 그럴 경우 어떤 사람들이 가장 먼저 피해를 입게 될까요? 개발 도상국에서 농사를 짓는 사람은 주로 여성입니다. 우리나라 농촌 지역에서 힘든 일을 하는 사람 중 상당수는 이주 노동자들이에요. 이런 상황이 발생하면 농사짓는 여성이나 이주 노동자의 수입도 줄어들 것입니다. 그만큼 추가적인 노동, 더욱 힘든 노동을 하지 않고는 살아갈 수 없게 될 것입니다. 가난한 사람일수록 전체 지출액 중에서 식비가 차지하는 비율이 높습니다. 이런 상황이 지속되면 사람들은 난민이 되거나 도적이 되고, 이게 부족이나 국가 차원으로 확대되면 전쟁에 준하는 갈등 상황이 발생할 수 있습니다. 각국은 식량 안보를 위해 농산물 수출을 금지하게 될 것이고, 전 지구적인 분쟁으로 확대될 수도 있습니다. 코로나19 사태가 심각해지자 마트에 농산물과 생필품이 동나고 총기를 구입하는 미국인이 급속도로 늘어났다는 언론 보도를 접했을 것입니다. 불안감이 걷잡을 수 없이 높아졌을 때 사람들이 어떻게 반응하게 되는지를 보여 주는 실제 사례입니다. 이처럼 환경 문제는 비단 환경의 문제가 아닌, 우리 사회 전반의 문제로 인식할 수 있어야 합니다.

앞서 이야기한 것처럼 2019년 12월에 국가환경교육센터에서 고등학생 600명을 대상으로 조사한 결과, 응답자의 절반(49.9%)가량이 '나의 개인적인 노력만으로 기후 변화나 미세먼지 등 지구적인 환경 문제를 해결하기 어렵다'라는 주장에 대해 찬성했습니다. 반대한다는 의견(21.2%)의 2배가 넘는 수치였습니다. 또 2020년 3월에 전국의 성인 1,033명을 대상으로 조사한 결과를 보면, '기후 변화 문제를 해결하기 위해서는 나의 개인적인 노력보다는 산업, 교통, 에너지 등 우리 사회의 시스템을 바꾸는 것이 더 중요하다는 주장에 대해 어떻게 생각하십니까?'라는 질문에 94.2%가 꽤 동의(51.8%)하거나 매우 동의(42.4%)한다고 응답했습니다. 이는 기후 변화와 같이 지구적 환경 문제 해결을 위해서는 개인적 노력뿐만 아니라 우리 사회의 정치·경제 시스템적, 구조적 변화가 필요함을 시민 모두가 인식하고 있는 것으로 해석할 수 있습니다.

그러나 개인적 실천의 한계점에 대한 이런 인식은 두 가지 서로 다른 행동으로 이어지게 만들 수 있습니다. '나 혼자 아무리 해 봐야 소용없다'라는 무력감을 느끼고 실천과 참여를 포기하는 것과 '나 혼자서 어렵다면 다른 사람들과 함께해 보자'며 연대와 협력의 길을 찾는 것입니다. 사실 툰베리는 기후 변화와 그로 인해 닥쳐올 위기 상황에 대해 알게 되면서부터 불안과 절망이 너무 커져 섭식 장애가 더욱 심해졌다고 합니다. 툰베리가 대단한 점은 그런 상황에서 개인적 절망감이나 무력감에 빠지지 않고 피켓을 들고 다른 친구들과 시민들에게 참여를 호소한 것입니다. 그 결과 전 지구적인 수준으로 기후 파업이 확대되었고 기후 위기에 대한 세계인의 인식도 많이 달라졌습니다.

우리는 개인적 실천과 사회적 참여 두 가지 길을 함께 걸어야 합니다. 이 둘은 결코 선택의 문제가 아닙니다. 오히려 이 두 가지 실천은 서로에게 에너지를 불어넣어 주고 우리가 겪고 있는 복잡하고 불확실한 위기 상황에 대해 더 넓고 깊게 학습할 수 있는 기회를 줍니다. 참여의 과정을 통해 자기 자신에 대해 더 잘 알 수 있게 되고, 그렇게 자연과 이웃 속에서 자기 정체성을 찾아가는 시민들에 의해 참여와 연대는 더욱 힘을 갖게 될 것입니다.

우리의 삶을 바꾸는 정치

- 선거제도 개혁,
  더 나은 사회를 향한 첫걸음

하승수 세금도둑잡아라 공동 대표, 녹색전환연구소 기획 이사

haha9601@naver.com

변호사 자격증이 있지만 15년째 휴업 중입니다. 시민사회운동에 오랫동안 참여해 왔고, '문제는 정치다'라는 생각에 정치를 바꾸는 일을 하고 있습니다. 녹색당 공동 운영위원장과 선거제도 개혁 시민단체인 비례민주주의연대 공동 대표를 역임했습니다. 현재는 예산 감시 전문 시민단체인 세금도둑잡아라 공동 대표와 기후 위기 시대에 필요한 대전환에 대해 연구하는 녹색전환 연구소 기획 이사를 맡고 있습니다. 저서로는 《삶을 위한 정치혁명》, 《나는 국가로부터 배당받을 권리가 있다》, 《착한 전기는 가능하다》, 《삐딱할 용기》, 《배를 돌려라》 등이 있습니다.

변호사 일을 그만둔 지 15년 정도 됐어요. 변호사 자격증은 있는데 변호사 일은 안 하니까 장롱 자격증인 거죠. 딸아이가 중학생일 때 제가 변호사 일을 안 하는 것에 대해 불만이 아주 많았어요. '아빠는 왜 다른 집 아빠들처럼 돈을 벌어 오지 않느냐?'며 항의한 적도 있어요. (웃음)

그래서 오늘 이 자리에서 하게 될 이야기를 딸아이에게도 해 주었어요. 그게 얼마나 효과가 있었는지는 모르지만, 그 이후부터 딸아이도 제가 하는 일에 대해 공감하고 지지해 줬어요. 돈을 벌어 오지는 않지만 아빠가 하는 일이 의미 있는 일이라는 걸 알기 때문이에요.

오늘 우리의 삶을 보다 낫게 만들려면 정치가 어떻게 바뀌어야 하는지에 대한 이야기를 할 거예요. 아무리 좋은 아이디어가 있어도 그것을 실현하기 위해서는 정치가 필요해요. 기본소득이나 시민배당에 관한 이야기를 한 번쯤은 들어 봤을 거예요. 또 낮은 취업률 같은 해결해야 할 사회 문제들이나, 기후 위기 등 심각한 생태 위기에 대해서도요. 이런 문제들은 결국 정치를 통해서만 해결할 수 있어요. 우리는 민주주의 국가에 살고 있기 때문이에요.

제가 변호사 일을 그만두게 된 계기도 바로 이런 고민들 때문이었어요. 변호사 일을 하는 동안에도 돈 버는 일에 집중하지 못하고 시민운동을 했어요. 대학에서 학생들을 가르치기도 했는데 4년 만에 그만뒀어요. 그리고 녹색당이라는 생태와 공존을 지향하는 정당을 창당하는 일에 뛰어들었어요.

대학에서 학생들을 가르칠 때 한 1년 정도는 행복했어요. 대학은 그 자체로 자유로운 분위기 같은 게 있잖아요. 그런데 학생들이 별로 행복해 보이지 않는 거예요. 뭐랄까? 어떻게 살아야 할지 모르는 막막함을 가지고 대학 생활 4년을 보내고 있는 것 같았어요. 저는 행복한데 정작 가르치는 학생들이 행복해 보이지 않으니 근심이 생겼어요. 결국 '나는 정말 행복한가? 이대로 살아도 되는 건가?' 하는 고민도 하게 됐고요. 대학교수는 흔히 말하는 철밥통이잖아요. 특히 국립대 교수는 웬만해선 잘 잘리지도 않아요. 그럼에도 교수 생활이 그다지 행복하지 않다는 결론을 내리고 그만두게 됐어요.

당시 '행복'에 관한 여러 책을 찾아 읽어 봤어요. 그중에 가장 가슴에 남았던 얘기가 있는데 바로 법정 스님의 말씀이었어요. '다른 사람과 자신을 비교하지 않는 것', '자신이 좋아하는 일을 할 것', '채소를 키우고 흙을 가까이하며 살 것', '다른 사람에게 쓸모 있는 존재가 되고, 다른 사람의 행복에도 관심을 가질 것'. 사실 이런 이야기들은 법정 스님뿐만 아니라 동서양을 통틀어서 모든 종교와 철학에서 이야기하고 있는 것들이에요.

첫 번째가 '다른 사람과 자신을 비교하지 않을 것'이잖아요. 생각해 보니, 저도 끊임없이 저와 다른 사람을 비교하는 삶을 살아왔더라고요. 어릴 때부터 늘 비교하고 비교당하는 그런 삶을요. 다른 사람과 자신을 비교하지만 않아도 우리 삶은 많이 달라질 수 있을 거예요.

저는 사실상 경제 활동은 안 하고 있는 거나 마찬가지예요. 비슷한 시기에 변호사를 시작했던 사람들과 비교해 보면 경제적, 물질적으로 엄청난 격차가 생겼어요. 굳이 비교하면 그렇다는 거예요. 물론 그들도 저를 보며 부러워하는 부분이 있어요. 그들은 돈을 벌기 위해 하루에 열몇 시간씩 일을 해야 해요. 가끔은 양심을 팔아야 하는 경우도 있고요. 이처럼 저마다 사는 법이 다르고 어떤 일을 하든 어려움은 있기 마련이에요. 그런데도 우리는 늘 서로 비교하고 비교당하면서 살아가고 있어요.

그래서 저는 딸아이를 다른 집 자녀들과 비교하지 않아요. 마찬가지로 돈 잘 버는 다른 집 아빠들과 저를 비교하지 말아 달라고 하고요. 가족뿐만 아니라 누군가를 다른 누군가와 비교하지 않으려고도 노력해요. 나 스스로를 인정받고 또 존중받아야 할 권리가 있는데 한국 사회는 이런 비교의 굴레로 사람들을 옥죄는 것 같아요.

'자신이 좋아하는 일을 할 것'과 '채소를 키우고 흙을 가까이하며 살 것', '다른 사람에게 쓸모 있는 존재가 되고, 다른 사람의 행복에도 관심을 가질 것'에도 공감하는 분들이 많을 거예요. 현명한 사람들, 철학자들처럼 인생에 관해 많은 고민을 한 지혜로운 사람들이 찾아낸 행복의 비결이니까요. 물론 우리 주변에는 '돈'으로 행복을 살 수 있다고 이야기하는 사람들이 적지 않은 것도 사실이에요. 현대 사회, 특히 자본주의 사회를 살아가는 우리로서는 돈도 행복한 삶을 위한 요소 중 하나임을 부정할 수는 없어요.

제 주변에는 법정 스님이 말씀하신 것처럼 살아가는 사람들이 많이 있어요. 개인적인 차원에서는 얼마든지 가능한 일이잖아요. 다른 사람들의 눈으로부터 자유로워지면, 자기 스스로를 비교의 대상으로 삼지 않으면 말이죠. 하지만 우리는 대한민국이라는 사회 속에서 함께 살아가는 존재들이에요. 불행하게도 대한민국은 점점 더 행복한 삶을 누리기 어려운 사회가 되어 가고 있고요. 그래서 여러분에게 당부하고 싶은 게 있어요. 어떤 생각을 가지고 살아가느냐에 따라 행복의 크기는 얼마든지 달라질 수 있다는 것이에요.

그렇지만 사회 환경도 매우 중요해요. 제가 기본소득과 국가배당 같은 아이디어를 책으로 써서 한국 사회에 알리고 있는 것도 그 때문이에요. 우리에게는 아직 생소한 이야기지만 그런 아이디어를 실현하기 위해 노력하는 나라들도 하나둘씩 생기고 있어요. 이유는 아주 간단해요. 더 좋은 사회를 만들고 더 행복한 삶을 누리고 싶기 때문이에요. 우리도 마찬가지로 한국 사회를 바꾸기 위해 노력해야 해요. 어쨌든 우리는 대한민국이라는 나라에 살고 있고 이 사회로부터 도망칠 수 없잖아요. 우리가 행복해지려면 결국 대한민국을 더 좋은 사회로 바꾸는 방법밖에 없어요.

행복한 사회의 조건

한번은 딸아이와 밥을 먹는데 제게 이런 이야기를 하더라고요. "아빠, 나는 평생 미세먼지 속에서 살아야 하는 거야?" 최근까지 우리에게 가장 큰 환경 문제는 미세먼지와 초미세먼지였잖아요. 한반도 전역이 미세먼지와 초미세먼지로부터 안전하지 않아요.

그런데 2020년에는 코로나19가 전 세계를 휩쓸고 있어요. 그리고 코로나19라는 감염병의 배경에는 기후 위기(기후 변화)가 있어요. 야생 동물들의 삶터가 파괴되면서, 야생 동물과 인간의 접촉이 늘어난 것이 신종 감염병들이 등장한 원인으로 지적되고 있거든요.

이처럼 개인이 아무리 자기 나름대로 행복하게 살아 보려고 노력하더라도 해결할 수 없는 게 있어요. 미세먼지, 코로나19, 기후 위기처럼 말이죠. 우리 사회가 바뀌고 세계 여러 나라들이 다같이 노력하지 않으면 해결할 수 없는 문제예요. 이처럼 일상의 수많은 문제들은 사회적 합의와 대처로 풀어야 하는 것들이 대부분이에요. 행복도 마찬가지예요. 개인 차원에서 노력할 부분도 있는데 어떤 사회에 태어나느냐에 따라 달라질 수도 있거든요.

〈세계행복보고서World Happiness Report〉에 대해 들어보셨나요? 유엔 산하 자문 기구인 지속가능발전해법네트워크Sustainable Development Solutions Network, SDSN에서 전 세계 156개국 시민들의 행복지수를 조사해 매년 발표하는 보고서예요. 유엔에서 왜 이런 일을 할까요? 그만큼 사람들이 행복하지 않은 사회가 많기 때문이에요.

그럼 어느 나라 사람들이 가장 행복하게 살아가고 있을까요? 2019년 보고서에 따르면 핀란드가 가장 행복한 나라였고 덴마크, 노르웨이가 그 뒤를 이었어요. 북유럽 국가인 이들 세 나라는 매년 엎치락뒤치락하며 1위를 차지하고 있어요. 상위 10개국을 봐도 아이슬란드, 스위스, 네덜란드, 스웨덴 등 대부분 유럽 국가들이에요. 비유럽 국가는 캐나다와 뉴질랜드 등이 있고요. 우리가 살고 있는 대한민국은 몇 등일까요? 54등이에요. 우리나라의 순위를 알았으니 당연히 이웃인 일본과 중국의 순위도 궁금하겠죠? 일본은 58등, 중국은 93등이에요. 일본은 전부터 굉장히 잘사는 나라였지만 40~60등 사이에서 우리와 엎치락뒤치락하고 있어요. 앞서 비교하지 말자고 했는데 줄 세우기까지 했네요. (웃음)

사람과 사람, 개인과 개인은 비교하지 않는 게 맞아요. 그런데 그 사람들이 모여 사는 사회는 다른 문제예요. 어떤 사회에 사느냐에 따라 행복할 수도 행복하지 않을 수도 있기 때문이에요. 그래서 어떤 사회가 행복한 사회인지 찾아보고 그 원인을 파악해 볼 필요가 있어요.

여러분은 자신이 세계에서 54번째로 행복한 나라에 살고 있다는 것에 만족하세요? 아마 만족하지 못할 거예요. 우리가 생각하기에 54등은 많이 낮은 순위잖아요. 우리나라에서 소위 엘리트라고 불리는 사람들도 마찬가지로 느꼈나 봐요. 세계 12위의 경제 규모에 비해 행복지수가 굉장히 낮게 나왔으니까요. 더구나 2018년부터 1인당 국민 소득이 3만 달러를 넘어선 상황이었고요. 그래서 '경제 수준에 비해 행복지수는 왜 이렇게 떨어질까?' 하는 고민을 하기 시작했습니다.

우리나라의 방정환재단은 매년 5월 5일 어린이날이 되면 '한국 어린이·청소년 행복지수'를 발표해요. OECD 국가들의 어린이·청소년 행복지수 자료를 분석해 비교 연구한 결과도 함께 발표하고요.[1] 2019년 보고서를 보면 우리나라 어린이와 청소년의 '주관적 행복지수'는 조사에 참여한 22개국 중 20위로 최하위 수준이었어요. 이를테면 "Are you happy?" 하고 물었을 때, 다른 나라에 비해 대한민국 어린이·청소년들이 "행복하다"라고 대답한 비율이 상당히 낮았어요. 특히 연구 결과를 요약한 내용에 '세부 지표 중 주관적 건강, 삶의 만족은 꼴지 기록'이라고 써 있을 만큼 안타까운 상황이에요.

왜 이러한 결과가 나오는지에 대해서는 제가 굳이 이야기하지 않을 게요. 여러분들의 짐작이 맞고 저보다 훨씬 더 잘 알고 있을 거예요. 실은 대한민국 시민 모두가 너무나도 잘 알고 있습니다. 입시 경쟁이 너무 치열해서 성적에 관계없이 그 스트레스가 엄청나기 때문이에요. 더구나 경쟁은 관계 형성을 가로막아 사람을 고립시켜요. 그 결과 외로움이 커지는 부작용이 발생합니다. 우리나라 사람들은 나이가 많건 적건 외로운 사람들이 많아요. 제 친구들과 또래 사람들을 봐도 외로운 사람들이 참 많더

---

1) 방정환재단의 '한국 어린이 청소년 행복지수'는 연세대학교 사회발전연구소에서 유니세프 행복지수를 모델로 한 국제 비교 연구 조사 결과로 2009년부터 매년 발표하고 있다. 물질적 행복, 보건과 안전, 교육, 가족과 친구 관계, 행동과 생활 양식, 주관적 행복으로 구분된 6개 영역을 측정해 OECD 국가 간 횡단 비교와 시간의 흐름에 따른 행복지수의 변화 추세를 파악하고 있다.

라고요. 왜냐하면 인간관계가 단절되어서 그래요. 일로 만나는 사람들은 많지만 정말 내가 편하게 만나서 이야기 나눌 수 있는 친구를 사귀고 유지하기란 쉽지 않기 때문이에요. 여러분도 자신의 인간관계를 생각해 보세요. 초·중·고 동안 수많은 친구들을 만났을 텐데 정말 친한 친구는 많지 않을 거예요. 사실 한 명만 있어도 다행이죠. 살면서 진정한 친구를 단 한 명이라도 사귀면 성공한 인생이라는 말도 있잖아요.

비단 어린이·청소년들뿐만이 아니에요. 성인들의 행복도를 비교 조사해 보진 않았지만 누가 더 불행한지는 유추할 수 있어요. 바로 자살률을 보면 돼요.

우리나라가 OECD 국가 중에서 자살률 1위라는 사실은 언론을 통해서 많이 접했을 거예요. 그래서 청소년 자살률도 세계 1위인 줄로 잘못 알고 있는 분들도 계세요. 간혹 언론에서도 잘못 전달하는 경우가 있는데, 청소년 사망 원인 1위가 자살이지 자살률은 OECD 국가 중에서 열 번째 정도예요. 오히려 노인(만 65세 이상) 자살률이 OECD 국가 중에서 최고로 높아서 더 문제가 되고 있어요. 우리나라 노인 자살률은 2000년대 들어서면서부터 2010년까지 매우 가파르게 증가했어요. 특히 70대 이상 노인들의 자살률이 10년 동안 무려 3.77배나 증가했어요. 이렇게 급격하게 자살률이 증가한 나라는 전 세계적으로 찾아보기 어렵습니다.

보건복지부와 중앙자살예방센터가 펴낸 〈2019년 자살예방백서〉를 보면 우리나라 노인 자살의 심각성을 확인할 수 있어요. 세계보건기구World Health Organization, WHO의 자료를 바탕으로 2011년부터 2016년까지 OECD

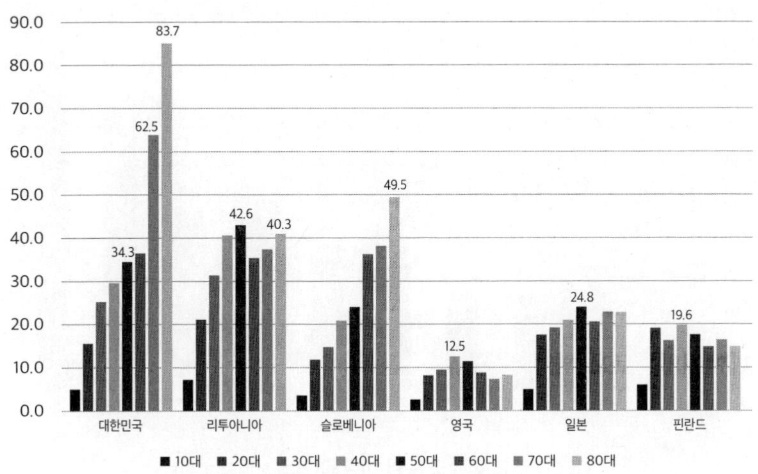

WHO의 2018 Mortality date base를 활용하여 중앙자살예방센터 산출

회원국의 연령대별 자살률을 산출해 비교 분석했더니 충격적인 결과가 나온 거예요. 한국과 OECD 회원국의 평균 자살률을 비교하면 10대는 유사한 수준이지만 20대부터 60대까지는 한국이 약 2배 높고, 70대와 80대 이상에서는 한국이 3배 이상 더 높은 것으로 나타났습니다.[2] 제시한 그래프만 비교해 보더라도 우리나라 노인 자살률이 다른 나라들보다 월등하게 높은 걸 확인할 수 있어요.

그럼 노인 자살의 가장 큰 원인은 무엇일까요? 바로 빈곤이에요. 우리

---

2) 보건복지부·중앙자살예방센터(2019), 〈2019 자살예방백서〉, 중앙자살예방센터, 132쪽.

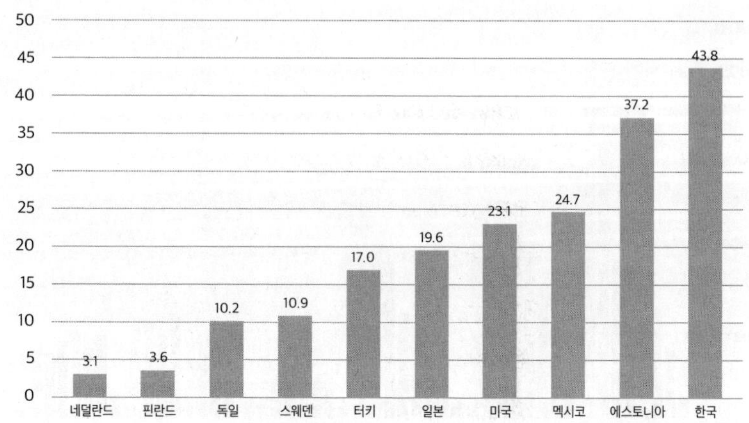

OECD 주요 회원국 노인 빈곤율(일부 회원국 발췌)

나라는 OECD 회원국 중 만 65세 이상 노인 빈곤율이 43.8%로 독보적인 1위예요.[3] 빈곤 문제로 인해 노인들이 극단적인 선택을 하고 있다는 합리적 추론이 가능한 상황이에요.

실제로 노인들이 꼽은 '자살을 생각하게 하는 주된 이유'는 '경제적 어려움(27.7%)'으로 조사되었어요.[4] 비슷한 수치로 거론된 건강 문제(27.6%)를 빼면 배우자 등 가족과의 갈등(18.6%)이나 외로움(12.4%) 같은 자살을 생각하게 하는 원인들과는 수치상 큰 차이를 보였어요.

---

3) OECD 홈페이지의 2019년 빈곤율 조사 자료에서 만 65세 이상 빈곤율을 추출한 결과. data.oecd.org/inequality/poverty-rate.htm
4) 보건복지부·중앙자살예방센터(2019), 앞의 백서, 193쪽.

우리나라는 2017년에 이미 고령화 사회를 넘어 고령 사회에 접어들었어요. 우리 사회는 이 문제를 정말 심각하게 고민하고 해결책을 마련해야 해요.

그래프의 제일 왼쪽에 있는 나라부터 볼까요? 네덜란드는 노인 빈곤율이 가장 낮은 나라 중 하나예요. 그래프상의 수치가 3.1%인데 이것도 많이 높아진 거예요. 그 전에는 노인 빈곤율이 1%대였을 만큼 노인들의 삶이 안정된 나라였어요. 노인 두 명 중 한 명이 가난한 우리와는 정반대 상황이라고 할 수 있어요. 물론 이때의 가난은 상대적인 개념이고 빈곤율 또한 상대적 빈곤율[5]이에요. 쉽게 말해 100명의 사람을 소득이 많은 순으로 줄을 세웠을 때, 50번째 사람의 소득의 절반보다 더 소득이 적은 사람이 얼마나 되는지를 수치화한 거예요. 상대적 빈곤율이 높다는 것은 빈부 격차가 크고 사회적 안전망이 취약한 사회임을 여실히 드러내는 것이죠. 그래서 빈곤율이 높다는 것이 당장 먹을 쌀이 없어 굶어 죽는 그런 절대적인 가난을 의미하는 것은 아니에요. 그러나 배고프지 않다고 행복한 건 아니잖아요. 맛있는 음식도 먹고, 문화생활도 일정 부분 누릴 수 있어야 해요. 특히 노인들은 질병과 노화로 인해 아픈 곳이 많아요. 큰 병에 걸릴 수도 있고 치과 진료 등 치료비가 많이 드는 의료 서비스도 받아야 하죠. 그런데 돈이 없으면 어떻게 되겠어요. 치료를 포기할 수

---

5) 전체 인구 중 소득이 중위 소득의 50% 미만인 계층의 인구 비율

밖에 없잖아요. 우리는 도시 곳곳에서 폐지를 줍는 노인들을 쉽게 볼 수 있어요. 2018년도 보건복지부 조사에 따르면 전국에 폐지 줍는 노인이 약 19,623명으로 집계되었어요. 그중 75세 이상이 54%로 가장 많았고, 85세 이상도 13%에 달했어요. 대부분은 용돈 벌이가 아닌 생계를 위해 폐지를 줍고 계세요. 이마저도 거동할 수 있을 만큼 건강하기 때문에 가능한 일이에요. 정말 몸이 아픈 분들은 국가에서 지원하는 생계비만으로 더 어렵게 생활하고 계세요. 이게 노인 빈곤율 1위인 대한민국의 현실입니다.

우리나라의 노인 빈곤율은 왜 이렇게 높을까요? 이 문제의 답은 네덜란드의 노인 빈곤율이 낮은 이유를 통해 확인할 수 있습니다. 그 비결은 아주 간단해요.

네덜란드의 경우 정부에서 만 65세 이상 노인들에게 꽤 많은 노령 연금을 지급하기 때문입니다. 혼자 사는 노인들에게는 매달 1,180유로(152만 원)를, 부부에게는 각각 814유로(105만 원)씩 지급하고 있어요. 제 옆지기에게 이 이야기를 들려주었더니 네덜란드로 가서 살자고 하더군요. (웃음) 그런데 제가 안 된다고 했어요. 네덜란드에 50년 이상 거주해야 노령 연금을 100% 지급받을 수 있거든요.

여러분 생각은 어떤가요? 정부에서 만 65세만 되면 모든 사람들에게 월 152만 원씩 주는 것에 대해서요. 가난한 사람에게도 부자에게도 모두 같은 금액을 주는 거예요. 경제 활동을 하는 동안 세금을 많이 냈건 적게 냈건 말이죠. 이런 연금 제도에 동의할 수 있나요? 네덜란드는 왜 이런 제도를 만들었을까요? 만 65세까지 네덜란드라는 국가공동체에서 경제 활동을 하며 살았다면 최소한 그 정도 금액을 받을 자격이 있다고 생각하기 때문이에요.

그리고 노령 연금이 주 수입이 아닌 노인들도 많을 거예요. 여전히 경제 활동을 하고 있는 노인들도 있을 테고, 노후 자금을 저축해 둔 노인들도 있을 거예요. 공무원 연금처럼 매월 수령하는 연금을 받는 노인들도 있을 테고요. 이런 수입이 있는 데다, 별도로 노령 연금을 받으니 네덜란드의 노인들은 가난하지 않은 거예요.

우리나라는 50세가 넘으면 노후에 대한 불안과 걱정이 시작된다고 해요. 자녀가 있는 가정은 자신의 노후와 자녀의 미래를 동시에 걱정해야 하는 이중 불안에 시달리고요. 그런데 네덜란드는 노인이 되면 국가가 생계비를 챙겨 주잖아요. 그러니 노후가 불안하지 않을 거예요. 최소한의 생활은 할 수 있도록 해 주니까요. 우리나라도 네덜란드처럼 생계를 유지할 수 있는 충분한 금액의 노령 연금이 지급된다면 얼마나 든든할까요. 우리도 네덜란드처럼 노후가 불안하지 않은 사회를 만들 수는 없을까요?

우리 사회는 꿈을 잃어버린 사람들이 참 많습니다. 여러분도 스스로, 또 친구들과 진지하게 이야기를 나눌 때 그 사실을 깨닫게 될 거예요. 저는 동창 모임에 잘 나가지 않지만, 앞서 한 이야기를 친구들에게 하면 대부분 부정적으로 받아들일 것 같아요. "네덜란드니까 가능한 거야." "우리는 안 돼." 이런 식으로 말이죠.

네덜란드라고 처음부터 이런 제도가 있었던 건 아니에요. 네덜란드 시민들이 정치적 상상력을 발휘해 지금과 같은 노령 연금 제도를 만든 거예요. 그러니 우리도 만들 수 있어요. 네덜란드는 행복지수도 높은 나라예요. 그런 나라가 제도화한 거라면 우리도 한번 고민해 봐야 하지 않을까요?

네덜란드만 이런 제도를 가지고 있을까요? 많은 나라들이 비슷한 제도를 가지고 있어요. 덴마크와 뉴질랜드, 캐나다 등 여러 나라에서 이미 이런 제도들이 시행되고 있어요. 캐나다는 청소년이 있는 가정에도 아동 수당을 지급하고 있고요. 또 독일, 프랑스, 스웨덴, 핀란드 등 많은 나라들도 만 16~19세까지 아동 수당을 지급하고 있습니다. 우리가 잘 모르고 있을 뿐이지, 이미 국가공동체의 구성원들에게 현금을 지급하고 있는 나라들이 굉장히 많습니다.

그리고 이런 제도를 시민 모두가 누릴 수 있게 하자는 것이 바로 시민 배당, 즉 기본소득이에요. 실제로 핀란드와 스위스에서는 기본소득이 큰 사회적 이슈가 되어 있습니다. 이 두 나라는 복지 제도가 잘 되어 있는 나라들입니다. 그런데 왜 기본소득이라는 새로운 아이디어를 이야기하고 제도화하려는 걸까요? 바로 일자리가 줄어들고 있기 때문이에요. 뉴스를 보면 매년 높은 실업률을 걱정하잖아요. 이건 전 세계적인 현상이고 인류가 공통으로 겪고 있는 문제예요.

최근 인공 지능과 4차 산업 혁명에 대한 논의가 뜨거워요. 여러분들도 각종 매체를 통해 많이 접했을 거예요. 이러한 현상은 앞으로 더 가속화

될 거예요. 일자리가 줄어드는 것이 예상되는 상황인 거죠.

핀란드는 2017년 1월부터 25~28세 실업자들 중 2,000명을 임의로 선정해 1인당 매달 560유로(76만 원)를 2년간 지급하는 〈기본소득보장제〉를 시행했어요. 높은 실업률이 사회 문제가 되자 국가에서 기본소득을 실험해 본 거예요. 당시 핀란드의 실업률은 10%를 넘었고 그중 청년 실업률은 22.7%에 달했어요.

물론 핀란드는 복지 제도가 잘 되어 있어서, 실직자들에게는 매달 990유로(130만 원)씩 500일 동안 실업 급여를 지급하고 있어요. 그러나 핀란드 사회는 일자리는 계속 줄어드는데 청년들에게 취업을 강요하는 게 과연 맞는 것인지 고민했던 거예요. 그래서 새로운 시도를 해 본 겁니다.

이런 생각의 차이가 한 사회의 모습과 제도를 더 좋은 방향으로 바꾸는 열쇠가 아닐까요. 현재 우리나라도 실업률 10%, 청년들의 체감 실업률은 26%로 심각한 상황이에요. 정부에서는 일자리 정책을 내놓고 있지만, 사실상 청년들은 스스로 알아서 해결해야 하는 각자도생各自圖生만이 유일한 해법이라고 이야기하고 있어요. 더구나 우리나라의 많은 청년들은 학자금 대출까지 갚아야 하는 이중고에 시달리고 있습니다. 유럽의 여러 나라들처럼 대학까지 무상 교육이었다면 겪지 않아도 되는 어려움이죠. 핀란드나 덴마크였다면 학업에만 전념할 수 있도록 국가로부터 최소한의 현금 소득까지 보장받았을 거예요. 특히 덴마크는 대학생들에게 매달 760유로, 우리나라 돈으로 100만 원을 대학생들에게 지급하고 있거든요. 대학에 입학하지 않고 취업을 했다면 임금으로 더 많은 금액을 받았을 테니 그 기회비용을 국가가 보상하는 거예요. 졸업 후에 자신의 분야에서 제 몫을 하고 세금도 납부하며 지속 가능한 사회를 만드는 데 기여할 테니 귀하게 여기는 거죠.

우리에게는 무척 생소한 개념인데 덴마크 사회는 이러한 공감대가 형성되어 있어요. 어떤가요? 비록 당장은 낯설고 선뜻 이해하기 힘들 수도 있지만, 국가로부터 귀하게 대접받는 건 생각할수록 기분 좋은 일 아닌가요. 이처럼 이들 나라와 우리 사회를 비교해 보면 여러 가지 시사점을 배울 수 있어요. 물론 우리나라도 비슷한 제도를 마련해 시행하려고 노력 중이에요. 하지만 앞서 언급한 나라들에 비해 아직 부족한 점이 더 많은 것도 사실이에요.

우리 사회의 암울한 면만 보여 준 것 같아 마음이 아프네요. 현실이 밝지 않은데 거짓으로 희망을 이야기할 수는 없잖아요. 더 나은 사회를 그리고 꿈꿀 수 있으려면 현실을 직시하는 게 우선이니까요.

기후 위기의 한가운데에 서 있는 우리

올여름은 긴 장마로 인해 비가 많이 왔고 또 무더웠어요. 지난 2015년 여름은 지구 역사상 가장 더운 해였어요. 그런데 이듬해 그 타이틀을 빼앗기고 말았어요. 세계기상기구World Meteorological Organization, WMO가 기상

관측을 시작한 1840년 이후 가장 더웠던 해는 2016년이 된 거예요. 그리고 지난 5년(2015~2019년)이 역사상 가장 더운 시기였다고 해요. 그러나 이 기록도 곧 바뀌겠지요.

우리나라의 경우 지난겨울(2019년 12월~2020년 2월) 평균 기온이 영상 3.1℃로 전국적인 기상 관측이 시작된 1973년 이후 가장 따뜻한 겨울이 었습니다. 문제는 앞으로 더 뜨거워질 게 확실하다는 거예요.

이제 기후 위기의 심각성을 느낄 수밖에 없는 상황이 되고 있습니다. 오늘의 우리는 기후 위기의 정점을 향해 다가가고 있는 거예요. 기후 위기 속에서 하루하루를 살아가고 있는 거죠.

〈인터스텔라〉라는 영화를 보셨나요. 기후 위기를 극복하기 위해 우주로 떠나는 공상과학 영화인데 2014년 개봉 당시 큰 흥행을 거뒀어요. 그때 저는 이제 한국 사회도 기후 변화에 대한 관심이 높아지겠구나 싶었어요. 사람들이 거리로 쏟아져 나와 정부와 기업에 기후 문제를 해결하라고 촉구할 줄 알았어요. 그런데 웬걸, 상대성 이론 등 과학 지식에만 관심이 모아지더라고요. 어쩌면 현실이 될 수도 있는 인류의 암울한 미래 상황을 보고서 상대성 이론이라니요. 아마 이 영화를 만든 크리스토퍼 놀란 감독도 예상하지 못했던 반전이었을 거예요.

영화는 기후 변화로 인해 온도가 높아지고, 가뭄 등이 심해지면서 식량난에 처한 미래를 배경으로 하고 있어요. 먹을 거라곤 고온 환경에서도 잘 자라는 옥수수가 유일한데 그마저도 잘 안 돼 절망적인 상황이라고 묘사돼죠. 실제로 영화의 배경인 미국의 서부 지역은 2000년 이후 대가뭄으로 들어섰다고 해요. 미국의 캘리포니아주는 고온 현상으로 인한 산불 때문에 고통을 겪고 있고요. 영화 같은 일이 이미 현실에서도 벌어지기 시작한 거죠.

우리나라도 기후 위기가 낳을 가뭄으로부터 자유롭지 않아요. 강원도 같은 경우는 자주 가뭄 피해를 겪고 있으니까요. 그리고 갑작스럽게 폭우가 쏟아지기도 해요. 만약 지금과 같은 가뭄, 폭우가 조선 시대에 벌어졌다면 심각한 흉년이 들어 기근으로 나라가 무척 혼란스러웠을 거예요. 우리가 그나마 버티고 있는 건 펌프를 이용해 지하수를 뽑아 쓰고 있고, 홍수에 대한 대비책을 어느 정도 마련했기 때문이에요. 그런데 지하수도 무한정 쓸 수 있는 게 아니고, 시간당 100mm가 넘는 폭우가 쏟아지면 기존의 저수지나 둑이 버티지 못하는 일이 벌어질 거예요. 이제는 정말 근본적인 대책이 필요한 상황이에요. 기후 위기가 더 악화되면 지금 당장 느끼는 것보다 10년, 20년 후 더 심각한 상황에 직면할 수 있으니까요.

상황이 이러한데도 기후 위기에 대해 아직도 부정하는 사람들이 있어요. 얼마 전에도 대학생 한 명을 만났는데, 기후 위기가 사실이냐고 물어보더라고요. 수업 시간에 어떤 교수가 기후 위기는 거짓 선동이라고 이야기했다면서요. 자신은 고등학교 때 환경 동아리에서 활동해 기후 변화를 심각하게 받아들였는데 그 교수의 말을 듣고부터 혼란스럽다고 말이죠. 미국의 도널드 트럼프 대통령도 기후 위기를 부정하는 대표적인 사람들 중 하나예요. 그는 "지구 온난화는 사기"라고 말하며 파리기후변화협약Paris Climate Change Accord[6] 탈퇴를 선언하기도 했어요. 트럼프처럼 자본과 시장을 우선시하는 사람들은 애써 부정하고 외면하고 싶을 거예요. 하지만 손바닥으로 하늘을 가릴 수는 없어요.

우리나라는 사회적으로 풀어야 할 숙제들이 참 많은 나라예요. 그래서인지 우리 사회는 기후 위기 등 환경 문제에 별 관심이 없어 보여요. TV에서 정치인들이 기후 위기를 주제로 토론하는 장면을 본 적 있나요? 한국 정치 뉴스에서는 기후 위기의 '기' 자도 안 나와요. 그런데 유럽에서는 기후 위기가 가장 중요한 정치 이슈가 되고 있어요. 그래서 유럽연합 의회 선거나 독일, 오스트리아, 스위스 등의 선거에서 기후 위기 대책을 앞세운 녹색당이 의석을 많이 획득하기도 했어요.

코로나19 이후에 조금 나아지긴 했지만, 미세먼지 문제에 대한 여러 나라의 대처를 비교해 봐도 어느 나라가 잘하고 있는지 알 수 있어요. 세계경제포럼World Economic Forum, WEF에서 180개국을 대상으로 환경성과지수Environmental Performance Index, EPI[7]를 발표하는데 한국의 대기 질 순위는 2016년에 173위, 2018년에는 119위를 기록했습니다. 그만큼 우리나라의

---

6) 2015년 12월 12일 파리에서 열린 21차 유엔 기후변화협약 당사국 총회 본회의에서 195개 당사국이 채택한 협정. 산업화 이전 수준 대비 지구 평균 온도가 2℃ 이상 상승하지 않도록 온실가스 배출량을 감축하는 내용을 담고 있다.
7) 세계경제포럼은 각국의 환경과 관련된 정책을 종합적으로 평가해 환경성과지수를 발표하고 있다. 환경 보건, 대기 질, 수자원, 자연 자원, 생물 다양성, 에너지 6개 분야 16개 변수로 구성되며 2001년부터 세계경제포럼이 미국 예일대학과 컬럼비아대학의 환경연구소와 공동으로 평가해 1~3년 간격으로 발표하고 있다.

환경 오염 실태가 심각하다는 것이지요.

앞서 세계 행복지수를 비교해 봤잖아요. 그런데 행복지수가 높은 국가들의 공통점은 환경성과지수도 높다는 거예요. 세계적으로 환경성과지수가 높은 나라들을 보면, 1위 스위스, 2위 프랑스, 3위 덴마크 등이 눈에 띕니다. 우리나라는 종합적인 환경성과지수도 80위 정도여서 환경적으로 매우 좋지 않은 상황이에요. 그렇다고 자포자기하고 있을 수만은 없어요. 우리도 깨끗한 환경 속에서 푸른 하늘을 보며 행복하게 살아야 하지 않겠어요.

무엇이 이렇게 다양한 영역에서 국가 간의 차이를 만드는 걸까요? 바로 정치예요. 저도 정치에 별로 관심이 없었어요. 앞서 이야기한 것처럼 늦깎이로 정치의 중요성을 깨달은 사람이에요. 어떤 나라의 시민들이 더 행복한지, 어떤 나라가 환경적으로 더 훌륭한지, 어떤 나라가 기후 위기를 극복하려고 노력하고 있는지 찾다 보니까 정치가 중요하다는 것을 알게 되었어요.

덴마크는 세계에서 가장 행복할 뿐만 아니라 환경적으로도 아주 훌륭한 나라예요. 재생에너지 강국으로 풍력 발전은 세계 최고 수준이고요. 전기 에너지의 70% 이상을 재생에너지로 생산하고 있는데 풍력의 비중이 40%를 넘어섰어요. 대서양으로부터 불어오는 편서풍이 많은 지리적 특성을 활용해 전기 에너지를 생산하고 있기 때문이에요. 최근에는 풍력 발전기를 육지가 아닌 바다에 설치해 환경 훼손이나 소음 피해를 줄이고 있어요. 우리나라도 덴마크의 사례를 참고해 해상 풍력 발전 등 친환경

에너지 사업을 더 확장해야 할 필요성이 있어요.

그런데 덴마크도 처음부터 청정 국가는 아니었어요. 석유 파동[8]으로 원유 가격이 폭등하자 덴마크 정부는 1975년부터 중장기 에너지 계획을 세웠어요. 당시 유럽 사회는 대기 오염이 매우 심각한 상황이었고 덴마크도 마찬가지였어요. 그래서 덴마크는 화석 연료를 재생에너지로 대체하기로 한 거예요. 1985년에는 핵발전소를 짓지 않기로 결정하며 재생가능에너지 국가로 전환하기 위한 본격적인 행보를 시작했어요. 2012년에는 9개 정당이 협력해 재생가능에너지를 확대해 나가고 온실가스 배출을 대폭 줄여 나가기로 약속하는 에너지협정을 체결하기도 했어요. 우리나라 정치인들처럼 눈앞의 정치적 이익에만 매달리는 것이 아니라, 국가공동체의 미래를 생각한 거예요.

정말 대단하지 않나요? 저는 덴마크가 삶의 질이 높은 행복한 사회를 만들 수 있었던 가장 큰 이유가 여기 있다고 생각해요. 시민들의 삶을 최우선에 두고 지속 가능한 사회를 만들려는 좋은 정치가 존재하기 때문이라고요.

---

8) 1973년 중동 전쟁 당시 아랍 산유국들의 석유 무기화 정책과 1978년 이란 혁명, 이 두 차례에 걸친 석유 공급 부족과 석유 가격 폭등으로 세계 경제가 큰 혼란과 어려움을 겪은 일.

정치는 사회를 바꿀 수 있을까?

덴마크 정치에 대해 좀 더 얘기해 볼까요. 덴마크의 투표율은 평균 85% 정도 돼요. 우리로서는 상상할 수 없는 매우 높은 수치예요. 우리나라의 투표율은 60~70%대인데 대통령 선거가 국회의원 선거보다 조금 더 높아요. 코로나19로 전 세계가 혼란한 가운데 지난 4월 치러진 21대 국회의원 선거의 투표율은 66.2%였어요. 무려 28년 만에 최고 투표율을 기록해 화제가 될 정도였는데, 그래도 덴마크에 비교하면 한참 못 미치죠.

높은 투표율이 의미하는 건 무엇일까요? 정치에 관한 불신과 혐오가 없기 때문이라고 생각해요. 정치가 사회와 개인의 삶을 변화시킬 수 있다는 경험을 했기 때문에요. 덴마크뿐만 아니라 스웨덴, 아이슬란드, 노르웨이, 네덜란드 등은 투표율이 80%가 넘어요. 특히 스웨덴은 투표율이 90%를 넘길 때도 있을 만큼 유권자들이 선거에 적극적으로 참여하는 나라예요. 그런데 왠지 낯익지 않나요? 모두 세계에서 행복하기로 열 손가락 안에 드는 나라들이에요. 행복지수가 높은 나라들을 보면 대부분 투표율도 높습니다.

저는 그 나라 사람들이 유독 유권자 의식이 높아서 투표율이 높다고 생각하지 않아요. 어느 나라나 지지하는 정당이나 정치인이 없을 때 유권자들은 투표를 회피하는 경향을 보여요. 그런 점에서 언급한 나라들은 유권자들이 지지할 만한 정당이나 정치인들이 많을 거라고 생각해요.

실제로 덴마크는 국회의원을 배출한 정당만 해도 10개가 넘습니다. 그 정당들은 우리나라처럼 5년마다 이름을 바꾸는 정당들이 아니에요. 대부분 수십 년, 심지어 100년, 150년 동안 정치 철학을 발전시켜 온 정당들입니다. 물론 신생 정당들도 존재하고요. 사회 각계각층을 대표하고 대변하는 정당들이 모여 국회를 구성하고 있는 거예요. 흔히 말하는 왼쪽부터 오른쪽까지, 다양한 스펙트럼을 가진 정당들이 국회에 존재하는 겁니다. 그러니 누구든 마음에 드는 정당이 한 개 정도는 있지 않겠어요. 자신의 이익이나 신념과 합치되는 정당이 말이죠. 그런 정당들끼리 정책 대결로 치열하게 경쟁하고, 또 의견을 조율하며 정치를 하고 있어요. 그렇게 정치를 하니까 시민들도 정치를 신뢰하고 정부 정책을 믿을 수 있는 게 아닐까요?

모두 알다시피 덴마크는 복지 국가로도 유명해요. 복지 제도를 확대하려면 비용이 많이 필요해요. 국가에서 세금을 많이 거둬야 하는 거죠. 우리는 누구나 세금을 내고 있어요. 청소년인 여러분도 세금을 내고 있고 아마 오늘도 냈을 거예요. 우리가 구매하는 모든 물건, 볼펜과 아이스크림 등에도 간접세 형태로 세금이 매겨져 있으니까요. 그럼 덴마크 시민들은 얼마나 많은 세금을 낼까요? OECD가 2018년에 발표한 자료를 보면 덴마크의 국민부담률[9]은 45.9%로 세계에서 가장 높았어요. 아마 주위 어른들에게 이 이야기를 하면 많이 놀라실 거예요. 국민부담률이 20%

---

9) 세금과 의무적인 사회보험료 등이 국내총생산GDP에서 차지하는 비중.

대인 우리나라보다 2배 가까이 많이 내고 있거든요. 어느 나라든 세금을 많이 내는 걸 좋아할 사람은 없어요. 일반적으로 세금을 많이 내면 쓸 돈이 줄어든다고 생각하니까요. 하지만 덴마크 시민들은 기꺼이 세금을 내고 있어요. 자신이 낸 세금이 사회 전체를 이롭게 하는 데 쓰인다고 믿기 때문이에요. 실제로 국제투명성기구Transparency International, TI에서 발표한 2019년 부패인식지수Corruption Perception Index, CPI를 보면 덴마크는 뉴질랜드와 함께 국가 청렴도 1위에 올랐어요. 지난 20여 년 동안 단 한 번을 제외하곤 1위 자리를 놓친 적이 없을 정도로 부정부패가 없는 사회예요. 국회의원들이 자전거를 타고 출퇴근할 만큼 정치인과 공직자들 스스로 특권과 특혜를 내려놓으며 솔선수범하고 있고요. 그래서 덴마크 시민들은 소득의 절반 가까이를 세금으로 내도 기꺼이 감수할 수 있는 거예요. 자신이 낸 세금이 무상 교육과 보육, 의료, 노인 복지, 재생에너지 확대 정책 등에 제대로 쓰이고 있다는 걸 믿기 때문이에요. 실제로 그 혜택을 고스란히 자신과 가족, 이웃들이 누리고 있거든요. 이것이 바로 정치의 힘이에요. 한 사회의 모습과 미래를 결정하는 가장 큰 요인이 정치인 거죠.

저는 우리나라와 덴마크의 차이는 바로 정치에 있다고 생각해요. 그리고 이런 정치의 차이가 발생한 이유는 다른 방식의 선거제도를 하고 있기 때문이에요. 선거제도의 차이가 다른 정치를 낳은 거지요.

선거제도를 개혁해야 하는 이유

우리는 왜 더 행복해질 수 없을까? 핀란드, 덴마크, 스위스, 아이슬란드, 노르웨이, 네덜란드, 스웨덴, 뉴질랜드, 오스트리아, 룩셈브르크 등 행복 사회들처럼 왜 삶의 질을 높일 수 없을까? 이러한 질문의 답을 찾아가다 보면 결국 하나의 결론에 이르게 돼요. 이들 행복 사회는 모두 선거를 비례대표제라는 선거 방식으로 하고 있어요. 비례대표제는 각 정당의 득표율에 비례하여 국회 의석을 배분하는 선거제도예요. 가령 30% 득표를 한 정당에게는 30%에 해당하는 국회 의석을 주고, 5%를 얻은 정당에게는 5%에 해당하는 국회 의석을 주는 것이지요. 이렇게 비례대표제로 선거를 하면 자연스럽게 다양한 정당들이 경쟁하는 '다당제' 구조가 만들어져요.

그렇게 되면 여러 정당들의 다양한 의견이 국정에 반영될 수 있어요. 우리나라 국회처럼, 실생활에 도움이 안 되는 일들로 싸우면서 시간만 보내는 국회가 아니라, 꼭 필요한 정책을 가지고 토론하고 경쟁하는 국회로 바뀌게 될 거예요. 사회 문제도 적극적으로 해결하려고 할 테니 자연스레 차별이나 불평등 같은 문제들도 해결될 수 있을 테고요.

저는 한국 사회와 정치의 근본적인 문제는 사람보다 제도에 있다고 생각해요. 좋은 제도가 만들어지면 사람은 그 안에서 움직이기 마련이에요. 그동안 우리나라 사람들은 정치를 바꾸려고 수많은 희생과 고통을 감내해 왔어요. 이제는 선거제도를 바꾸는 데 의지를 모아야 해요. 그래야 우리의 행복과 환경, 일자리, 주거 등 삶의 문제들도 해결할 수 있어요.

그런데 선거제도라는 게 좀 어려워요. 정치학을 하는 사람들 빼고는 선거제도에 대해서 다들 잘 몰라요. 간단하게 선거제도에 대해 조금만 이야기할게요. 전 세계에서 민주주의를 하는 나라들은 모두 선거를 할 수밖에 없어요. 그런데 선거를 하는 방식은 제각각이에요. 구체적으로 들어가면 나라마다 다 다르지만 선거제도는 크게 두 종류로 나눌 수 있어요. 하나는 비례대표제고, 다른 하나는 다수대표제예요. 비례대표제는 앞서 설명한 것처럼, 각 정당이 받은 득표수에 비례해서 국회 의석, 지방의회 의석을 배분하는 제도예요. 그래서 정당이 중요하지요. 반면 다수대표제는 지역 선거구에서 여러 명의 후보들이 나오고, 유권자들로부터 가장 많은 표를 얻은 후보가 당선되는 선거 방식이에요. 우리나라 사람들에게 익숙한 방식이지요. 1등만 당선되고, 나머지 2등, 3등, 4등에게 투표한 표는 무효가 되는 선거제도입니다. 우리나라에서는 다수대표제를 소선거구제라고 부르기도 하는데, 1명만 뽑는다는 의미예요.

이 두 가지 종류의 선거제도 중에서 먼저 탄생한 것은 다수대표제입니다. 영국과 미국 같은 나라에서 이 방식이 정착되었어요. 그런데 이 방식으로 선거를 해 보니까 문제점이 있는 거예요. 1등을 찍은 표만 유효하고, 2등 이하를 찍은 표는 죽은 표(사표)가 되는 거예요. 한마디로 거대 정당들에게만 유리한 결과가 나오는 거예요. 가령 모든 지역 선거구에서 51%를 얻는 정당이 있다면, 그 정당이 100% 의석을 차지하게 되는 겁니다. 나머지 49%의 표는 모두 무효가 되는 셈이고요. 물론 이렇게 극단적인 경우는 나오지 않았지만, 기득권을 가진 정당이 전체 의석 중 60%, 70% 이상을 독차지하는 경우는 언제든지 나올 수 있습니다.

그러자 유럽의 지식인들 사이에서 다수대표제로는 안 되겠다는 문제의식들이 생긴 거예요. 그래서 여러 사람들이 고민하고 연구한 결과, 비례대표제라는 선거제도가 탄생합니다. 일종의 발명품인 셈이지요. 이것이 19세기 후반의 일인데, 1900년에 벨기에가 세계 최초로 국가 차원에서 비례대표제 선거제도를 채택했습니다. 이후 비례대표제는 유럽 대륙의 여러 나라들로 확산되기 시작했고요. 이렇게 해서 1920년 무렵에는 덴마크, 스웨덴, 핀란드, 네덜란드, 스위스 등 여러 나라들이 비례대표제를 선거제도로 채택하게 됩니다. 스위스 같은 나라는 다수대표제로 선거를 하다가 1918년에 국민투표를 거쳐서 비례대표제로 선거제도를 바꾼 경우고요. 현재 OECD에 가입한 37개국 중 24개국이 비례대표제를 채택하고 있습니다.

다수대표제의 문제점은 선거 방식이 승자 독식이라는 것인데, 이렇게 승자 독식의 정치가 되면 사회도 승자 독식의 구조로 바뀌기 쉽습니다. 기득권을 가진 쪽에서 중요한 의사 결정을 좌지우지하게 될 가능성이 높은 것이지요. 그리고 여성, 청년들이 국회에 들어가기가 매우 힘듭니다. 지역 선거구에 후보로 나와서 1등을 하려면 돈이나 인맥 등이 중요한데, 아무래도 여성, 청년들은 그런 면에서 불리하잖아요.

반면에 비례대표제 국가에서는 다양한 정당들뿐만 아니라, 여성, 청년,

소수자들도 국회에 들어가는 비율이 높습니다. 스웨덴과 핀란드 같은 북유럽의 비례대표제 국가에서는 여성 국회의원 비율이 40%가 넘어요. 덴마크의 경우에는 20대, 30대 국회의원이 전체 국회의원의 40%를 넘습니다. 그만큼 다양성이 보장되는 국회가 되는 것이지요.

그리고 비례대표제가 가진 또 다른 장점은 '토론과 타협'의 정치가 열린다는 것입니다. 비례대표제 선거에서는 어느 한 정당이 국회에서 과반수를 차지하기가 어렵습니다. 특정 정당의 인기가 아무리 좋아도 전체 유권자 중 절반 이상에게 표를 받기란 매우 어렵기 때문입니다. 그래서 1등을 한 정당도 대체로 30~40% 정도의 득표율에 그치게 되고 국회 의석도 30~40% 정도만 차지하게 되거든요. 그러면 과반수가 안 되기 때문에, 1등을 한 정당도 혼자서는 아무것도 할 수 없어요. 그래서 여러 정당들이 힘을 합쳐서 연립 정부를 구성하게 됩니다. 그 과정에서 서로의 정책을 가지고 치열하게 토론과 협상을 하게 되고요. 따라서 비례대표제 국가에서는 토론과 타협이라는 정치 문화가 자리 잡기 쉽습니다.

지금까지 비례대표제의 장점에 대해 주로 이야기했는데, 비례대표제도 완벽한 선거제도는 아닙니다. 문제점은 늘 있기 마련이에요. 비례대표제를 채택한 국가들도 계속해서 선거제도를 손보고 있어요. 좀 더 합리적이고 민심을 공정하게 반영하는 선거제도를 만들려고 노력하고 있습니다.

반면 다수대표제를 채택한 국가들 중에서는 비례대표제로 선거제도를 바꾸려고 노력하는 나라들이 여럿 있습니다. 뉴질랜드의 경우에는

1993년에 국민투표를 거쳐서 다수대표제를 비례대표제로 바꿨습니다. 캐나다는 다수대표제를 채택하고 있는데, 몇 해 전부터 비례대표제로 선거제도를 바꾸려고 하는 시민운동이 벌어지고 있고요.

우리나라의 경우에는 1948년 제헌 국회를 구성할 때부터 다수대표제로 선거를 시작했습니다. 그러다가 중간에 '비례대표'라는 말이 생겼습니다. 그러나 헷갈리면 안 되는 것이, 비례대표제 선거제도를 채택한 것은 아닙니다. 대부분의 국회의원을 지역 선거구에서 다수대표제 방식으로 뽑는데, 일부 의석을 비례대표라고 해서 정당 득표율대로 배분한 것이에요. 2016년 국회의원 선거까지는 이 방식으로 선거를 했습니다. 300명의 국회의원을 선출하는데, 253명은 다수대표제 방식으로 뽑고, 47명은 비례대표라고 해서 정당 득표율대로 각 정당에 의석을 배분한 거예요. '비례대표'라는 말은 있지만, 장식품에 불과했습니다. 어차피 선거에서 이기고 지는 것은 지역 선거구에서 얼마나 많이 당선되느냐에 달려 있었거든요.

그래서 선거제도를 개혁해야 한다는 여론이 일어났습니다. 마침 2015년에 중앙선거관리위원회에서도 독일식 비례대표제로 선거제도를 바꾸라고 권고하기도 했고요. 그래서 2019년에 국회에서 이 문제가 집중적으로 다뤄졌습니다. 그런데 합의가 안 되어서 결국 표결 처리를 했어요. 그 과정에서 기득권을 가진 거대 정당이 개혁안을 많이 후퇴시키는 일이 벌어졌습니다. 마지막에 통과된 선거법은 '준연동형 비례대표제'라고 해서, 절반짜리도 안 되는 비례대표제 선거제도가 되었고요. 이 선거제도로 2020년 국회의원 선거를 치렀는데, 거대 정당들은 위성 정당을 만들어서 그나마 도입된 준연동형 비례대표제의 취지도 훼손시켜 버렸습니다.

그래서 지금은 다시 선거제도를 바꿔야 하는 상황이 되었어요. 아마 앞으로 국회에서 이 문제가 다시 다뤄지게 될 텐데요. 유권자들이 던진 표가 어떻게 계산되어서 국회나 지방 의회의 의석에 반영되는지를 결정하는 문제이니만큼, 우리 모두가 관심을 가질 필요가 있습니다. 여러분들도 모두 유권자이거나 곧 유권자가 될 거니까요.

제가 생각하는 대안은 덴마크와 스웨덴 같은 나라에서 하는 비례대표제예요. 그 나라들은 아예 위성 정당 같은 것은 생각할 수조차 없는 선거 방식을 채택하고 있어요. 우리 식의 지역 선거구는 없고, 오로지 정당이 얻은 득표율대로 의석을 배분하기 때문이에요. 더 많은 의석을 가져가려면 오로지 정당 득표율을 높여야만 하는 거예요. 이러한 선거제도를 정당명부식 비례대표제 또는 순수 비례대표제라고 부릅니다. 저는 앞으로 이런 선거 방식에 대한 논의가 진행되기를 기대하고 있습니다. 한 가지 더 덧붙이면, 덴마크에서는 유권자들이 투표용지를 받으면, 우선 정당을 고르고, 비례대표 후보자까지도 고를 수 있게 되어 있습니다. 투표용지 1장에서 정당도 고르고 후보도 고르는 거죠. 이렇게 하면, 유권자들은 지지하는 정당의 비례대표 후보 중 누구를 우선순위로 당선시킬 것인지까지 정할 수 있게 되는 거예요. 이런 방식을 '개방형 명부Open list'라고 합니다. 지금 우리나라는 얼마 안 되는 비례대표 의원들까지도 정당에서 명단을 작성하고, 1번, 2번, 3번 같은 우선순위도 정하고 있습니다. 그런데 덴마크에서는 유권자들이 최종적으로 누가 국회의원이 될지도 정할 수 있는 것입니다. 진짜 민주적인 방식이지요.

이런 선거 방식이 덴마크의 좋은 정치도 만들고, 세계에서 가장 행복하고, 온실가스도 줄이고 있는 덴마크 사회를 만들고 있는 것입니다.

정치에 대한 관심의 끈을 놓지 말아야

우리 모두는 각자의 생활이 있기 마련입니다. 처음에 얘기한 것처럼, 다른 사람과 비교하지 말고 자신이 좋아하는 일을 하며 자기 삶을 가꾸어 가는 것이 중요합니다. 그러나 다른 한편으로는 내가 '좋은 삶'을 살기 위해서라도, 사회가 좋아져야 합니다. 그리고 사회가 좋아지려면, 정치가 잘 되어야 합니다. 그래서 정치에 대한 관심의 끈을 놓지 않는 것이 중요합니다. 내 소중한 삶을 위해서라도 말이죠. 선거제도처럼 조금 어려워 보이는 문제에 대해서도 관심을 가질 필요가 있는 것도 나와 우리 모두의 삶을 위해서입니다.

❓ 선거제도가 우리 삶에 미치는 영향이 크다고 말씀하셨는데요. 실제로 선거제도를 바꾸면 우리 삶도 달라질 수 있을까요? 뉴질랜드가 국민투표를 통해 선거제도를 바꿨다고 말씀하셨는데, 어떤 변화가 있었고 바뀐 선거제도에 대한 국민들의 평가는 어떤가요? 그리고 뉴질랜드처럼 우리나라도 선거제도를 바꿀 수 있을까요?

A. 뉴질랜드는 1993년에 국민투표를 거쳐서 선거제도를 바꿨습니다. 뉴질랜드는 영국의 식민지였잖아요. 그래서 영국의 선거제도인 다수대표제로 선거를 해 왔어요.

그런데 선거를 거듭할수록 이상한 일이 벌어지는 거예요. 정당 득표율은 10%가 넘는데 국회의원은 1~2명밖에 당선되지 않는 거예요. 심지어 단 1명도 당선되지 않은 경우도 생겼어요. 그러자 1980년대부터 선거제도 개혁에 관한 논의가 일어나기 시작했고, '선거제도 개혁위원회'를 구성해 본격적인 논의를 진행했어요. 이후 선거제도 개혁위원회는 비례대표제로 선거제도를 바꾸자는 의견을 냈어요. 뉴질랜드의 정당과 정치인들이 논의 끝에 국민투표로 선거제도를 결정하기로 했고요.

찬성/반대 운동이 치열한 가운데 1993년 국민투표가 진행되었는데, 최종 결과는 53.9%의 유권자가 선거제도 변경에 찬성했고, 46.1%의 유권자는 반대했습니다. 이렇게 뉴질랜드는 비례대표제로 선거제도를 바꿀 수 있게 되었어요.

1996년 비례대표제로 첫 번째 선거를 치렀더니 당장 가시적인 변화가 나타났어요. 다양한 정당들이 국회에 진출하게 된 겁니다. 본래 뉴질랜드는 두 개의 거대 정당이 국회의원의 과반수를 번갈아 차지하곤 했어요. 그런데 선거제도가 바뀌니까 양당제 국가에서 다당제 국가로 바뀐 거예요. 동맹당이나 녹색당 같은 진보적인 정당들이 국회에 진출하게 되었고요. 또 국회의 과반수 의석을 차지하는 정당이 없어졌어요. 그래서 여러 정당들이 모여 연립 정부를 구성하는 것이 자연스럽게 이루어졌어요.

연립 정부가 구성되면서 뉴질랜드 정치에 큰 변화들이 일어나기 시작했습니다. 사실 선거제도가 바뀌기 전까지만 해도 뉴질랜드 국민들의 삶은 매우 팍팍했어요. 사회적·경제적 불평등이 매우 심각한 상황이었어요. 신자유주의의 바람이 불면서 노동자들의 지위도 불안정했고 주거 문제도 심각한 상황이었습니다.

그런데 선거제도를 개혁하고 다당제 구조가 되면서 이런 문제들이 하나씩 개선되기 시작했어요. 우선 최저임금이 올랐고 공공임대주택의 보급이 확대되었어요. 고소득층에 대한 세금을 높이는 등 조세제도도 손을 보았어요. 그리고 가족 수당 같은 제도를 만들어서 어려운 가정들에 현금을 지급한 거예요. 이런 변화들이 가능해진 것은 정치가 바뀌었기 때문이에요. 선거제도가 바뀌었기 때문이었습니다.

그런데 기득권을 가진 쪽에서는 이 모든 게 못마땅했을 거잖아요. 선거제도를 다시 옛날로 돌리려는 주장과 움직임이 일어났어요. 그래서 2011년에 다시 선거제도를 바꾸기 위한 국민투표를 했어요. '현재 선거제도(비례대표제)를 그대로 유지할까요?'라는 질문으로 진행한 국민투표의 결과는 어땠을까요? '유지하는 데 투표한다'라고 대답한 유권자 비율이 57.7%였습니다.

'바꾸는 데 투표한다'라고 대답한 유권자, 즉 맘에 안 드니까 다시 바꾸자고 한 유권자 비율은 42.3%였습니다. '비례대표제가 더 낫다'고 판단한 유권자들이 15% 이상 더 많았던 거예요. 1993년 국민투표 결과와 비교해도 비례대표제에 찬성하는 유권자들이 조금 더 많아진 거예요.

그래서 뉴질랜드는 지금도 비례대표제를 계속 유지하고 있고, 제 생각으로는 앞으로도 그럴 것입니다. 전 세계 선거제도의 역사를 보면, 대체로 다수대표제를 채택한 국가는 비례대표제로 바꾸려고 노력하는 경우가 많습니다. 반대로 비례대표제를 하다가 다수대표제로 돌아가는 경우는 거의 없습니다. 그만큼 다수대표제의 문제점이 크기 때문이에요.

다수대표제를 유지하고 있는 대표적인 국가는 미국인데 정치적으로 문제가 많습니다. 그나마 미국 사회를 유지하고 있는 힘은, 독립된 사법부와 지방분권이 잘 되어 있는 덕분이에요.

도널드 트럼프 대통령은 기후 위기 자체를 부정하는 입장인데, 미국 공화당의 상당수 국회의원들도 같은 생각을 하고 있습니다. 미국이 온실가스 감축에 대해 소극적이고, 파리기후변화협약을 탈퇴하는 일까지 벌일 수 있는 이유가 바로 여기에 있어요.

전 세계의 상식 있는 시민이라면 누구나 우려하는 기후 위기를, 어떻게 세계에서 가장 강력한 국가의 대통령과 국회의원이라는 사람들이 부정할 수 있을까요? 그 이유는 미국이 다수대표제를 채택하고 있기 때문이에요. 기득권을 가진 사람들이 국회를 구성하고 있기 때문입니다. 미국은 돈 없고 조직과 인맥이 없는 사람은 아예 국회의원이 될 생각 자체를 안 합니다. 정당도 마찬가지예요. 유럽의회와 여러 나라의 국회에서 흔히 보이는 녹색당이 미국에도 있지만, 국회의원은 단 한 명도 배출하지 못하고 있어요. 석유와 석탄 관련된 기업들이 지역 국회의원들에게 하는 로비도 무시할 수 없어요. 특히 자기 지역에 석탄, 석유 산업과 관련된 기업이 있으면 어떻겠어요. 이런 지역구에서

표를 받아야 하는 국회의원들이 그 기업들에 불이익이 가는 정책과 제도를 만들 수 있을까요?

따라서 미국 국회는 자연스럽게 백인 중산층 이상의 사람들이 다수를 차지하는 구조가 됩니다. 미국 인구 구성을 보면 흑인과 히스패닉 등의 인구 비율이 점점 높아지고 있지만, 미국 국회는 백인이 훨씬 더 많습니다. 따라서 사회적 약자들, 이민자들과 가난한 사람들의 목소리는 국회에서 잘 반영되지 않아요.

그래서 미국에서도 비례대표제에 대한 관심을 가진 사람들이 있습니다. 제가 몇 년 전 미국의 정치학자를 초대한 학회에 갔는데, 그 학자에게 비례대표제에 대한 견해를 물어보니 "개인적으로는 비례대표제에 찬성한다"라고 답을 하더라고요. 하지만 미국의 국회 의석 대부분이 공화당과 민주당이라는 두 거대 정당으로 꽉 채워져 있어 선거제도 개혁에 관한 논의가 잘 안 된다고 합니다.

우리나라의 경우에도 두 거대 정당으로 인해 선거제도 개혁이 쉽지는 않습니다. 2019년에 선거제도 개혁 논의가 있었지만, 매우 미흡하고 불충분한 수준으로 마무리됐어요. 긍정적인 점을 찾는다면, 모두에게 불만족스러운 선거제도라는 거예요. 그래서 2020년에 적용된 준연동형 비례대표제는 국민들로부터도 평가가 좋지 않고, 정치권에서도 마찬가지여서 바꿀 수밖에 없는 상황입니다. 아마 곧 다시 선거제도 개혁을 논의할 수밖에 없을 텐데, 이런 기회를 잘 활용하는 것이 중요합니다. 선거제도 개혁은 워낙 어려운 일이어서, 기회가 왔을 때 놓치지 않아야 하니 여러분들도 많은 관심을 보여 주세요.

❷ 코로나19로 인해 기본소득에 대한 관심이 높아지고 있습니다. 정치권에서도 논의가 진행되고 있고요. 그러나 기본소득을 제도화하기 위한 재원 마련이 가능한지 의문이 제기되고 있습니다. 기본소득의 의미와 실현 가능성에 대해

말씀해 주세요.

A. 5~6년 전까지만 해도 제가 기본소득을 이야기하면 뜬구름 잡는 소리로 치부하는 분들이 많았어요. "20~30년 정도 걸리지 않을까요?"라고 말하며 반신반의하는 분들도 있었고요. 그런데 최근 코로나19 팬더믹을 겪으며 상황이 많이 달라졌어요. 엄밀하게는 기본소득이라고 볼 수 없지만, 어쨌든 전 국민에게 '긴급 재난 지원금'이 지급되기도 했고요. 심지어 보수 정당 안에서도 기본소득에 대해 긍정적으로 언급하는 일이 있었고요.

그런데 기본소득의 본래 취지에 대해 잘못 이해될까 봐 우려되는 면도 있습니다. 기본소득을 국가가 일방적으로 '시혜'를 베푸는 것으로 오해하는 경우들을 보게 되거든요. 또 기본소득을 지급할 재원에 대해서도 오해가 존재하는 것 같습니다.

우선 기본소득은 공동체의 구성원이라는 자격 하나만으로 국가나 지방자치단체로부터 정기적으로 현금을 받는 것입니다. 가족 단위로 받는 것이 아니라, 개인별로 받는 것이고요. 다른 말로는 '시민배당'이라고 불리는데, 공동체 구성원 자격으로 받는 배당금이라고 볼 수 있기 때문이에요. 따라서 기본소득은 '시혜'가 아닌 '권리'의 의미로 생각하는 것이 옳습니다.

'공동체 구성원이 왜 자격이 되는 거지?' 하고 의문을 가질 수도 있어요. 우리 주변에 있는 많은 것들은 공동체 구성원들이 같이 누려야 할 공동의 common 것, 공유재라고 할 수 있어요. 대표적으로는 자연 자원이 있습니다. 공기와 물, 바람, 태양 같은 것이죠. 토지도 공유재로 봐야 합니다. 대부분의 토지는 인간의 노력으로 만든 것이 아니라, 자연적으로 존재해 왔던 것이잖아요. 시민들이 낸 세금으로 국가나 지방자치단체가 사용하는 예산도 공유재로 봐야 합니다. 예산은 공동체 구성원 모두를 위해서 사용되어야 하니까요.

이런 공유재에 대해서는 모두가 자기 몫을 가지고 있다고 볼 수 있습니다.

그리고 이 몫에 대해 받는 돈이 시민배당, 즉 기본소득인 셈이에요. 기본소득은 이런 철학적 기반을 가지고 봐야 제대로 이해할 수 있습니다.

전 세계적으로 기본소득에 가장 가까운 사례를 찾아보면, 미국의 알래스카주가 지급하는 '영구기금 배당금Permanent Fund Dividend' 제도가 있습니다. 알래스카는 땅 밑에서 석유가 발견되자, 외부에서 온 기업들이 석유를 채굴해서 많은 돈을 벌게 되었어요. 알래스카 주정부는 석유 기업들로부터 일정한 돈을 받기 시작했고, 그 돈을 '영구기금Permanent Fund'이라는 이름으로 적립하고 있습니다. 그 적립금으로 펀드를 운용해서 나오는 수익을 알래스카 주민들에게 배당금 명목으로 매년 한 차례 지급하고 있는데, 그게 바로 영구기금 배당금입니다. 1982년부터 시작된 이 제도는 지금까지 유지되고 있어요. 갓난아기부터 노인까지 알래스카 주민 모두에게 지급되는 돈입니다. 지난 2019년에는 1인당 1,606달러를 지급했습니다. 우리나라 돈으로 환산하면 200만 원 정도 되는 금액이에요. 만약 4인 가족이라면 800만 원을 받은 셈입니다.

물론 이 돈만 가지고 생활을 꾸려 나갈 수는 없습니다. 하지만 이 돈을 차곡차곡 잘 모은다면 목돈을 마련할 수 있습니다. 가령 태어나서부터 20년 동안 이 돈을 쓰지 않고 모은다면 4천만 원을 모을 수 있어요.

알래스카주가 이런 제도를 만든 이유는, 석유가 공유재이기 때문입니다. 이 혜택을 미래 세대와도 나누기 위해 기금을 만들어서 적립하는 것이고요. '배당'이라는 이름을 붙인 이유는, 알래스카에 거주하는 자격으로 받는 권리라는 것입니다.

'알래스카는 석유가 나오니까 배당금이 가능한 것 아니냐?'고 생각할 수 있어요. 그러나 공유재가 석유만 있는 게 아니잖아요. 앞서 언급한 것처럼, 다양한 자연 자원이 있어요. 토지는 물론이고 인터넷 인프라와 방송 주파수, 금융 시스템도 한 사회 전체의 노력으로 만든 공유재라는 주장도 있습니다. 우리가 내는 세금도 공유재이고요. 따라서 이런 공유재로 재원을 만들어서 모두에게 기본소득을 보장하는 것은 충분히 가능한 일입니다.

제가 덴마크 같은 나라는 우리나라보다 훨씬 많은 세금을 낸다고 했는데요. 만약 우리나라 사람들이 덴마크 수준으로 세금을 낸다면, 전 국민에게 매월 60만 원씩 지급할 수 있는 재원도 마련할 수 있어요. 기후 위기와 연결해서 탄소 배당을 지급하는 아이디어도 논의되고 있어요. 온실가스를 배출하는 기업들로부터 탄소세라는 세금을 걷어서 그 돈으로 모두에게 기본소득을 지급하자는 거예요. 여기에는 한 가지 우려가 있는데 탄소세를 걷으면 온실가스 배출을 줄이는 효과가 있는 반면 물가가 올라서 중산층 이하의 사람들의 삶에 악영향을 줄 수 있다는 것입니다. 그런데 탄소세로 걷은 세금을 모두에게 똑같이 나눠 주면 그런 우려가 해소되는 것이지요. 특히 소비가 많지 않은 중간층 이하의 사람들에게는 오히려 물가가 오르는 효과보다 직접 받는 기본소득이 더 클 수 있습니다. 사회의 경제적 불평등 해소에도 도움이 되는 거예요.

이 외에도 다양한 재원 마련 방안이 논의되고 있습니다. 기본소득은 더 이상 꿈같은 얘기가 아니라 현실로 다가오고 있어요. 재원 마련 대책은 정치를 통해서 세워 나가면 됩니다. 지금 쓸데없는 공항을 짓고 도로를 건설하는 데 막대한 세금이 낭비되고 있어요. 그런 돈만 줄여도 상당한 재원을 마련할 수 있습니다. 그런 노력을 안 하는 것이 지금의 정치인데, 이런 정치를 바꿔서 기본소득 재원을 마련하면 되는 거예요.

그리고 한꺼번에 전 국민 모두에게 기본소득을 지급하기 어렵다면, 농민이나 청년, 장애인에게 우선 지급하는 방안도 있습니다. 농민에게 기본소득을 우선 지급해야 하는 이유는, 대한민국의 식량 자급률이 40%대밖에 안 되기 때문이에요. 기후 위기는 식량 위기를 낳을 가능성이 높아요. 실제로 그러한 위기 상황에 처하게 된다면 식량을 수입하는 것도 어려울 수 있어요. 이번에 코로나19가 터지자 러시아와 베트남 같은 식량 수출 국가들이 쌀 등 곡물 수출을 제한하는 일이 있었어요. 앞으로는 이러한 일들이 더 심각하게 발생할 가능성이 높습니다.

현재 대한민국은 식량을 수입하지 못하면 생존이 어려운 상황이에요. 따라서 기후 위기 시대에는 농업을 살리는 것이 매우 중요해요. 식량 자급률을 대폭 높여 식량 위기에 대비해야 해요. 돈을 주고도 식량 수입을 못 하거나, 매우 비싼 가격을 줘야만 식량을 수입할 수 있는 상황이 올 수 있기 때문입니다.

그래서 농사를 짓는 농민들에게 기본소득을 우선 지급하는 것이 필요합니다. 농사를 지으려고 하는 사람들이 점점 줄어 농촌의 고령화가 심각한 상황이기 때문이에요. 돈도 그렇게 많이 들지 않아요. 모든 농민 가구에게 월 30만 원씩 지급한다고 해도 1년에 8조 원 정도면 됩니다. 2020년 정부 예산이 540조 원을 넘어섰는데, 그 1.5%도 안 되는 돈이에요. 이 정도 돈을 국민의 생존과 안전을 위해서 못 쓸 이유가 없습니다.

그리고 노인들 중 70%에게는 기초노령연금이, 영·유아에게는 아동수당이 지급되기 시작했습니다. 그런데 돈이 없는 청년들에게는 선별적인 지원책만 이뤄지고 있습니다. 이런 상황에서 경기도 등 지방자치단체들이 '청년배당'이라는 이름으로 청년 기본소득 정책을 시작했습니다. 지방자치단체는 돈이 부족하기 때문에, 지금은 만 24세 청년들에게만 1년 동안 100만 원 정도 지급하고 있습니다. 하지만 국가적으로 청년배당 정책을 시행하면, 더 많은 청년들에게 더 많은 돈을 지급할 수 있을 것입니다. 사회가 발전할수록 일자리는 줄어들 수밖에 없습니다. 따라서 청년들에게 기본소득이 점점 더 필요한 상황이 되고 있습니다.

장애인들의 경우에는 지금 장애인연금이라는 제도가 있는데, 지급 대상이 너무 제한되어 있습니다. 장애인들에게도 기본소득을 우선 지급할 수 있을 것입니다.

'기본소득을 지급하면 일을 하지 않을 것이다'라는 우려가 있습니다. 저는 '일'의 개념을 바꿔야 한다고 생각합니다. 일을 하고 대가를 받는 임금 노동만 일이 아닙니다. 사회를 위해서, 지역공동체를 위해서 하는 활동도 일이 될 수 있습니다. 문화·예술 활동도 일입니다. 기본소득을 받게 되면, 사람들이 좀 더 다양한 일에 참여하고 또 새로운 일을 만들 수도 있을 것입니다.

제가 몇 년 전에 전북 군산에 있는 고등학교에 가서 기본소득에 대해 강의를 한 적이 있습니다. 거기서 "기본소득이 지급되면 뭘 하고 싶은가요?"라고 물어보니, 한 학생이 손을 들고 이렇게 대답했습니다. "저는 음악을 만들고 싶어요. 당장은 음악만 만들어서는 먹고사는 문제가 해결되지 않아요. 만약 기본소득이 지급되면 사람들이 좋아할 수 있는 저의 음악을 만들고 싶어요." 음악은 우리 사회를 문화적으로 풍요롭게 하는 좋은 일이잖아요. 이처럼 기본소득이 지급되면 사람들이 좀 더 다양한 일을 하며 살 수 있을 거예요.

물론 기본소득을 실현하는 일이 쉽지만은 않을 거예요. 사회적으로 많은 토론이 필요할 겁니다. 스위스 같은 나라는 2016년에 기본소득에 대한 국민투표를 했습니다. 스위스는 10만 명만 서명을 하면 어떤 사안이든 국민투표에 붙일 수 있는 '국민 발안'이라는 제도가 있습니니다. 스위스에서 기본소득을 바라는 사람들이 그 제도를 활용해 국민투표를 붙인 거예요. 아시다시피 스위스는 우리보다 살기 좋은 나라예요. 노동 시간은 짧고 임금은 높고 복지 제도도 좋아요. 하지만 스위스 사회도 실업률이 증가하는 것은 마찬가지여서 기본소득을 고민하게 된 거예요.

2016년 국민투표에서 기본소득에 찬성하는 비율이 23%에 그쳐 결국 부결됐지만, 앞으로도 기본소득에 대한 국민투표가 계속될 겁니다. 스위스는 국민투표를 한 해에도 몇 번씩 하는 나라이고, 한 번 부결돼도 또 국민투표에 붙일 수 있기 때문이에요. 그래서 새로운 제안이 통과될 때까지 국민투표를 여러 차례 진행하기도 합니다.

그런데 저는 스위스보다 대한민국에서 기본소득이 더 빨리 이루어지지 않을까 싶어요. 대한민국이 더 절실하게 기본소득이 필요한 나라니까요. 그러니까 '안 된다'고 생각하지 말고 관심을 가지면 좋겠습니다. 앞서 말한 것처럼 이미 우리나라는 전체 노인의 70%에게 기초노령연금을 지급하고 있고, 일부 지방자치단체 차원에서 농민수당(농민 기본소득)과 청년배당 같은 정책들은 도입하기 시작했기 때문입니다.

교육공동체 벗

교육공동체 벗은 협동조합을 모델로 하는 작은 지식공동체입니다.
협동조합은 공통의 목적을 가진 사람들이 모여서 만든
권력과 자본으로부터 독립된 경제조직입니다.
교육공동체 벗의 모든 사업은 조합원들이 내는 출자금과 조합비로 운영됩니다.
수익을 목적으로 하지 않기에 이윤을 좇기보다
조합원들의 삶과 성장에 필요한 일들과
교육운동에 보탬이 될 수 있는 사업들을 먼저 생각합니다.
정론직필의 교육전문지, 시류에 휩쓸리지 않는 정직한 책들,
함께 배우고 나누며 성장하는 배움 공간 등
우리 교육 현실에 필요한 것들을 우리 힘으로 만들고 함께 나누고 있습니다.

조합원 참여 안내

출자금(1구좌 일반 : 2만 원, 터잡기 : 50만 원)을 낸 후 조합비(월 1만 5천 원 이상)를
약정해 주시면 됩니다. 조합원으로 참여하시면 교육공동체 벗에서 내는 격월간 교육전
문지《오늘의 교육》과 조합통신을 받아 보실 수 있습니다. 출자금은 종잣돈으로 가입할
때 한 번만 내시면 됩니다. 조합을 탈퇴하거나 조합 해산 시 정관에 따라 반환합니다. 터
잡기 조합원은 벗의 터전을 함께 다지는 데 의미와 보람을 두며 권리와 의무에서 일반
조합원과 차이는 없습니다. 아래 홈페이지나 카페에서 조합 가입 신청서를 내려받아 작
성하신 후 메일이나 팩스로 보내 주세요.

홈페이지 communebut.com
카페 cafe.daum.net/communebut
이메일 communebut@hanmail.net
전화 02-332-0712
팩스 0505-115-0712

교육공동체 벗을 만드는 사람들

※하파타순

후쿠시마 미노리, 황지영, 황정일, 황정인, 황정원, 황정욱, 황이경, 황윤호성, 황순임, 황봉희, 황기철, 황규선, 황고운, 홍정인, 홍유지, 홍용덕, 홍순성, 홍세화, 홍성은, 홍성구, 홍석근, 홍미영, 현복실, 현미열, 허효인, 허성균, 허보영, 허기영, 허광영, 함점순, 함영기, 한학범, 한지혜, 한은옥, 한영욱, 한영선, 한소영, 한성찬, 한봉순, 한민혁, 한만중, 한낱, 한경희, 하인호, 하승우, 하승수, 하순배, 하광봉, 탁동철, 최희성, 최현숙, 최현미, 최진규, 최주연, 최정윤, 최정아, 최은희, 최은정, 최은숙, 최은미, 최은경, 최윤미, 최원혜, 최영식, 최영미, 최연희, 최연정, 최애영, 최승훈, 최승환, 최승복, 최슬빈, 최선영a, 최선영b, 최선경, 최봉선, 최보람, 최병우, 최미영, 최미선, 최문정, 최류미, 최대현, 최기호, 최광용, 최경미, 최경련, 채효정, 채종민, 채윤, 채옥엽, 차종숙, 차용훈, 진현, 진주형, 진웅용, 진영효, 진영준, 진냥, 지정순, 지수연, 주유아, 주순영, 주수원, 조희정, 조형식, 조현민, 조향미, 조해수, 조진희, 조지연, 조준혁, 조주원, 조정희, 조용현, 조은정, 조윤성, 조원배, 조용진, 故조영희(명예조합원), 조영현, 조영옥, 조영실, 조영선, 조여은, 조여경, 조수진, 조성희, 조성실, 조성대a, 조성대b, 조석현, 조석영, 조상희, 조문경, 조두형, 조남규, 조경애, 조경아, 조경삼, 제남모, 정희영, 정희선, 정홍윤, 정혜령, 정현진, 정현주, 정현숙, 정혜레나, 정태회, 정춘수, 정철성, 정진영a, 정진영b, 정진규, 정종헌, 정종민, 정재학, 정이든, 정은희, 정은주, 정은균, 정유진, 정유숙, 정유섭, 정원탁, 정원석, 정용주, 정예슬, 정영현, 정영수, 정애순, 정수연, 정선영, 정보라a, 정보라b, 정미숙a, 정미숙b, 정명옥, 정명영, 정득년, 정대수, 정남주, 정광호, 정광필, 정광일, 정관모, 정경원, 전혜원a, 전혜원b, 전정희, 전유미, 전세란, 전병기, 전민기, 전미영, 전명훈, 전난희, 장홍월, 장현주, 장진우, 장인하, 장인수, 장은하, 장은미, 장윤영, 장원영, 장시준, 장슬기, 장상욱, 장병훈, 장병학, 장근영, 장군, 장경훈, 임혜정, 임향신, 임한철, 임지영, 임중혁, 임종길, 임정은, 임전수, 임수진, 임성빈, 임성무, 임선영, 임상진, 임동헌, 임덕연, 이희옥, 이희연, 이효진, 이화현, 이호진, 이혜정, 이혜린, 이현, 이혁규, 이향숙, 이한진, 이태영a, 이태영b, 이태구, 이충근, 이초록, 이진혜, 이진주, 이진숙, 이지혜a, 이지혜b, 이지현, 이지향, 이지영, 이지연, 이중석, 이준구, 이주희, 이주탁, 이주영, 이종찬, 이종은, 이정희a, 이정희b, 이재형, 이재익, 이재영, 이재두, 이인사, 이은희a, 이은희b, 이은향, 이은진, 이은주a, 이은주b, 이은영, 이은숙, 이윤정, 이윤엽, 이윤선, 이윤미, 이윤경, 이유진a, 이유진b, 이월녀, 이원님, 이용환, 이용석a, 이용석b, 이용기, 이영화, 이영혜, 이영주, 이영아, 이영상, 이연진, 이연주, 이연숙, 이연수, 이승헌, 이승태, 이승연, 이승아, 이슬기a, 이슬기b, 이순임, 이수정a, 이수정b, 이수연, 이수미, 이수경, 이소형, 이성원, 이성숙, 이성수, 이설희, 이선표, 이선영, 이선애a, 이선애b, 이선미, 이상훈, 이상화, 이상직, 이상원, 이상미, 이상대, 이병준, 이병곤, 이범희, 이민아, 이미옥, 이미연, 이미숙, 이미라, 이문영, 이명훈, 이명형, 이매남, 이동철, 이동준, 이도종, 이덕주, 이남숙, 이난영, 이나경, 이기규, 이근희, 이근철, 이근영, 이균호, 이광연, 이계삼, 이경화, 이경은, 이경욱, 이경언, 이경림, 이건진, 윤홍은, 윤지형, 윤종원, 윤우람, 윤영훈, 윤영백, 윤상혁, 윤병일, 윤규식, 유효성, 유재을, 유은아, 유영길, 유성희, 위지영, 위양자, 원지영, 원윤희, 원성제, 우창숙, 우지영, 우완, 우승인, 우수경, 오혜원, 오중근, 오정오, 오은정, 오은경, 오유진, 오승훈, 오수민, 오세희, 오민식, 오명환, 오동석, 염정신, 여희영, 여태전, 엄창호, 엄지선, 엄재홍, 엄기호, 양희전, 양해준, 양지선, 양은주, 양은숙, 양영희, 양애정, 양선화, 양선형, 양서영, 양상진, 안효빈, 故안혜영(명예조합원), 안찬원, 안지현, 안지윤, 안지영, 안준철, 안정선, 안용덕, 안옥수, 안영신, 안영빈, 안순억, 심향일, 심은보, 심승희, 심수환, 심동우, 심경일, 신혜선, 신혜경, 신충일, 신창호, 신장복, 신중휘, 신은정, 신은경, 신유준, 신소희, 신미옥, 신관식, 송화원, 송호영, 송혜란, 송현주, 송정은, 송인혜, 송용석, 송숭훈, 송미진, 송명숙, 송근희, 손호만, 손현아, 손진근, 손은경, 손성연, 손민정, 손미승, 소수영, 성현주, 성현석, 성유진, 성용혜, 성열관, 성나래, 설은주, 설원민, 선휘성, 선미라, 석옥자, 석경순, 서혜진, 서지연, 서정오, 서인선, 서은지, 서우철, 서예원, 서명숙, 서금자, 서강선, 상형규, 복준수, 변현숙, 백현희, 백인식, 백영호, 백승범, 배희철, 배희숙, 배주영, 배정현, 배정원, 배일훈, 배이상헌, 배영진, 배아영, 배경내, 방득일, 방경내, 반영진, 박희진, 박희영, 박효정, 박효수, 박환조, 박혜숙, 박형진, 박형일, 박현희, 박현주, 박현숙, 박현석, 박춘애, 박춘배, 박철호, 박진환, 박진수, 박진교, 박지희, 박지홍, 박지혜, 박지인, 박지원, 박정아, 박정미, 박은하, 박은정, 박은아, 박은경a, 박은경b, 박옥주, 박옥균, 박영실, 박신자, 박승철, 박숙현, 박수진, 박소현, 박세영a, 박세영b, 박성규, 박선혜, 박선영, 박복선, 박미희, 박명진, 박명숙, 박동혁, 박도정, 박덕수, 박대성, 박노해, 박내현, 박나실, 박고형준, 박경화, 박경진, 박경주, 박경이, 박건형, 박건진, 민은식, 민애경, 민병성, 故문홍빈(명예조합원), 문지훈, 문용석, 문영주, 문순옥, 문수현, 문수영, 문수경, 문성철, 문봉선, 문미정, 문경희, 모은정, 마승희, 류형우, 류창모, 류지남, 류정희, 류재향, 류우종, 류영애, 류명숙, 류경원, 도정철, 도방주, 데와 타카유키, 노상경, 노미경, 노경미, 남효숙, 남주형, 남정민, 남윤희, 남유경, 남원호, 남예린, 남미자, 남동현, 남궁역, 날맹, 나규환, 김희정, 김희옥, 김홍규, 김훈태, 김효승, 김환희, 김홍규, 김혜영, 김혜순, 김혜림, 김형렬, 김현진a, 김현진b, 김현주a, 김현주b, 김현영, 김현실, 김현경, 김헌택, 김필임, 김태훈, 김춘성, 김천영, 김찬영, 김진희, 김진숙, 김진명, 김진, 김지훈, 김지연a, 김지연b, 김지미, 김지광, 김중미, 김준휘, 김준연, 김주영, 김종현, 김종원, 김종욱, 김종성, 김종만, 김정희, 김정주, 김정식, 김정삼, 김정기, 김재황, 김재민, 김인순, 김이은, 김이민경, 김은파, 김은영, 김은아, 김은식, 김은숙, 김윤주a, 김윤주b, 김윤주c, 김윤자, 김윤우, 김원석, 김우영, 김우, 김용훈, 김용양, 김용만, 김용란, 김요한, 김영희, 김영진a, 김영진b, 김영진c, 김영주a, 김영주b, 김영아, 김영순, 김영삼, 김연정, 김연일, 김연오, 김연미, 김애숙, 김애령, 김승규, 김순천, 김수현, 김수진a, 김수진b, 김수정a, 김수정b, 김수경, 김소희, 김소영, 김세호, 김성진, 김성숙, 김성보, 김설아, 김선희, 김선우, 김선미, 김선구, 김석준, 김석규, 김상희, 김상정, 김상일, 김상숙, 김봉석, 김보현, 김병희, 김병훈, 김병기, 김민희, 김민선, 김민곤, 김민결, 김미향a, 김미향b, 김미진, 김미숙, 김미선, 김무영, 김묘선, 김명희, 김명섭, 김동현, 김동춘, 김동일, 김도연, 김도석, 김다희, 김다영, 김남철, 김나혜, 김기웅, 김기언, 김규태, 김광민, 김고종호, 김경호, 김경일, 김경엽, 김경숙a, 김경숙b, 김가연, 기세라, 금현진, 금현옥, 금명순, 권희중, 권혜영, 권태윤, 권자영, 국찬석, 구희숙, 구자혜, 구자숙, 구완회, 구연실, 구수연, 구본희, 구미숙, 꽹이눈, 광흠, 곽혜영, 곽현주, 곽진경, 곽노현, 곽노근, 공현, 공영아, 고춘식, 고진선, 고은정, 고은미, 고윤정, 고유준, 고영주, 고병헌, 고병연, 고민경, 강현주, 강현정, 강현이, 강한아, 강태식, 강진영, 강준희, 강인성, 강이진, 강은정, 강은영, 강윤진, 강영일, 강영구, 강순원, 강수미, 강수돌, 강성규, 강석도, 강서형, 강병용, 강경모

※ 2020년 8월 21일 기준 816명

* 이 책의 본문은 재생 용지를 사용해서 만들었습니다.
* 생태 보존과 자원 재활용을 위해 표지 코팅을 하지 않았습니다.